U0534417

湖北经济与社会发展研究院研究课题"降低区域脆弱性，构建旅游扶贫的长效减贫机制——以鄂西为例"（2017HBJSY008）

教育部人文社会科学研究基金项目"中国旅游扶贫政策绩效评估及长效减贫机制研究——以鄂西生态文化旅游圈为例"（16YJC630097）

国家自然科学基金项目"鄂西山区旅游地农户生计脆弱性引致返贫的风险评估及预警机制研究"（42001172）

鄂西山区旅游扶贫的绩效评价与返贫阻断

乔花芳 谢双玉 著

Performance Evaluation of Tourism
Poverty-alleviation Policies and Prevention of
Poverty-returning Risks at the Mountainous
Areas in Western Hubei

中国社会科学出版社

图书在版编目（CIP）数据

鄂西山区旅游扶贫的绩效评价与返贫阻断/乔花芳，谢双玉著.—北京：中国社会科学出版社，2022.5
ISBN 978-7-5227-0122-6

Ⅰ.①鄂… Ⅱ.①乔…②谢… Ⅲ.①地方旅游业—扶贫—研究—湖北 Ⅳ.①F592.763

中国版本图书馆 CIP 数据核字（2022）第 066714 号

出 版 人	赵剑英
责任编辑	刘晓红
责任校对	周晓东
责任印制	戴 宽
出　　版	中国社会科学出版社
社　　址	北京鼓楼西大街甲158号
邮　　编	100720
网　　址	http://www.csspw.cn
发 行 部	010-84083685
门 市 部	010-84029450
经　　销	新华书店及其他书店
印　　刷	北京君升印刷有限公司
装　　订	廊坊市广阳区广增装订厂
版　　次	2022年5月第1版
印　　次	2022年5月第1次印刷
开　　本	710×1000 1/16
印　　张	14.25
插　　页	2
字　　数	228 千字
定　　价	78.00 元

凡购买中国社会科学出版社图书，如有质量问题请与本社营销中心联系调换
电话：010-84083683
版权所有　侵权必究

前　言

2021年7月1日，在庆祝中国共产党成立100周年大会上，习近平总书记庄严宣告，"经过全党全国各族人民持续奋斗，我们实现了第一个百年奋斗目标，在中华大地上全面建成了小康社会，历史性地解决了绝对贫困问题"。中国脱贫攻坚的胜利是对全球减贫事业的巨大贡献，并为世界欠发达国家和地区提供了宝贵的反贫困经验。

作为生于此、长于斯的本土学者，作者曾亲身经历了20世纪七八十年代鄂西地区贫困农户"合渣过年，辣椒当盐，伴着包谷壳叶眠"的困窘生活，深刻体会到减贫事业的重要意义。作者所在的研究团队自2016年开始研究旅游扶贫问题，先后多次到鄂西调研，目睹了中国扶贫工作的杰出成效，感受到中国政府减贫脱贫的坚定信心、坚如磐石的政策支持和事无巨细的庞大工作量，也在访谈中见证了一线扶贫干部和工作人员投身扶贫事业的赤诚之心。即使在2021年调研时仍发现，虽然脱贫攻坚战已经结束，但各村的兜底政策并没有停止。脱贫攻坚战的胜利彰显了中国政府无可比拟的制度优势，不仅得到一线群众和扶贫干部的坚定支持，也赢得了国际社会的认可。我们有责任、也有义务记录下这些工作，中国脱贫攻坚的成就和经验也值得被铭记。

本书立足于我国后脱贫时代的现实背景，聚焦国家集中连片特困地区——鄂西山区的乡村旅游扶贫重点村，围绕旅游扶贫政策绩效的评价问题，从解析鄂西地区旅游扶贫的现实出发，运用人文地理学中的人地关系理论与方法，深入剖析贫困、旅游扶贫的理论内涵，对鄂西地区旅游发展概况、旅游扶贫政策发展历程、旅游扶贫开发的居民感知、旅游扶贫政策的绩效评价等方面进行系统梳理和全面分析，多维度呈现鄂西山区实施旅游扶贫开发政策以来所取得的突出成效及独特经验，并基于多维贫困理论和可持续生计框架等理论基础提出返贫风险阻断策略，实现旅游长效减贫，助力乡村振兴战略。主要研究内容如下。

第一，综合学术文献、统计数据、政策文件和实地调研数据，聚焦集中连片特困地区，梳理中国贫困地区的概况，全面刻画中国旅游扶贫政策的发展历程。

第二，系统回顾国内外关于旅游扶贫绩效、返贫阻断和生计脆弱性的研究文献，为本书提供理论支撑和研究指导。

第三，科学界定旅游扶贫、旅游扶贫绩效、返贫风险、返贫阻断等概念，在此基础上从旅游扶贫政策的执行和效果出发，基于政策全过程的角度构建旅游扶贫政策绩效评价的指标体系。

第四，基于旅游扶贫政策绩效的指标体系，分别从农户的感知差异、贫困户特征、旅游地生命周期阶段和旅游扶贫模式等多角度评价旅游扶贫政策的成效差异，剖析影响政策绩效差异的关键因素，系统呈现鄂西山区旅游扶贫开发的卓越成就及独特经验。

第五，基于多维贫困理论和可持续生计框架，科学识别返贫风险要素，构建多维返贫风险指标体系，基于不同阶段提出返贫风险阻断策略，构建返贫风险长效防控机制。

课题组于2016年开始鄂西山区旅游扶贫的相关研究，并深入研究区域开展实地调查，积累了一定的调研数据和研究资料，促使了本书的成型。华中师范大学城市与环境科学学院的贾垚焱、陈媛、尹航、阴姣姣、鲁静、夏辉、叶丹等同学参与了2017年赴案例地的问卷调查和数据录入工作，韩磊、李琳、王安琦、阴姣姣、鲁静、尹航、向爱等同学参与了数据分析工作，郭子钰、曹晨、田文利、刘倬、花威、谭笠、聂黎莎、张雨莎、崔馨月、朱森森、刘丽、许建波、刘朝阳、党洋洋等同学参与了2021年的实地调研和数据整理工作，周孟孟、刘荣、徐梦云、刘惠佳、范欣雨、党洋洋、李婵、杨煊杰、苏伟志等同学参与了初稿的校对。调研还得到了恩施州旅游委员会以及恩施市、利川市、宣恩县、建始县、咸丰县、来凤县和鹤峰县旅游主管部门各位领导的大力支持和帮助，也得到了各调研村的村干部和村民的无私协助和配合。中国社会科学出版社编辑刘晓红老师对书稿给予了很多支持与帮助，谨此致谢！

本书的出版还得到了国家自然科学基金项目"鄂西山区旅游地农户生计脆弱性引致返贫的风险评估及预警机制研究"（42001172）、湖北经济与社会发展研究院研究课题"降低区域脆弱性，构建旅游扶贫的长效减贫机制——以鄂西为例"（2017HBJSY008）、教育部人文社会科学研究基金项目"中国旅游扶贫政策绩效评估及长效减贫机制研究——以鄂西生态文化旅游圈为例"（16YJC630097）的联合资助，在此谨致谢忱。

由于能力和精力的限制，本书难免存在一些不足和瑕疵，请广大读者谅解并提出宝贵意见。

乔花芳　谢双玉

2021年9月20日于桂子山

目　　录

第一章　现实需求与理论背景：旅游扶贫的时代背景 …………… 1

　　第一节　中国贫困地区概况 ………………………………………… 3
　　第二节　中国旅游扶贫工作的发展历程 …………………………… 11

第二章　概念界定与理论构建：旅游扶贫与返贫阻断 ……………… 27

　　第一节　研究评述 …………………………………………………… 27
　　第二节　概念界定 …………………………………………………… 46
　　第三节　理论构建 …………………………………………………… 52

第三章　政策演进与实践进展：旅游扶贫政策回顾 ………………… 64

　　第一节　区域概况 …………………………………………………… 64
　　第二节　区域贫困特征 ……………………………………………… 65
　　第三节　区域旅游开发基础 ………………………………………… 67
　　第四节　区域旅游扶贫过程 ………………………………………… 71

第四章　扶贫绩效与经验总结：旅游扶贫开发的影响 ……………… 74

　　第一节　数据来源 …………………………………………………… 74
　　第二节　旅游扶贫村概况 …………………………………………… 80
　　第三节　贫困户与旅游扶贫绩效评价 ……………………………… 104
　　第四节　旅游地生命周期与旅游扶贫绩效评价 …………………… 115
　　第五节　旅游扶贫模式与旅游扶贫绩效评价 ……………………… 124

第六节　旅游扶贫的经验与启示……………………………… 134

第五章　返贫阻断与长效脱贫：构建长效减贫机制……………… 141
第一节　科学识别返贫风险……………………………………… 141
第二节　有效构建预警机制……………………………………… 147
第三节　全面实现风险阻断……………………………………… 149

第六章　研究结论与研究展望：未来研究方向…………………… 151
第一节　研究结论………………………………………………… 151
第二节　研究展望………………………………………………… 153

附　录………………………………………………………………… 155

参考文献……………………………………………………………… 213

第一章

现实需求与理论背景：
旅游扶贫的时代背景

贫困是一种复杂的政治经济现象，反贫困是困扰全人类的重大课题，也是人类社会发展的基本要求之一①②③，截至 2016 年，世界人口中大约有 12.7% 处于极端贫困状态，减贫已经成为 21 世纪全世界面临的重大挑战。④ 当前，中国脱贫攻坚战已取得了全面胜利，现行贫困标准下 9899 万农村贫困人口全部脱贫，832 个贫困县全部"摘帽"，12.8 万个贫困村全部出列，区域性整体贫困得到解决，完成了消除绝对贫困的艰巨任务⑤，为世界提供了成功减贫的宝贵经验。

然而，现行贫困标准下减贫目标的实现不等于扶贫工作的终结，贫困人口在脱贫后仍将面临较高的返贫风险⑥，已脱贫农户极有可能因为自身的生计脆弱性而重新返贫，直接威胁区域脱贫成果和农户生活质

---

① 王小林：《贫困测量：理论与方法》（第 2 版），社会科学文献出版社 2017 年版，第 1 页。
② 施锦芳：《国际社会的贫困理论与减贫战略研究》，《财经问题研究》2010 年第 3 期。
③ 李小云、许汉泽：《2020 年后扶贫工作的若干思考》，《国家行政学院学报》2018 年第 1 期。
④ 丁建军：《中国 11 个集中连片特困区贫困程度比较研究——基于综合发展指数计算的视角》，《地理科学》2014 年第 12 期。
⑤ 郑若瀚：《脱贫攻坚：中国人权事业发展的伟大实践》，人民网，http://politics.people.com.cn/n1/2021/0401/c1001-32066678.html#:~:text=2021%E5%B9%B42%E6%9C%882,%E8%B4%AB%E5%9B%B0%E7%9A%84%E8%89%B0%E5%B7%A8%E4%BB%BB%E5%8A%A1%E3%80%82。
⑥ 肖泽平、王志章：《脱贫攻坚返贫家户的基本特征及其政策应对研究——基于 12 省（区）22 县的数据分析》，《云南民族大学学报》（哲学社会科学版）2020 年第 1 期。

量。来自国家统计局和原国务院扶贫开发领导小组办公室（以下简称国务院扶贫办）的数据显示，2001—2009年，我国贫困人口的脱贫率约为67.6%，而脱贫人口返贫率也在64.6%上下波动。[①] 如何实现脱贫效果的可持续性是后脱贫时代亟须解决的主要矛盾，如何破解并阻断已脱贫农户的返贫风险，成为巩固脱贫成果、实施乡村振兴战略的迫切需要。

旅游扶贫是重要的产业扶贫途径之一。[②] 2011年年底，中共中央、国务院在《中国农村扶贫开发纲要（2011—2020年）》中提出要"充分发挥贫困地区生态环境和自然资源优势……大力推进旅游扶贫"，明确了旅游业在中国减贫工作中的重要地位。2016年8月，国家旅游局和国家发改委等12部委在《乡村旅游扶贫工程行动方案》中明确了乡村旅游扶贫重点村名单，深入贯彻乡村旅游扶贫工程，充分发挥乡村旅游在减贫脱贫工作中的典型作用。

鄂西山区在地理空间上跨越了秦巴山区和武陵山区，兼具山地民族地区和集中连片特困地区的双重属性，农户的风险应对能力较差，返贫风险问题异常突出。但同时该地区自然资源独特、少数民族文化丰富，参与旅游成为当地农户的重要生计选择。[③] 因此，聚焦鄂西山区将有助于深入理解深度贫困地区旅游扶贫的成效，科学识别返贫风险的典型性。

本书在理论上，将有利于拓展旅游扶贫研究的研究范畴，丰富旅游扶贫政策绩效研究的理论基础和研究方法，增强旅游地生命周期理论的可操作性，进一步促进多维贫困理论和可持续生计理论等相关研究的理论深度和交叉融合。在实践中，基于多维视角的旅游扶贫政策绩效研究将有助于系统梳理中国脱贫攻坚战的成功经验，为欠发达国家或地区的减贫工作提供参考；对返贫阻断的研究将有助于在后脱贫时代进一步巩

[①] 叶初升、张凤华：《政府减贫行为的动态效应——中国农村减贫问题的SVAR模型实证分析（1990—2008）》，《中国人口·资源与环境》2011年第9期。
[②] 谢双玉等：《贫困与非贫困户旅游扶贫政策绩效感知差异研究——以恩施为例》，《旅游学刊》2020年第2期。
[③] 谢双玉等：《贫困与非贫困户旅游扶贫政策绩效感知差异研究——以恩施为例》，《旅游学刊》2020年第2期。

固鄂西山区旅游地脱贫攻坚成果，助推中国集中连片特困地区的乡村全面振兴和旅游高质量发展。

第一节　中国贫困地区概况

了解贫困现象、认识贫困地区概况是反贫困的前提。我国的贫困问题具有鲜明的区域性特征，集中连片特困地区是新时代脱贫攻坚的主战场。2012年6月，原国务院扶贫办根据《中国农村扶贫开发纲要（2011—2020年）》精神，以2007—2009年的人均县域国内生产总值、人均县域财政一般预算收入、县域农民人均纯收入等指标为基本依据，在全国共划分了11个集中连片特殊困难地区，分别为六盘山区、秦巴山区、武陵山区、乌蒙山区、滇桂黔石漠化区、滇西边境山区、大兴安岭南麓山区、燕山—太行山区、吕梁山区、大别山区和罗霄山区。加上已明确实施特殊扶持政策的西藏、四省藏区、新疆南疆三地州，共形成了14个片区，共计680个县，其中包括我国综合排名滞后的600个县中的近90%。

这些地区主要集中在我国中西部的深山区、荒漠区、高原区和民族地区[①]，大多地理位置偏僻，自然条件和生态环境较为恶劣，基础设施配套不完善，经济社会发展滞后，集中代表了我国贫困地区的典型特征，脱贫减贫工作任重道远。

表1-1　　　　中国11个集中连片特殊困难地区概况

序号	片区指标	总面积（万平方千米）	总人口（万人）	农村人口（万人）	跨省区数（个）	国家级贫困县数量（个）
1	六盘山片区	16.6	2356.1	1968.1	4	49
2	秦巴山片区	22.5	3765.0	3051.5	6	72
3	武陵山片区	17.2	3645.0	2792.0	4	42
4	乌蒙山片区	10.7	2292.0	2005.1	3	32

---

① 刘小鹏等：《集中连片特殊困难地区村域空间贫困测度指标体系研究》，《地理科学》2014年第4期。

续表

序号	片区指标	总面积（万平方千米）	总人口（万人）	农村人口（万人）	跨省区数（个）	国家级贫困县数量（个）
5	滇桂黔石漠化片区	22.8	3427.2	2928.8	3	67
6	滇西边境片区	20.9	1751.1	1499.4	1	45
7	大兴安岭南麓山片区	14.5	833.3	563.4	3	13
8	燕山—太行山片区	9.3	1097.5	917.6	3	25
9	吕梁山片区	3.6	402.8	340.4	2	20
10	大别山片区	6.7	3657.3	3128.0	3	29
11	罗霄山片区	5.3	1170.1	947.6	2	16

资料来源：丁建军：《中国11个集中连片特困区贫困程度比较研究——基于综合发展指数计算的视角》，《地理科学》2014年第12期。

六盘山区涵盖了陕西、甘肃、青海、宁夏四省（区）的61个县（市、区），其中有49个国家扶贫开发工作重点县、12个革命老区县、20个民族自治地方县。①

秦巴山区包括甘肃、陕西、河南、湖北、重庆、四川六省（市）的80个县（市、区）。该片区地跨长江、黄河、淮河三大流域，是淮河、汉江、丹江等多条河流的发源地，水资源丰富，森林覆盖率超过53%，生物物种多样，是我国重要的水源涵养生态功能区。区域内既有川陕革命老区，又有三峡库区和丹江口库区等大型水库库区，还是我国六大泥石流多发区之一②，致贫因素异常复杂，扶贫任务艰巨。

武陵山区包括湖北、湖南、重庆、贵州四省（市）的71个县（市、区）。片区内的森林覆盖率超过50%，是我国重要的生态屏障，生物物种多样，被誉为"华中动植物基因库"。区域内有湘鄂川黔革命根据地、黔北革命根据地等革命老区，红色旅游资源丰富。还包括湖北

---

① 国务院扶贫开发领导小组办公室、国家发展和改革委员会：《六盘山片区区域发展与扶贫攻坚规划（2011—2020年）》，减贫研究数据库，https://www.jianpincn.com/Themes/ueditor/net/upload/file/20160406/635955548644730979451396 6.pdf。

② 国务院扶贫开发领导小组办公室、国家发展和改革委员会：《秦巴山片区区域发展与扶贫攻坚规划（2011—2020年）》，国家乡村振兴局，http://www.cpad.gov.cn/sofpro/ewebeditor/uploadfile/2013/04/12/20130412075524440.pdf。

省恩施土家族苗族自治州、长阳土家族自治县、五峰土家族自治县,湖南省湘西土家族苗族自治州、城步苗族自治县,重庆市酉阳土家族自治县、秀山土家族苗族自治县、彭水苗族土家族自治县、石柱土家族自治县,贵州省道真仡佬族苗族自治县、务川仡佬族苗族自治县等少数民族聚居区①,民族文化资源富集,具有鲜明的地域特色。

乌蒙山区包括四川、贵州、云南三省交界地区的38个县(市、区)。该片区是长江、珠江流域的重要生态保护区。片区内有四川省马边彝族自治县、凉山彝族自治州,贵州省威宁彝族回族苗族自治县,云南省禄劝彝族苗族自治县、寻甸回族彝族自治县等多个少数民族聚居区,少数民族人口占总人口的20.50%。②

滇桂黔石漠化区③包括广西、贵州、云南三省(区)的91个县(市、区)。片区内高原山地地形较为典型,是全球喀斯特地貌发育最典型的地区之一,自然资源独特,旅游开发潜力大。该片区是我国集中连片特困地区中少数民族人口最多的区域,民族自治地方县(市、区)占91.21%,有壮族、苗族、布依族、瑶族、侗族等十多个世居少数民族,占总人口的62.13%,形成了浓郁的少数民族风情,以及侗族大歌、壮锦等丰富的非物质文化遗产。片区内还有37.36%的区县(市、区)为革命老区,红色旅游资源丰富。此外,片区内的边境县共8个,边民互市贸易活跃,大新德天跨国瀑布等跨国旅游资源景观独特。

滇西边境山区包括云南省的61个县(市、区),其中包括楚雄彝族自治州、红河哈尼族彝族自治州、西双版纳傣族自治州等少数民族聚居区,少数民族自治县占78.69%,国家扶贫开发工作重点县占73.78%,边境县占31.15%。片区内民族民俗资源丰富,生物物种多

---

① 国务院扶贫开发领导小组办公室、国家发展和改革委员会:《六盘山片区区域发展与扶贫攻坚规划(2011—2020年)》,国家发展和改革委员会,https://zfxxgk.ndrc.gov.cn/web/iteminfo.jsp?id=1660。
② 国务院扶贫开发领导小组办公室、国家发展和改革委员会:《乌蒙山片区区域发展与扶贫攻坚规划(2011—2020年)》,国家乡村振兴局,http://www.cpad.gov.cn/sofpro/ewebeditor/uploadfile/2013/04/12/20130412075241622.pdf。
③ 国务院扶贫开发领导小组办公室、国家发展和改革委员会:《滇桂黔石漠化片区区域发展与扶贫攻坚规划(2011—2020年)》,国家乡村振兴局,http://www.cpad.gov.cn/sofpro/ewebeditor/uploadfile/2013/04/12/20130412081254422.pdf。

样,被称为"动物王国""植物王国"①,旅游开发潜力较大。

大兴安岭南麓山区包括内蒙古、吉林、黑龙江三省(区)的22个县(市、区)。片区内耕地、草场资源丰富,有蒙古族、满族等多个少数民族,占总人口的19.77%。该片区还有边境市(旗)2个,半农半牧业县(旗)15个②,农牧业生产规模较大。

燕山—太行山区包括河北、山西、内蒙古三省(区)的33个县。该片区紧邻京津冀地区,区位优势较为突出,交通条件优良,森林、湿地等生态资源丰富,人文历史资源众多。③

吕梁山区横跨黄河两岸,包括山西省、陕西省的20个县,这些县既是国家扶贫开发工作重点县,又是革命老区,其中有85.00%的县是黄土高原丘陵沟壑水土保持生态功能区,水土流失问题严重。④

大别山区位于河南、安徽、湖北三省交界区域,是贯通南北和东西部的交通要道,战略地位突出,区位优势明显。片区内共36个县(市),其中80.56%为国家扶贫开发工作重点县、75.00%为革命老区县、63.89%为国家粮食生产核心区重点县⑤,是我国洪涝灾害最严重的区域之一。

罗霄山区包括湖南和江西两省的24个县(市、区)⑥,其中有

---

① 国务院扶贫开发领导小组办公室、国家发展和改革委员会:《滇西边境片区区域发展与扶贫攻坚规划(2011—2020年)》,国家乡村振兴局,http://www.cpad.gov.cn/sofpro/ewebeditor/uploadfile/2013/04/12/20130412082041169.pdf。

② 国务院扶贫开发领导小组办公室、国家发展和改革委员会:《大兴安岭南麓片区区域发展与扶贫攻坚规划(2011—2020年)》,国家乡村振兴局,http://www.cpad.gov.cn/sofpro/ewebeditor/uploadfile/2013/04/12/20130412082420511.pdf。

③ 国务院扶贫开发领导小组办公室、国家发展和改革委员会:《燕山—太行山片区区域发展与扶贫攻坚规划(2011—2020年)》,国家乡村振兴局,http://www.cpad.gov.cn/sofpro/ewebeditor/uploadfile/2013/04/12/20130412082712730.pdf。

④ 国务院扶贫开发领导小组办公室、国家发展和改革委员会:《吕梁山片区区域发展与扶贫攻坚规划(2011—2020年)》,减贫研究数据库,https://www.jianpincn.com/Themes/ueditor/net/upload/file/20160406/635955522954218532509682.pdf。

⑤ 国务院扶贫开发领导小组办公室、国家发展和改革委员会:《大别山片区区域发展与扶贫攻坚规划(2011—2020年)》,国家乡村振兴局,http://www.cpad.gov.cn/sofpro/ewebeditor/uploadfile/2013/04/12/20130412083524944.pdf。

⑥ 国务院扶贫开发领导小组办公室、国家发展和改革委员会:《罗霄山片区区域发展与扶贫攻坚规划(2011—2020年)》,减贫研究数据库,https://www.jianpincn.com/Themes/ueditor/net/upload/file/20160406/635955536919594385228502.pdf。

95.63%为革命老区，66.67%是国家扶贫工作重点县。片区森林覆盖率高达72%，是赣江和东江的发源地，以及湘江的水源补给区。该片区紧邻珠江三角洲和长江三角洲地区，区位优势明显。片区内红色旅游资源、历史文化资源和客家文化资源丰富，旅游资源开发潜力较大。

一 基本情况

（一）自然资源丰富，生态环境脆弱

我国贫困地区集中在山地和高原等地区，大别山区、武陵山区等多数山区河流众多，水系发达，生物种类丰富，森林覆盖率高，武陵山区还被称为"华中动植物基因库"，滇西边境山区也被誉为动植物王国。

但是，这些贫困地区多位于自然条件较为恶劣的中西部地区，先天的自然环境劣势导致贫困地区灾害频发。以六盘山片区为例，该片区地处我国黄土高原与青藏高原的过渡地带，气候十分干旱，地形呈现破碎状态，沟壑纵横交错，植被覆盖量严重不足，干旱、冰雹等自然灾害频发。来自《六盘山片区区域发展与扶贫攻坚规划（2011—2020年）》的数据表明[①]，干旱缺水是制约六盘山片区脱贫攻坚的主要矛盾，人均占有水资源仅368立方米，不到全国平均水平的20%。区域内近80%为水土流失面积，严重制约区域经济发展和人民生活水平的提高。

秦巴山片区承担着南水北调工程水源保护和三峡库区生态保护等重大功能，禁止开发区域达85处，国家限制开发的重点生态功能区覆盖55个县，生态保护与资源开发的矛盾较为突出。

燕山—太行山区对整个京津地区的水源涵养和水源供给意义重大，京津风沙源治理区覆盖了该片区的25个县，限制开发的国家重点生态功能区涵盖了6个县，环境保护的压力较大。

大兴安岭南麓山区土地生产能力不足，土地沙化面积达20384平方千米，耕地盐碱化面积达86万公顷，分别占区域总面积和区域耕地总面积的14%和19%。此外，该片区的低山丘陵地区水土流失和土壤退化情况也较为严重，旱灾和风灾的影响大，雪灾、冰雹等自然灾害

[①] 国务院扶贫开发领导小组办公室、国家发展和改革委员会：《六盘山片区区域发展与扶贫攻坚规划（201—2020年）》，减贫研究数据库，https://www.jianpincn.com/Themes/ueditor/net/upload/file/20160406/635955548644730979 4513966.pdf。

多发。

（二）多民族聚居，民族文化资源丰富

集中连片特困地区包括众多少数民族聚居区，例如，乌蒙山区、滇桂黔石漠化区的少数民族人口分别占片区总人口的20.50%、62.13%，滇西边境山区有48个民族自治地方县（市、区），占片区县（市、区）总数的78.69%，世居少数民族25个，少数民族人口超过830万人。

这些地区的少数民族服饰、手工艺品、歌舞、民俗节庆活动等民族文化资源丰富，独具特色的民族景观具有较大的吸引力。其中，位于滇西边境山区的广西壮族自治区有30多个少数民族[1]，侗族古老的鼓楼等民族建筑，壮族"三月三"歌节、侗族"琵琶歌"情歌、仫佬族"走坡"对歌、苗族和侗族的芦笙舞、壮族的春堂舞、瑶族狩猎舞、仡佬族的牛筋舞等民族歌舞艺术，侗族的手抓糯米饭、壮族的五色糯粑等民族特色餐饮，苗族的拦路酒迎宾等少数民族风俗具有较大的市场开发潜力。然而，由于基础设施条件落后、资金匮乏、思想观念落后等因素的制约，民族旅游资源的开发水平仍然较低，开发的深度和广度也与资源价值不匹配。

（三）基础设施薄弱，发展保障不足

基础设施条件是保障区域实现长足发展的前提，完善的基础设施对推动社会进步和经济发展发挥了巨大的作用。有研究表明，基础设施建设对贫困地区的经济增长作用明显，主要体现在增加投资和降低成本等方面。基础设施发展为区域经济的快速发展奠定了良好的物质基础，可以实现地理区位相近地区的协同发展，且优势地区基础设施效率的时间溢出效应更为显著，劣势地区的空间溢出效应较为突出。[2]

然而，贫困地区的基础设施建设滞后，社会经济的发展保障乏力，较难支撑社会经济的快速发展。例如，六盘山区、滇桂黔石漠化片区等片区的交通设施运力低下，且等级不高，六盘山区和滇桂黔石漠化片区分别有约9%、17%的行政村不通等级公路，53%、66%的行政村不通

---

[1] 马剑平、卢钦：《民族旅游资源开发利用与贫困地区发展——以广西为例》，《贵州民族研究》2015年第6期。

[2] 丁黄艳、廖元和：《贫困地区基础设施效率及其时空溢出特征——基于三峡库区面板数据的例证》，《贵州财经大学学报》2016年第6期。

沥青（水泥）路。滇桂黔石漠化片区生产和生活用水严重不足，基本农田有效灌溉面积占比仅为28%，2010年年底，有1111万农村人口存在饮水不安全问题，比例高达38%，农户饮水安全问题亟须解决；六盘山区有3%的自然村尚未通电，15%的行政村尚未完成农村电网改造，部分农户住房较为困难。

（四）社会公共服务滞后，劳动力支撑不足

多维贫困的研究将贫困从经济视角转移到了社会其他领域，物质资本对贫困的影响在逐渐减少，人力资本、社会资本等多维因素的叠加作用显著影响了贫困人口。[①] 农村地区社会公共服务条件的改善对贫困水平的降低具有较大的贡献，基本公共服务的提升可以显著提高贫困人口的收入水平[②]，从而降低欠发达地区的贫困发生率。

贫困地区社会公共服务发展滞后，无法为社会经济的持续发展提供必要的人才输出和储备。在集中连片特殊困难地区中，大别山区的人均教育、卫生和就业支出仅为767元。片区内教育基础设施落后，师资配备不足；医疗卫生条件较差，基层卫生服务尤其欠缺；农业技术未得到有效推广，科技在农业生产中的应用水平低；劳动力受教育水平低于全国的平均水平，专业技术人员无法满足市场需求。滇西边境山区教育投入不足，教育设施和师资供应滞后，高中阶段毛入学率低于全国平均水平32个百分点；医疗卫生条件差，人均卫生支出仅为319元，8%的农村居民未参加新型农村合作医疗，15%的行政村没有合格的医生。

（五）市场开放程度低，产业创新发展乏力

贫困地区产业发展基础较差，市场体系不健全，开放程度低，创新能力不足。具体而言，农业的生产力水平低下，生产方式落后；工业生产总量小且结构单一；现代服务业未能充分发展。例如，在集中连片特殊困难地区中，吕梁山区横跨黄河两岸，包括山西、陕西两省20个县，高度依赖能源生产和加工等相关产业，产业形式单一，产业结构不合理，造成区域经济发展不稳定。2010年，武陵山区和罗霄山区的人均

---

① 许源源、徐圳：《公共服务供给、生计资本转换与相对贫困的形成——基于CGSS 2015数据的实证分析》，《公共管理学报》2020年第4期。
② 朱盛艳、李瑞琴：《基本公共服务可获得性的农村贫困效应检验：基于增长效应与分配效应的双重审视》，《农村经济》2019年第8期。

地区生产总值分别为9163元、10614元,仅相当于全国平均水平的36%左右,罗霄山区的城镇化率比全国平均水平低19个百分点。

二 贫困特征

(一)区域性整体贫困特征明显

自改革开放以来,我国的贫困人口大规模减少,但区域性整体贫困仍然存在,在民族地区、革命老区、边疆地区和连片特困地区的分布尤其密集,贫困地区在空间分布上的集中连片特征明显,并逐渐形成了"农户—村镇—县市—片区"多级并存的空间格局。[①]

从地域分布上看,我国的贫困地区集中分布在青藏高原、黄土高原、滇西—川西高山峡谷区等区域[②],这些地区多是高寒区、深山区、民族地区或边境地区。已有研究还表明,我国贫困地区与"胡焕庸线"沿线的山地和丘陵地区高度吻合,并呈现出三种地域类型:[③] 一是中国西部的沙漠、高寒地区,包括青藏高原、云贵高原和川藏的沙漠地带;二是中部沿"胡焕庸线"分布的山地高原地区,包括四川盆地、汉中盆地等;三是平原山丘地区,包括大别山区、沂蒙山区、闽赣接壤山区等。

(二)贫困覆盖面广,贫困程度深

恶劣的自然条件和社会经济基础造成了我国贫困人口的覆盖面较广,且贫困程度深。以六盘山片区为例,2010年农民人均纯收入仅为全国平均水平的55%,按当时的贫困标准(1274元/人)计算,共有313万农村人口陷入贫困,贫困发生率高达16%,超出全国平均水平13个百分点,甚至高于西部地区平均水平。乌蒙山区也有259万农村人口为贫困状态,贫困发生率达13%,超出全国平均水平10个百分点,比西部地区高出7个百分点;片区内的38个县市中有84%为国家扶贫开发工作重点县,16%为省级重点县;困难群体的住房保障匮乏,仍有贫困农户居住在茅草房和石板房中。

[①] 刘彦随等:《中国农村贫困化地域分异特征及其精准扶贫策略》,《中国科学院院刊》2016年第3期。

[②] 刘艳华、徐勇:《中国农村多维贫困地理识别及类型划分》,《地理学报》2015年第6期。

[③] 刘彦随等:《中国农村贫困化地域分异特征及其精准扶贫策略》,《中国科学院院刊》2016年第3期。

在经济、社会、生态三类指标中，我国11个集中连片特困区的经济发展最为滞后；在新农村建设、脱贫攻坚战略等政策措施的推动下，社会贫困程度得到了明显改善；由于经济活动强度和区位条件的影响，这些地区的生态条件相对较好，但生态脆弱性问题也不容忽视。[①] 此外，这些集中连片特困区的贫困程度也存在差异，乌蒙山片区、桂黔滇石漠化片区和武陵山片区的贫困程度最深，这些地区均位于西南腹地，是中国贫困问题的"重灾区"；罗霄山片区、燕山—太行山片区、大别山片区的贫困程度最轻，说明即使同为贫困地区，东中部地区仍然优势明显。

（三）致贫原因复杂，脱贫难度大

中国的贫困人口大多数分布在民族地区、革命老区、边疆地区和连片特困地区，部分地区生态环境较为恶劣，自然灾害较多，社会经济发展滞后，社会保障体系不健全，致贫原因复杂，因病致贫、因灾致贫、因学致贫的现象较为突出。在建档立卡贫困户中，因病致贫的农户超过40.00％，其次为因缺资金致贫、因缺技术致贫、因缺劳力致贫、因学致贫、因残致贫、因灾致贫[②]，脱贫攻坚的难度大。

在贫困人口的组成中，妇女、儿童、60岁以上老人和五保户等困难群体比例偏高，受教育水平相对较低，劳动力素质不高[③]，自身能力的局限造成了内生发展动力相对不足，抵抗风险的能力较弱，成为脱贫攻坚战的关键对象。

第二节 中国旅游扶贫工作的发展历程

一 中国扶贫工作的发展

扶贫工作一直以来都是党和国家工作中的重要内容，改革开放以来，我国扶贫开发工作取得了举世瞩目的成就，走出了一条中国特色的

[①] 丁建军：《中国11个集中连片特困区贫困程度比较研究——基于综合发展指数计算的视角》，《地理科学》2014年第12期。

[②] 韩俊：《当前中国的扶贫投入仍显不足》，新浪网，http://finance.sina.com.cn/zl/china/2016-09-18/zl-ifxvyqvy6609394.shtml。

[③] 刘永富：《以精准发力提高脱贫攻坚成效》，人民网，http://theory.people.com.cn/n1/2016/0111/c40531-28035652.html。

扶贫开发道路。按照扶贫工作重点的不同，中国的扶贫工作可以分为救济式扶贫、区域性扶贫、开发式扶贫、脱贫攻坚和后脱贫时代四个阶段。①②

(一) 救济式扶贫阶段（1949—1978 年）

1949—1978 年为救济式扶贫阶段，是中华人民共和国成立后中国扶贫工作的第一个阶段。

中华人民共和国成立之初，我国处于资源的极度紧缺状态，国家面临全面性的深度贫困，基于贫困的主要原因在于所有制的认知，当时的贫困治理主要围绕土地改革、人民公社化运动等所有制改造展开，人民公社通过平均分配提供福利。政府还建立了针对老弱孤寡残疾人口的五保户制度、针对因灾致贫人口的紧急救助计划等对贫困人口实施救济。

从政策特点来看，这一时期的扶贫政策具有短期性、分散性和被动性等特征。就政策效果而言，在当时物资匮乏的社会背景下，集体主义的分配方式一方面为贫困人口提供了基本安全保障，另一方面也挫伤了农户的生产积极性，造成了当时农村生产力的滞后。

(二) 区域性扶贫阶段（1979—1993 年）

1979—1993 年为区域性扶贫阶段。改革开放后，我国不仅在政治上认识到了消灭贫困的重要性，而且通过一系列改革开放政策开创了中国消除绝对贫困的创举。

1984 年 9 月 29 日，中共中央、国务院颁布了《关于帮助贫困地区尽快改变面貌的通知》，这是中华人民共和国扶贫史上第一个纲领性文件，标志着我国的扶贫工作开始向制度化转变。该文件提出，要依靠当地人民的力量增强地区经济活力；在贫困地区实行优惠政策减轻贫困人口的负担，刺激经济发展。

1988 年，邓小平同志在《思想更解放一些，改革的步子更快一些》一文中指出，"社会主义的根本任务是解放生产力，逐步摆脱贫穷，使国家富强起来，使人民生活得到改善：没有贫穷的社会主义，社会主义

---

① 李晓园、汤艳：《返贫问题研究 40 年：脉络、特征与趋势》，《农林经济管理学报》2019 年第 6 期。

② 郭佩霞、邓晓丽：《中国贫困治理历程、特征与路径创新——基于制度变迁视角》，《贵州社会科学》2014 年第 3 期。

的特点不是穷,而是富,但这种富是人民共同富裕"。① 1992 年,他在多地的讲话中也多次指出,社会主义的本质是解放生产力,发展生产力,最终实现共同富裕。此后的国家领导人也坚持共同富裕这一政治哲学,并积极推动中国反贫困进程。②

(三) 开发式扶贫阶段 (1994—2015 年)

1994—2015 年为开发式扶贫阶段,中国提出了"精准扶贫"等一系列重要举措。

为了缓解和消除贫困,国务院先后发布了《国家八七扶贫攻坚计划 (1994—2000 年)》和《中国农村扶贫开发纲要 (2001—2010 年)》,明确了在 2020 年基本消除绝对贫困的奋斗目标。至此,我国扶贫开发已经从以解决温饱为主要任务的阶段转入巩固温饱成果、加快脱贫致富步伐、改善生态环境质量、提高经济发展能力、缩小区域发展差距的开发式扶贫阶段。

2013 年 11 月,国家主席习近平在湘西考察时首次作出了"实事求是、因地制宜、分类指导、精准扶贫"的重要指示。2014 年,中共中央办公厅先后发布众多精准扶贫工作模式的详细规划,推动"精准扶贫"思想落地。"精准扶贫"注重六个精准,即扶持对象精准、项目安排精准、资金使用精准、措施到户精准、因村派人精准、脱贫成效精准,坚持分类施策,因人因地施策,因贫困原因施策,因贫困类型施策,通过扶持生产和就业发展一批,通过易地搬迁安置一批,通过生态保护脱贫一批,通过教育扶贫脱贫一批,通过低保政策兜底一批,广泛动员全社会力量参与扶贫。"精准扶贫"方略坚持对扶贫对象的精细化管理和扶贫资源的精确化配置,真正实现了"脱真贫,真脱贫"。

(四) 脱贫攻坚阶段 (2016—2020 年)

2016—2020 年为脱贫攻坚阶段,中国的脱贫工作进入决胜期。

2016 年 12 月 2 日,国务院印发了"十三五"时期脱贫攻坚的行动指南——《"十三五"脱贫攻坚规划》,提出了脱贫攻坚的总体思路和

---

① 王小林:《贫困测量:理论与方法》(第 2 版),社会科学文献出版社 2017 年版,第 20 页。

② 王小林:《贫困测量:理论与方法》(第 2 版),社会科学文献出版社 2017 年版,第 20 页。

主要任务，明确了打赢脱贫攻坚战的时间安排，为各部委及地方政府制定扶贫专项规划提供了重要依据。2018年9月26日，中共中央、国务院印发了《乡村振兴战略规划（2018—2022年）》，提出了发展壮大农村产业、建设生态宜居的美丽乡村、繁荣发展乡村文化、健全现代乡村治理体系、保障和改善农村民生等重要举措。

2020年年底，我国实现了在现行标准下农村贫困人口全部脱贫，贫困县全部摘帽、区域性整体贫困得到解决，中国脱贫攻坚目标任务如期全面完成。

（五）后脱贫阶段（2021年至今）

2021年之后，我国进入后脱贫时期。中国已取得脱贫攻坚战的重大胜利，这一阶段的扶贫工作重点是如何巩固脱贫攻坚的成果。

习近平总书记在决战决胜脱贫攻坚座谈会上指出，要加快建立防止返贫监测和帮扶机制，对深度困难群体加强监测，提前实施针对性的帮扶措施，不能在返贫后再补救。

2021年3月22日，国务院印发了《关于实现巩固拓展脱贫攻坚成果同乡村振兴有效衔接的意见》，在脱贫攻坚任务完成后设立了5年过渡期，将前期工作重点从解决贫困人口的"两不愁三保障"转向全面推进乡村振兴，为全面建成小康社会后，如何实现巩固拓展脱贫攻坚成果与乡村振兴的有效衔接提出了重要思路。主要目标包括：到2025年，脱贫攻坚成果得到巩固和拓展，乡村振兴战略在脱贫地区全面推进；到2035年，脱贫地区的经济实力得到显著提升，乡村振兴战略取得重大进展。为了巩固脱贫攻坚成果，在过渡期内的主要帮扶政策保持不变，进一步加大对脱贫地区特色产业的扶持，促进贫困人口稳定就业，持续优化基础设施和公共服务水平，健全返贫动态监测机制和扶贫项目资产的监督管理。在区域层面，选择一批乡村振兴重点帮扶县，在财政、金融、人才等方面给予重点扶持；坚持和完善东西部协作机制，优化结对帮扶关系。

二 中国旅游行业管理工作的发展历程

旅游扶贫是重要的产业扶贫形式之一，了解我国旅游行业管理发展历程、治理网络等基本情况有助于深入理解开展旅游扶贫的时代背景和历史逻辑。我国的旅游业发轫于计划经济时期，秉承了"入境旅游—

国内旅游—出境旅游"的发展道路。在中华人民共和国成立初期,入境旅游承担了"窗口行业"和"民间外交"的独特角色,其政治性和外交性意义占主要地位。改革开放之后,旅游业的经济产业性质得到充分肯定,尤其是入境旅游作为服务贸易的出口,有利于旅游接待国的资金周转,并可免受进口关税壁垒的影响,因此,入境旅游的创汇功能得以充分重视,旅游业也成为率先与国际接轨的行业。20世纪80年代末,受国际政治局势以及国内政治事件的影响,入境旅游人数锐减,入境市场严重受挫,同时,随着国民生活水平的提升和节假日制度的完善,中国公民有了更多的精力和时间出游,国内旅游对内需的拉动作用,以及出境旅游在国际贸易中的独特作用开始受到越来越多的关注。

由于我国奉行的是政府主导型的旅游发展战略,旅游主管部门在各个历史时期基本都处于主导地位。按照旅游主管部门与旅游者、旅游企业、行业协会等利益相关者之间的关系,以及旅游主管部门在该关系中的职能和角色[①],可以将我国的旅游行业管理划分为缺位期、初创期、发展期、转型期和深化期五个发展阶段。

(一) 缺位期(1949—1963年)

1949—1963年是旅游管理体制的缺位期。在旅游业发展初期,我国的旅游业具有浓郁的"政治接待"色彩,当时的旅游企业数量很少,属于外事部门,旅游接待量也非常有限,游客人数被国家严格限制,且主要为入境旅游者。

为了满足海外华侨和港澳同胞回国探亲的需要,我国于1949年12月成立了厦门华侨服务社,即"中国旅行社"的前身。厦门华侨服务社是新中国成立后成立的第一家旅行社,主要是为华侨回国探亲、访友、参观、旅游提供服务。

1952年以后,随着工业化建设的开展,我国与苏联等东欧国家的交往不断增加,旅游接待任务日益繁重。1954年3月,中央批准成立了中国国际旅行社总社(以下简称国旅总社)以及上海、杭州、南京、汉口、广州、沈阳、哈尔滨、安东、大连、满洲里、天津、凭祥、南昌等分社,开始接待苏联和东欧各国的自费旅游者。中国国际旅行社先后

---

① 李平:《新中国旅游管理体制的演变与启示》,《中国经济史研究》2003年第3期。

由国务院外事办公室和国务院秘书长领导。1957年11月，国务院明确了国旅总社及其分、支社的分工，各地分社和支社由当地省（区、市）政府直接领导，但在业务上接受总社分配的接待任务。中国国际旅行社的工作计划、接待计划和设立分社等事宜都直接由国务院批准，在实际上代行了国家旅游管理机构的职能。由于旅游接待规模非常有限，这一时期并未成立专门的旅游行政管理机构，中央层面则由"国务院有关部门归口代管"[①]，中国国际旅行社成立后，除了承担访华外宾的旅游接待任务外，在实际上代行了旅游管理机构的部分职能。

这一时期的旅游行业管理与旅游业的发展状况和社会经济环境有着密切的联系。在高度集中的计划经济体制下，经济建设的重心集中在工农业生产等方面。从社会观念上看，当时温饱问题尚未解决，国内旅游更是无从发展。当时主要发展的入境旅游也是为了发挥旅游业民间外交的作用，向对华友好的外国人、爱国华侨和港澳同胞宣传新中国的建设成就，以赢得国际社会对新中国的认同与支持。因此，对旅游的性质界定被局限在政治接待的范畴，旅游工作成为外事工作的补充，国旅总社等旅行社作为事业单位归外事部门领导，旅游业的经济属性未得到认可。

（二）初创期（1964—1978年）

1964—1978年是旅游管理体制的初创期，从这一时期开始，我国的旅游行业管理体制开始初步建立起来，但是其初创期的发展极其曲折，随之而来的"文化大革命"使旅游工作濒临停滞，新建立的旅游管理体制也几乎毁于一旦。

随着我国旅游接待活动的不断开展，迫切需要加强对旅游工作的统一管理。1964年3月，中共中央批转了中央外事小组《关于开展我国旅游事业的请示报告》，决定成立"中国旅行游览事业管理局"。同年7月，全国人大常委会第124次会议批准设立"中国旅行游览事业管理局"。同年12月，中国旅行游览事业管理局正式成立，其主要职责包括：管理外国自费旅游者的接待业务，领导国旅在各地区的分、支社和直属服务机构的业务工作，对外联络和宣传等。中国旅行游览事业管理

[①] 何光暐：《中国旅游业50年》，中国旅游出版社1999年版，第12页。

局的成立标志着我国旅游主管部门正式诞生，我国的旅游管理体制中开始有了"独立的行政主体"。① 这种"独立"应该是一种相对的独立性，因为这一时期旅游局与国旅总社合署办公，采取了政企合一的组织模式，俗称"一套人马、两块牌子"。旅游局下设中南管理分局和华东管理分局两个派出机构，作为领导本地区旅游事业的办事机构，负责本地区有关旅游事业的各项工作，同时受中共中央中南局和华东局，以及旅游局的双重领导。其具体任务是：监督检查本地区分支社贯彻执行中央方针、政策的情况；检查本地区分支社贯彻执行旅游局制订的各项计划和规章制度的情况；提出本地区旅游事业的规划和建议等。

然而，逐渐完善的旅游行业管理体制并没有在初创期得到蓬勃发展。1965年，中共中央、国务院在批转旅游局的报告时指出，旅游事业的发展应采取"政治挂帅，稳步前进，逐步发展"的方针，"逐步制定出一套适合我国情况的管理办法"。在高度集权的政治环境下，我国旅游行业管理被不断地政治化、边缘化。从1966年下半年开始，刚刚建立起来的旅游行业管理体制陷入停滞，多地的旅游机构被撤销或合并，旅游接待人数急剧下降。

1970年以后，旅游行业管理体制逐步恢复。1969年6月，在周恩来总理的坚持下，中国旅行游览事业管理局得以保留。1970年8月，在外交部提出的《关于旅游工作体制改革的意见》中，重申了旅游局是国际旅游的管理机关，中国国际旅行社是承担国际旅游接待业务的组织，撤销了原华东、中南两个地区旅游局，并保留了国旅在当时开放城市的分支社，接受旅游局的业务指导，承担其分配的接待任务。此后，根据毛泽东主席接待外国人的"人数可略增加"的指示，在周恩来总理的组织下，旅游外事活动得到重新恢复。1972—1973年，中央批准恢复了中国华侨旅行社总社及各地分支社，以及南京、西安、武汉、杭州等26个城市的国旅分支社。随着地方旅游机构的相继重建，旅游管理体制开始恢复到"文化大革命"之前的状态。

---

① 王诚庆等：《中国旅游业发展中的体制改革与创新》，转引自何德旭《中国服务业发展报告 NO.5：中国服务业体制改革与创新》，社会科学文献出版社2007年版，第101页。

在新中国成立初期，国有企业和集体企业在整个旅游企业的所有制结构中占绝对多数，政府部门通过指令性计划对旅游企业的经济活动进行由上自下的管理，政企关系表现为层级式的隶属关系。[①] 在这一背景下，国有企业并不是追求经济利润的经营实体，而是兼具了外事接待、国家形象宣传、社会保障和社会福利等多项功能。这一阶段对接待任务政治性的过分强调，已经凸显了不可回避的问题：对外国旅游者的优惠措施过多，使旅游接待工作处于严重亏损状态，旅游收支经常入不敷出。为此，周恩来总理批示："旅游事业的收支应该略有盈余，对旅游者应按原则收费（开支外加手续费），对优惠也要从严掌握。"1975 年，经国务院批准，决定对旅游者增设"经济等"，以适应各国不同阶层旅游者的需求；为发挥地方积极性，允许组织区域旅行；为了满足不同层次海外旅游者的需要，国家拨款建造一批中低档的中小型饭店。对旅游工作收支状况的考虑和"经济等"产品的提供标志着我国已开始扭转对旅游事业"政治接待性"的一贯认识，为将来旅游业回归经济产业的本质迈出了重要的第一步。

由于这一时期国家的法制体系尚不完善，旅游业发展不充分，因此在旅游行业管理的缺位期和初创期，国家对旅游事业的管理仍然缺乏专项法规，主要依靠当时的基本法律规范和政策性文件开展行业管理。这些政策性文件主要集中在出入境管理和入境接待方面，例如每年的接待计划、来华旅游区域限定、出入境管理、涉外人员物品供应、来华旅游手续审批、收费方法、接待模式和标准，以及旅游接待中的部门协调等。

综上所述，1964 年中国旅行游览事业管理局的成立标志着我国的旅游管理体制逐渐成形。作为国务院直属机构，旅游局主要负责旅游接待工作的业务管理及中国旅游事业的对外联络和宣传。但是这一阶段的旅游业仍然是作为政治、外交事业来发展[②]，旅游管理实行的是由外交部代管、旅游局与国旅总社合署办公的体制，旅游局作为旅游主管部门，同时直接指导企业经营。

---

① 吴爱明、刘文杰：《中国政府与企业关系改革 30 年》，转引自张成福和孙柏瑛《社会变迁与政府创新——中国政府改革 30 年》，中国人民大学出版社 2009 年版，第 101 页。
② 何光暐：《中国旅游业 50 年》，中国旅游出版社 1999 年版。

（三）发展期（1979—1996 年）

1979—1996 年是旅游管理体制的发展期。改革开放后，我国进入了以经济建设为中心任务的历史时期，为旅游行业管理的重大变革提供了有利的社会背景。由于国家财政困难，党中央提出了利用国内资源和国外资源两个资源、打开国内市场和国外市场两种市场的方针，中国旅游业的迅速发展使其显著的创汇能力日益得到关注。旅游局的主要职能也开始由直接的行政管理向间接的行业管理转变，在旅游规划、政策法规和对外促销等方面的职能进一步加强。通过对旅游市场秩序的规范，旅游主管部门的宏观调控职能得到进一步的强化，管理手段日益多样，管理方式更加规范。

从改革开放一直到 20 世纪 90 年代初期，我国出于政治外交的目的和出口创汇的需要，主要发展了入境旅游业。面对入境旅游人数的不断增加，我国原有的接待能力已经出现明显的不足。对于旅游管理体制来说，则应从国家层面解决旅游业发展中的供求矛盾，并促进旅游产业规模的扩大和旅游服务的规范，旅游基础设施和旅游产业主体的完善成为这一阶段的主要任务。该阶段的旅游外联体制改革打破了中国国际旅行社总社、中国旅行社总社和中国青年旅行社总社三大旅行社寡头垄断的局面。而"五个一齐上"方针对于解决当时严重的供求失衡、深化国有企业改革也做出了积极的贡献，彰显了政府主导在特定历史时期的独特魅力。

随着行业规模的壮大，一些破坏市场秩序的现象逐渐凸显出来，旅游市场中削价竞争、以次充好、三角债拖欠等现象日益严重，严重扭曲了行业形象，中央和地方政府开始认识到政策制定对旅游业发展的必要性，规范市场秩序成为旅游主管部门的一项重要职能。这一阶段所制定的许多法规和规范性文件经过不断修改和完善至今仍保持了旺盛的生命力，尤其是在这一时期颁布实施的《旅行社管理条例》《导游人员管理暂行条例》《旅行社质量保证金暂行规定》等法律法规，基本奠定了我国旅游法制体系的基础。

我国国家级和地方级的旅游规划也实现了从无到有的发展，随着旅游规划编制范围的扩大、编制理念的成熟，我国旅游业的发展也更加有章可循。1979 年 9 月，全国旅游工作会议讨论了《关于 1980 年至 1985

年旅游事业发展规划（草案）》。① 虽然该规划内容只涉及国际旅游人数与旅游创汇等几个经济指标，但却是我国最早的旅游业规划。1985年开始，各级旅游主管部门开始在实践中探索旅游全行业管理的内容和方法，旅游规划职能即为其中之一。国家旅游局于1985年制定了中国旅游业第一个发展蓝图——《1986年至2000年旅游行业的发展规划》，希望通过规划和体制改革把各部门、各地方的旅游发展统筹起来。在当时国家领导人的重视下，从1988年年底开始，国家旅游局组建了《"八五"期间我国旅游业发展规划纲要》编制领导小组，并于1991年7月最终完成和通过了改革开放后我国第一个比较系统的旅游产业发展规划——《中国旅游业发展十年规划和第八个五年计划》。1996年2月，国家旅游局编制并通过了《中国旅游业发展"九五"计划和2010年远景目标纲要》。与之前的规划相比，该规划对国内旅游和国际旅游都给予了高度重视，并突出了旅游市场预测和旅游产品开发的思路，体现了规划思想从资源导向型到市场导向型的转变。

20世纪80年代，地理学者在开展国土资源调查和规划的同时做了一些旅游资源评价和利用规划，揭开了我国地方级旅游规划的序幕。同时期风景名胜区、森林公园的建设，以及1992年开始的国家旅游度假区建设热潮，使旅游规划的需求迅速膨胀，并开始快速发展。1995年3月开始的中国优秀旅游城市创建活动中，规划是评优的重要指标之一，因此优秀旅游城市评选又进一步刺激了各城市旅游规划的编制。

1989年之后，全国海外旅游客源市场锐减，旅游行业遭受改革开放以来最大的挫折，各级旅游主管部门将行业管理的重点转向加强旅游促销、恢复旅游客源市场和重塑国家旅游形象等方面。1991年，国务院在批转国家旅游局的请示中，要求加强对外宣传促销的管理，我国开始了对宣传促销的有组织管理。从1990年到1992年，各级旅游主管部门在旅游市场促销上进行了卓有成效的努力。例如，国家旅游局领导多次带队到主要客源国参加旅游展销会，推销我国的旅游产品；而各省市区也开展了百余项旅游节庆和宣传促销活动。1992年年初，经国务院

---

① 范业正、胡清平：《中国旅游规划发展历程与研究进展》，《旅游学刊》2003年第6期。

批准，由国家旅游局和国家民航总局共同举办了我国第一次国家级旅游宣传促销活动"1992 中国友好观光年"。这次促销活动使我国旅游业从 1989 年的低谷中彻底走了出来，活动形式也因此得以保留和延续，成为我国国家促销的一个亮点。此后，为了更好地向海外旅游市场宣传中国，国家旅游局每年都推出了不同内容的旅游主题和宣传口号，并推出对应的旅游精品线路和旅游活动进行海外促销。

为了促进旅游发展环境的优化，1995 年，国家旅游局提出在全国开展创建"优秀旅游城市"工作，并出台了一系列的验收标准和评选规则，创建内容包括旅游产业地位、旅游业支持政策、旅游发展环境、旅游市场秩序等 18 大类 152 项。"创优"工作主要有申报、创建、自检、初审、验收、批准命名六个步骤。创优活动极大地调动了各级政府和社会发展旅游业的积极性和热情，优化了城市环境，提高了精神文明程度，强化了公民的旅游意识，营造了高质量的旅游环境。

（四）转型期（1997—2008 年）

1997—2008 年是旅游管理体制的转型期。从 1997 年开始，我国开始大规模地在实践中探索旅游管理体制的改革之路，旅游管理体制进入转型期。这一阶段我国中央和地方政府都开始重视和支持旅游业的发展，伴随着地方旅游行业管理体制的多元化、旅游系统的政企分开，以及旅游法律法规体系的逐步完善等一系列活动，旅游管理体制彻底实现了由直接管理到间接管理、由行政管理到行业管理的转变。①

1998 年，国务院办公厅印发国家旅游局"三定"方案，对机构设置和人员编制进行了近一半的精简，明确国家旅游局是国务院主管旅游业的直属机构。在职能方面，国家旅游局不再保留对旅游外汇、旅游计划、旅游价格的管理职能，旅游行业技术等级考核、行业资格考试和等级考试的具体实施工作改由事业单位承担。通过此次"三定"方案，中央和地方，政府和企业的关系得到了进一步的明确。至此，国家旅游局的机构调整和职能转换主要突出了由部门管理向行业管理、由直接管理向间接管理、由微观管理向宏观管理，以及由计划经济体制管理向市场经济体制管理的四大转变。旅游管理体制已经彻底摆脱了政治、外事

---

① 李平：《新中国旅游管理体制的演变与启示》，《中国经济史研究》2003 年第 3 期。

接待型和事业单位型的传统模式,转入了经济产业型管理的轨道。

1999年,我国开始实施黄金周长假制度,旅游业对经济的带动作用不断凸显,旅游业的经济地位得到真正的肯定。[①]时任总理朱镕基在任职期间曾超过十次强调了发展旅游业的重要性,1998年中央经济工作会议首次提出把旅游业作为国民经济新的增长点。此后,旅游业获得了从中央到地方政府的青睐,各级政府纷纷加大了对旅游业的支持力度。中央各部委积极制定了一系列促进旅游业发展的政策措施:国家计委首次把旅游项目列入国债项目;国家经贸委制定了旅游产业政策;财政部增加了对旅游业发展的财政支持;国务院扶贫办同意在宁夏六盘山试办旅游扶贫示范区;铁路部门及时开通了数百列旅游专列。1999年,我国提出到2020年把我国由亚洲旅游大国建设成为世界旅游强国,使旅游业真正成为国民经济支柱产业的目标。2001年1月,国务院下发了《国务院关于进一步加快旅游业发展的通知》(国发〔2001〕9号),提出要树立大旅游观念,进一步发挥旅游业作为国民经济新增长点的作用,旅游业发展要和精神文明建设相结合,促进国家交流。旅游业开始作为"国民经济新增长点",并开始背负了发扬精神文明的新使命。

2003年,时任总理温家宝提出要把旅游业培育成为"国民经济重要产业",2007年在政府工作报告中又提出"积极发展旅游等消费热点"。同时,我国各省(区、市)也争先将旅游业作为本行政区的支柱产业、重点产业或龙头产业优先发展。到2001年,我国几乎所有的省(区、市)政府都明确了旅游业的产业地位,并将旅游业列为本地区新的支柱产业或新的经济增长点。各地发展旅游业的积极性也空前高涨,加快旅游业发展的新举措不断出台。这标志着我国的旅游业发展进入了一个新的历史时期,中央和地方政府的重视和支持为旅游业发展注入了新的动力,也为我国旅游业的全面发展创造了条件,我国旅游业由此步入黄金时代,催生了大旅游、大市场、大发展的新局面。

之前出台的行政法规和部门规章得到修订,新的部门规章不断出台,各省(区、市)也积极从当地旅游业发展水平出发,制定了一些

---

① David Airey, King Chong, "National Policy–makers for Tourism in China", *Annals of Tourism Research*, Vol. 37, No. 2, April 2010.

地方旅游法规和政策性文件。仅 1999—2002 年,我国就有十多个省(区、市)颁布或修订了地方旅游法规。

(五)深化期(2009 年至今)

2009 年至今,旅游行业管理进入深化期,旅游业对我国社会、经济和环境的积极作用得到了充分体现。2008 年国际金融危机以来,我国国民旅游市场的异军突起也彰显了旅游业在拉动内需、促进消费等方面的不俗成绩。旅游业对经济社会发展的贡献日益突出,在提高人民生活质量、增加社会就业、改善生态环境和实现民族文化复兴等方面的促进作用也越发明显。旅游业在"三农"问题中更是发挥了独特的作用,休闲农业和乡村旅游在全国 9 万个村镇开展,其中农家乐达 155 万家,2800 万农民从中受益。目前,全国 26 个省(区、市)把旅游业定位为支柱产业,其中 17 个省(区、市)定位为战略性支柱产业。[1]

在这一背景下,2009 年,国务院发布了《关于加快发展旅游业的意见》(国发〔2009〕41 号),提出"把旅游业培育成国民经济的战略性支柱产业和人民群众更加满意的现代服务业",充分强调了旅游业的经济属性和社会属性,反映了国家对旅游业的高度重视和政策支持,旅游业的地位空前提高,并全面融入国家战略。在此背景下,2013 年,国务院办公厅印发了《国民旅游休闲纲要(2013—2020 年)》,明确了国民旅游休闲体系建设的发展目标,即到 2020 年,职工带薪年休假制度基本得到落实,城乡居民旅游休闲消费水平大幅增长,健康、文明、环保的旅游休闲理念成为全社会的共识,国民旅游休闲质量显著提高,与小康社会相适应的现代国民旅游休闲体系基本建成。

三 中国旅游扶贫工作的发展

旅游业作为世界上增长速度最快的行业之一,常被世界旅游组织等国际机构作为缓解贫困的途径之一,多项研究表明,发展中国家和欠发达地区确实可以通过发展旅游业获取旅游收入,从而达到减贫的目的。我国的旅游扶贫工作开端于改革开放后,依次经过了自发发展、初步发

---

[1] 汪洋:《国务院副总理汪洋:全面提高依法兴旅和依法治旅的水平》,中国政府网,http://www.gov.cn/wszb/zhibo564/content_2403747。

展、试点发展和大力推进四个阶段。①

（一）自发发展阶段（1979—1990年）

改革开放后至20世纪90年代为旅游扶贫的自发发展阶段。改革开放后，随着我国旅游业经济属性的明确，一些拥有优势资源的传统旅游地和老少边穷地区开始发展旅游业，并取得了良好的经济效益。随着20世纪80年代末旅游业被正式纳入国家"七五"计划，旅游业开始得到政策扶持。在此背景下，一批旅游资源丰富、社会经济发展水平相对落后的欠发达地区旅游业发展迅速，旅游对当地经济的带动作用显著，但当时的旅游扶贫主要来自民间的自发行为和地方政府的推动。

（二）初步发展阶段（1991—1999年）

1991—1999年为旅游扶贫的初步发展阶段，旅游业因其突出的扶贫效果受到了政府部门和学术界的普遍关注。国家旅游局与国务院扶贫办还于1996年专门召开了全国旅游扶贫工作会议，就旅游扶贫工作进行专题研究，并由多个地方旅游主管部门介绍了旅游扶贫方面的成功经验，旅游扶贫开始受到重视。

1998年中央经济工作会议首次提出把旅游业作为国民经济新的增长点。此后，旅游业获得了从中央到地方政府的青睐，各级政府纷纷加大了对旅游业的支持力度。中央各部委积极制定了一系列促进旅游业发展的政策措施：国家计委首次把旅游项目列入国债项目；国家经贸委制定了旅游产业政策；财政部增加了对旅游业发展的财政支持；铁路部门及时开通了数百列旅游专列。截至1999年，我国提出到2020年把中国由亚洲旅游大国建设成为世界旅游强国，使旅游业真正成为国民经济支柱产业的目标。

（三）试点发展阶段（2000—2010年）

2000—2010年为旅游扶贫政策的试点发展阶段。在国家层面，随着西部大开发战略的实施，旅游扶贫迎来了新的机遇和挑战。经国务院批复，宁夏六盘山旅游扶贫试验区于2000年8月正式挂牌成立，成为我国第一个旅游扶贫试验区。为进一步推动旅游扶贫的建设和实践，国家旅游局联合国务院扶贫办等部门发布了《关于建设"国家旅游扶贫

---

① 张毓威：《国内旅游扶贫历程与启示研究》，《知识经济》2017年第3期。

试验区"有关问题的通知》，计划自 2001 年起在西部地区建设国家旅游扶贫试验区。在地方层面，广东省于 2002 年 4 月全面实施了以"反贫困"为主要目标的旅游扶贫工程，旨在改善弱势群体的极端贫困状态，并每年投入财政专项资金用于改善贫困地区的基础设施。由此，旅游扶贫正式进入了政府主导的新阶段，成为推动欠发达地区社会经济发展的重要政策措施。

（四）大力推进阶段（2011 年至今）

2011 年至今，政府加大了对旅游扶贫的推进力度，旅游在扶贫工作中的作用得到重视，旅游扶贫在有关政策文件中频频出现。

2011 年 12 月，中共中央、国务院颁布了《中国农村扶贫开发纲要（2011—2020 年）》，提出要"大力推进旅游扶贫"。这是中国政府第一次在纲领性文件中提出"旅游扶贫"[①]，旅游扶贫被作为产业扶贫的重要形式之一，中国旅游扶贫工作进入大力推进阶段。

2014 年 2 月 13 日，中共中央办公厅、国务院办公厅联合印发《关于创新机制扎实推进农村扶贫开发工作的意见》，明确提出以集中连片特殊困难地区为主战场，组织实施扶贫开发 10 项重点工作，全面带动和推进各项扶贫开发工作。其中重要一项是乡村旅游扶贫工作，加强贫困地区旅游资源调查，围绕美丽乡村建设，依托贫困地区优势旅游资源，发挥精品景区的辐射作用，带动农户脱贫致富。

2014 年 11 月，国家发改委、国家旅游局等部委联合发布《关于实施乡村旅游富民工程推进旅游扶贫工作的通知》，决定实施乡村旅游富民工程，扎实推进旅游扶贫工作。到 2015 年，扶持约 2000 个贫困村开展乡村旅游；到 2020 年，扶持约 6000 个贫困村开展乡村旅游，带动农村劳动力就业。力争每个重点村乡村旅游年经营收入达到 100 万元。每年通过乡村旅游，直接拉动 10 万贫困人口脱贫致富，间接拉动 50 万贫困人口脱贫致富。

2016 年 10 月，国务院颁布的《全国农业现代化规划（2016—2020 年）》提出，要开展特色产业扶贫，实施乡村旅游扶贫工程，确保到 2020 年 3000 万以上贫困人口脱贫。在年底颁布的《"十三五"脱贫攻

---

① 张毓威：《国内旅游扶贫历程与启示研究》，《知识经济》2017 年第 3 期。

坚规划》中，也把旅游扶贫作为产业发展脱贫的重要方式，提出要开展贫困村旅游资源普查和旅游扶贫摸底调查，因地制宜发展乡村旅游，大力发展休闲农业，并积极发展民族文化、红色文化等特色文化旅游。

同年，国家旅游局、国家发改委、国土资源部、国务院扶贫办等12个部门和单位联合印发了《乡村旅游扶贫工程行动方案》，力争在"十三五"时期通过发展乡村旅游带动全国25个省（区、市）2.26万个建档立卡贫困村、230万贫困户、747万贫困人口实现脱贫。

2016年12月，国务院印发的《"十三五"旅游业发展规划》也提出，"将旅游业培育成经济转型升级重要推动力、生态文明建设重要引领产业、展示国家综合实力的重要载体、打赢脱贫攻坚战的重要生力军，为实现中华民族伟大复兴的中国梦作出重要贡献"。可见，旅游以其强大的带动作用，成为扶贫工作的一项重要举措，同时与国家发展战略对接，得到了国家政策的强力支撑。

2018年9月，国务院在《乡村振兴战略规划（2018—2022年）》中指出，将自然文化资源丰富的乡村作为发扬中华传统文化的重要载体，发展乡村旅游及特色产业，实现资源保护和乡村振兴的良性互动，并通过发展壮大农村产业、建设生态宜居的美丽乡村、繁荣发展乡村文化、健全现代乡村治理体系、保障和改善农村民生，助推全面建成小康社会目标的顺利实现和乡村振兴政策体系的初步健全。

第二章

概念界定与理论构建：
旅游扶贫与返贫阻断

第一节 研究评述

一 旅游扶贫绩效研究综述

（一）旅游扶贫绩效

旅游扶贫是学术界广泛关注的热点问题之一。[①] 关于旅游扶贫政策绩效的研究可以追溯至 20 世纪二三十年代的旅游经济影响研究。20 世纪末，英国国际发展局提出了 Pro‑poor Tourism（PPT）的概念，即"有利于贫困人口的旅游"。[②] 一般认为，"旅游扶贫"是一种能够减轻贫困的旅游发展方式，强调通过旅游业的发展使穷人得到净收益。[③] 20 世纪 90 年代，旅游扶贫的经济绩效研究受到管理学、社会学、经济学等学科的普遍关注，研究视角逐渐多元化。近年来，我国已进入全面建设小康社会的关键时期，以武陵山区为代表的山地民族地区因其脆弱的生态环境和复杂的民族文化，成为旅游扶贫政策绩

[①] 李燕琴、刘莉萍：《民族村寨旅游扶贫的冲突演进与应对之策——以中俄边境村落室韦为例》，《西南民族大学学报》（人文社会科学版）2016 年第 10 期。

[②] Benxiang Zeng and Chris Ryan, "Assisting the Poor in China Through Tourism Development: A Review of Research", *Tourism Management*, Vol. 33, No. 2, April 2012.

[③] Daniela Schilcher, "Growth Versus Equity: The Continuum of Pro‑Poor Tourism and Neoliberal Governance", *Current Issues in Tourism*, Vol. 10, No. 2‑3, October 2007.

效研究的理想案例地。①② 关于旅游扶贫政策绩效的研究具体体现在两个层次：宏观层次关注区域性扶贫问题，微观层次则关注个人和家庭的精准脱贫③④，此外，旅游开发能否真正使贫困人口受益也备受关注。

从宏观层次看，旅游业是缓解区域贫困的途径之一⑤，世界旅游组织等国际机构经常通过在欠发达国家或地区发展旅游业以帮助贫困人口或家庭获取旅游收入，从而实现扶贫的目的。宏观视角的旅游扶贫政策绩效评估主要是通过旅游业对贫困地区的综合效应或经济效应来实现。⑥⑦

（二）旅游扶贫绩效的感知差异

1. 贫困户与非贫困户的感知差异

由于旅游漏损和信息不对称的存在，旅游扶贫效应在不同利益群体之间的分配也存在差异，发展旅游业并不一定能够让穷人受益⑧⑨，富人有可能获得更多收益，从而加大贫困地区的贫富差距。除了旅游扶贫

---

① 李佳、田里：《连片特困民族地区旅游扶贫效应差异研究——基于四川藏区调查的实证分析》，《云南民族大学学报》（哲学社会科学版）2016年第6期。
② 孙鑫等：《国内外旅游扶贫研究主题对比——基于社会网络分析的视角》，《资源开发与市场》2017年第11期。
③ 邓小海：《旅游精准扶贫研究》，博士学位论文，云南大学，2015年。
④ 邢慧斌：《国内旅游扶贫绩效评估理论及方法研究述评》，《经济问题探索》2017年第7期。
⑤ Adam Blake, et al., "Tourism and Poverty Relief", *Annals of Tourism Research*, Vol. 35, No. 1, January 2008.
⑥ 王松茂、郭英之：《旅游扶贫效率评价模型构建及实证研究——来自中国的经验证据》，《社会科学家》2018年第6期。
⑦ 孟秋莉：《贫困人口视角下的旅游扶贫经济效应研究》，《统计与决策》2018年第14期。
⑧ Christian M. Rogerson, "Tourism and Local Economic Development: The Case of the Highlands Meander", *Development Southern Africa*, Vol. 19, No. 1, 2002.
⑨ 李佳、田里：《连片特困民族地区旅游扶贫效应差异研究——基于四川藏区调查的实证分析》，《云南民族大学学报》（哲学社会科学版）2016年第6期。

模式外,当地社会经济水平①、旅游资源禀赋和交通设施②等因素也会对旅游扶贫政策绩效造成影响。

旅游开发是否能够切实实现减贫的目标,在学术界仍存在争议。③④有研究发现,在贫困地区发展旅游业可以带来非常显著的减贫成效和明显的乘数效应⑤,例如推动贫困地区的社会经济发展、增加就业机会等。⑥⑦⑧⑨⑩⑪⑫⑬ 但也有研究得出了"扶富不扶贫"的结论,认为区域经济发展并不代表贫困人口可以从中受益,旅游扶贫可能带来物价上

---

① 黄渊基:《连片特困地区旅游扶贫效率评价及时空分异——以武陵山湖南片区 20 个县(市、区)为例》,《经济地理》2017 年第 11 期。

② 曹妍雪、马蓝:《基于三阶段 DEA 的我国民族地区旅游扶贫效率评价》,《华东经济管理》2017 年第 9 期。

③ Min Jiang, et al., "Some Evidence for Tourism Alleviating Poverty", *Annals of Tourism Research*, Vol. 38, No. 3, July 2011.

④ Jordi Gascón, "Pro – poor Tourism as a Strategy to Fight Rural Poverty: A Critique", *Journal of Agrarian Change*, Vol. 15, No. 4, September 2014.

⑤ 高舜礼:《对旅游扶贫的初步探讨》,《中国行政管理》1997 年第 7 期。

⑥ Caroline Ashley, et al., "Pro – poor Tourism: Putting Poverty at the Heart of the Tourism Agenda", *Natural Resource Perspectives*, No. 51, March 2000.

⑦ 丁焕峰:《国内旅游扶贫研究述评》,《旅游学刊》2004 年第 3 期。

⑧ Andrew Lepp, "Residents' Attitudes towards Tourism in Bigodi Village, Uganda", *Tourism Management*, Vol. 28, No. 3, June 2007.

⑨ 王永莉:《旅游扶贫中贫困人口的受益机制研究——以四川民族地区为例》,《经济体制改革》2007 年第 4 期。

⑩ Danie Meyer, "Pro – poor Tourism: Can Tourism Contribute to Poverty Reduction in Less Economically Developed Countries", in Cole, S. and N. Morgan (eds.), *Tourism and Inequality: Problems and Prospects*, CABI, 2010, p.164.

⑪ 姚云浩:《旅游扶贫中贫困人口受益问题研究》,《农村经济与科技》2011 年第 10 期。

⑫ Edwin Muchapondwa and Jesper Stage, "The Economic Impacts of Tourism in Botswana, Namibia and South Africa: Is Poverty Subsiding", *Natural Resources Forum*, Vol. 37, No. 2, April 2013.

⑬ 徐庆颖等:《中国旅游扶贫研究评述》,《南京师大学报》(自然科学版)2017 年第 3 期。

涨、自然资源受损、犯罪率升高等严重的负面效应。[1][2][3][4][5][6][7][8][9] 所以，旅游减贫的积极作用备受质疑[10]，甚至有学者认为旅游扶贫是个伪命题。[11]

在此背景下，非常有必要从贫困人口的视角剖析旅游扶贫的真实作用[12]，并比较其与非贫困人口旅游受益的差异。由于贫困人口和家庭是扶贫问题的核心，以及我国精准扶贫政策的推进，近年来，从微观视角研究贫困人口对旅游扶贫的个体感知成为研究热点。[13] 国外的相关研究较少，国内学者多通过问卷调查研究居民从旅游开发中的受益情况[14][15]、

---

[1] Jordi Gascón, "Pro-poor Tourism as a Strategy to Fight Rural Poverty: A Critique", *Journal of Agrarian Change*, Vol. 15, No. 4, September 2014.

[2] Caroline Ashley, *Pro-poor Tourism Strategies: Making Tourism Work for the Poor*, Nottingham: Russell Press, 2001, p. 64.

[3] 姚云浩：《旅游扶贫中贫困人口受益问题研究》，《农村经济与科技》2011年第10期。

[4] 徐庆颖等：《中国旅游扶贫研究评述》，《南京师大学报》（自然科学版）2017年第3期。

[5] 张伟等：《基于贫困人口发展的旅游扶贫效应评估——以安徽省铜锣寨风景区为例》，《旅游学刊》2005年第5期。

[6] Christian M. Rogerson, "Tourism and Local Economic Development: The Case of the Highlands Meander", *Development Southern Africa*, Vol. 19, No. 1, February 2002.

[7] 龙梅、张扬：《民族村寨社区参与旅游发展的扶贫效应研究》，《农业经济》2014年第5期。

[8] 蒋莉、黄静波：《罗霄山区旅游扶贫效应的居民感知与态度研究——以湖南汝城国家森林公园九龙江地区为例》，《地域研究与开发》2015年第4期。

[9] 李燕琴、刘莉萍：《民族村寨旅游扶贫的冲突演进与应对之策——以中俄边境村落室韦为例》，《西南民族大学学报》（人文社会科学版）2016年第10期。

[10] 李会琴等：《国外旅游扶贫研究进展》，《人文地理》2015年第1期。

[11] 谢双玉等：《贫困与非贫困户旅游扶贫政策绩效感知差异研究——以恩施为例》，《旅游学刊》2020年第2期。

[12] 张伟等：《基于贫困人口发展的旅游扶贫效应评估——以安徽省铜锣寨风景区为例》，《旅游学刊》2005年第5期。

[13] 李佳、田里：《连片特困民族地区旅游扶贫效应差异研究——基于四川藏区调查的实证分析》，《云南民族大学学报》（哲学社会科学版）2016年第6期。

[14] 张伟等：《基于贫困人口发展的旅游扶贫效应评估——以安徽省铜锣寨风景区为例》，《旅游学刊》2005年第5期。

[15] 龙梅、张扬：《民族村寨社区参与旅游发展的扶贫效应研究》，《农业经济》2014年第5期。

旅游扶贫绩效的感知[1][2][3][4][5][6][7][8][9][10][11][12][13][14][15]和旅游扶贫的满意度[16][17]等，并依据多维贫困理论[18][19][20]、需要层次理论[21]和社会交换理论[22]等理

---

[1] 姚云浩：《旅游扶贫中贫困人口受益问题研究》，《农村经济与科技》2011年第10期。
[2] 包军军、严江平：《基于村民感知的旅游扶贫效应研究——以龙湾村为例》，《中国农学通报》2015年第6期。
[3] 龙梅、张扬：《民族村寨社区参与旅游发展的扶贫效应研究》，《农业经济》2014年第5期。
[4] 蒋莉、黄静波：《罗霄山区旅游扶贫效应的居民感知与态度研究——以湖南汝城国家森林公园九龙江地区为例》，《地域研究与开发》2015年第4期。
[5] 李佳等：《民族贫困地区居民对旅游扶贫效应的感知和参与行为研究——以青海省三江源地区为例》，《旅游学刊》2009年第8期。
[6] 冯旭芳等：《基于贫困人口发展的旅游扶贫效应分析——以锡崖沟为例》，《生产力研究》2011年第5期。
[7] 叶俊：《大别山试验区旅游扶贫效应评估——以麻城龟峰山风景区为例》，《湖北农业科学》2014年第13期。
[8] 张侨：《旅游扶贫模式和扶贫效应研究——基于海南省贫困地区的调查数据分析》，《技术经济与管理研究》2016年第11期。
[9] 李佳、田里：《连片特困民族地区旅游扶贫效应差异研究——基于四川藏区调查的实证分析》，《云南民族大学学报》（哲学社会科学版）2016年第6期。
[10] 李会琴等：《黄土高原生态环境脆弱区旅游扶贫效应感知研究——以陕西省洛川县谷咀村为例》，《旅游研究》2012年第3期。
[11] 冯伟林：《重庆武陵山片区旅游扶贫中贫困人口受益模式研究》，《改革与开放》2016年第3期。
[12] 秦远好等：《民族贫困地区居民的旅游扶贫影响感知研究——以重庆石柱县黄水镇为例》，《西南大学学报》（自然科学版）2016年第8期。
[13] 党红艳、金媛媛：《旅游精准扶贫效应及其影响因素消解——基于山西省左权县的案例分析》，《经济问题》2017年第6期。
[14] 曹兴华：《社区居民视角下的民族地区旅游扶贫效应感知——以坎布拉景区为例》，《黔南民族师范学院学报》2018年第3期。
[15] 黄登斌、喻晓玲：《居民对非遗旅游扶贫效应感知与参与行为研究》，《合作经济与科技》2018年第15期。
[16] 汪侠等：《基于贫困居民视角的旅游扶贫满意度评价》，《地理研究》2017年第12期。
[17] 李志飞等：《贫困居民旅游扶贫受益感知、满意度与参与意愿关系研究——以神农架国家公园为例》，《重庆工商大学学报》（社会科学版）2021年第5期。
[18] 龙梅、张扬：《民族村寨社区参与旅游发展的扶贫效应研究》，《农业经济》2014年第5期。
[19] 包军军、严江平：《基于村民感知的旅游扶贫效应研究——以龙湾村为例》，《中国农学通报》2015年第6期。
[20] 孙鑫等：《国内外旅游扶贫研究主题对比——基于社会网络分析的视角》，《资源开发与市场》2017年第11期。
[21] 张海燕：《基于贫困人口感知的乡村旅游扶贫绩效评价研究——以湘西自治州为例》，《商学研究》2017年第4期。
[22] 常慧丽：《生态经济脆弱区旅游开发扶贫效应感知分析——以甘肃甘南藏族自治州为例》，《干旱区资源与环境》2007年第10期。

论构建旅游扶贫绩效感知的指标体系。

减贫是旅游扶贫开发的终极目标,其决定因素包括贫困人口参与经济发展的机会、参与政策决策的权利和降低返贫率的抗风险机制。① 旅游扶贫政策的实施需要旅游目的地方政府、旅游企业、当地居民、民间社团和游客等利益相关者的相互制衡和协作,这些利益相关者是影响旅游扶贫政策绩效的重要因素。② 旅游地发展阶段③④、旅游发展模式⑤⑥⑦、旅游经济受益程度⑧、旅游参与程度⑨⑩、人口统计学特征⑪⑫⑬⑭、资源禀赋和政策环境⑮等因素也会使农户对旅游扶贫政策的态度和政策评价产生显著差异。

---

① Weibin Zhao, J. R. Brent Ritchie, "Tourism and Poverty Alleviation: An Integrative Research Framework", *Current Issues in Tourism*, Vol. 10, No. 2 - 3, 2007.

② 李刚、徐虹:《影响我国可持续旅游扶贫效益的因子分析》,《旅游学刊》2006 年第 9 期。

③ Gyan P. Nyaupane, Surya Poudel, "Linkages among Biodiversity, Livelihood and Tourism", *Annals of Tourism Research*, Vol. 38, No. 4, October 2011.

④ 罗盛锋、黄燕玲:《滇桂黔石漠化生态旅游景区扶贫绩效评价》,《社会科学家》2015 年第 9 期。

⑤ 张侨:《旅游扶贫模式和扶贫效应研究——基于海南省贫困地区的调查数据分析》,《技术经济与管理研究》2016 年第 11 期。

⑥ 李佳、田里:《连片特困民族地区旅游扶贫效应差异研究——基于四川藏区调查的实证分析》,《云南民族大学学报》(哲学社会科学版)2016 年第 6 期。

⑦ 罗盛锋、黄燕玲:《滇桂黔石漠化生态旅游景区扶贫绩效评价》,《社会科学家》2015 年第 9 期。

⑧ 李佳、田里:《连片特困民族地区旅游扶贫效应差异研究——基于四川藏区调查的实证分析》,《云南民族大学学报》(哲学社会科学版)2016 年第 6 期。

⑨ 张海燕:《基于贫困人口感知的乡村旅游扶贫绩效评价研究——以湘西自治州为例》,《商学研究》2017 年第 4 期。

⑩ 李志飞等:《贫困居民旅游扶贫受益感知、满意度与参与意愿关系研究——以神农架国家公园为例》,《重庆工商大学学报》(社会科学版)2021 年第 5 期。

⑪ 李佳等:《民族贫困地区居民对旅游扶贫效应的感知和参与行为研究——以青海省三江源地区为例》,《旅游学刊》2009 年第 8 期。

⑫ 张侨:《旅游扶贫模式和扶贫效应研究——基于海南省贫困地区的调查数据分析》,《技术经济与管理研究》2016 年第 11 期。

⑬ 秦远好等:《民族贫困地区居民的旅游扶贫影响感知研究——以重庆石柱县黄水镇为例》,《西南大学学报》(自然科学版)2016 年第 8 期。

⑭ 曹兴华:《社区居民视角下的民族地区旅游扶贫效应感知——以坎布拉景区为例》,《黔南民族师范学院学报》2018 年第 3 期。

⑮ 党红艳、金媛媛:《旅游精准扶贫效应及其影响因素消解——基于山西省左权县的案例分析》,《经济问题》2017 年第 6 期。

在理论构建的基础上，已有研究多采用模糊数学分析法①、层次分析法②③、熵值赋权法和TOPSIS④、层次分析法与变异系数法相结合⑤等研究方法计算各指标的权重，采用因子分析法探索指标体系构建的合理性⑥⑦⑧⑨⑩，运用独立样本t检验和方差分析法⑪⑫⑬研究不同群体对旅游扶贫绩效的感知差异，通过回归分析法探索感知差异的影响因素。

2. 不同生命周期旅游地居民的感知差异

旅游地生命周期是对旅游地发展演进的描述。1980年，加拿大学者Butler提出了旅游地生命周期理论，认为旅游地的发展会经历探索、参与、发展、巩固、停滞、衰落或复苏六个阶段，整体上呈现为"S"形曲线。之后，有学者通过案例研究验证了该理论，但是也有一些学者发现，旅游地生命周期理论的阶段划分是一种"理想化的概念模型"⑭，

---

① 向延平：《武陵源世界自然遗产地旅游扶贫绩效模糊评价》，《中南林业科技大学学报》（社会科学版）2012年第6期。

② 向延平：《武陵源世界自然遗产地旅游扶贫绩效模糊评价》，《中南林业科技大学学报》（社会科学版）2012年第6期。

③ 包军军、严江平：《基于村民感知的旅游扶贫效应研究——以龙湾村为例》，《中国农学通报》2015年第6期。

④ 罗盛锋、黄燕玲：《滇桂黔石漠化生态旅游景区扶贫绩效评价》，《社会科学家》2015年第9期。

⑤ 张海燕：《基于贫困人口感知的乡村旅游扶贫绩效评价研究——以湘西自治州为例》，《商学研究》2017年第4期。

⑥ 李佳等：《民族贫困地区居民对旅游扶贫效应的感知和参与行为研究——以青海省三江源地区为例》，《旅游学刊》2009年第8期。

⑦ 龙梅、张扬：《民族村寨社区参与旅游发展的扶贫效应研究》，《农业经济》2014年第5期。

⑧ 蒋莉、黄静波：《罗霄山区旅游扶贫效应的居民感知与态度研究——以湖南汝城国家森林公园九龙江地区为例》，《地域研究与开发》2015年第4期。

⑨ 汪侠等：《基于贫困居民视角的旅游扶贫满意度评价》，《地理研究》2017年第12期。

⑩ 曹兴华：《社区居民视角下的民族地区旅游扶贫效应感知——以坎布拉景区为例》，《黔南民族师范学院学报》2018年第3期。

⑪ 曹兴华：《社区居民视角下的民族地区旅游扶贫效应感知——以坎布拉景区为例》，《黔南民族师范学院学报》2018年第3期。

⑫ 李佳、田里：《连片特困民族地区旅游扶贫效应差异研究——基于四川藏区调查的实证分析》，《云南民族大学学报》（哲学社会科学版）2016年第6期。

⑬ 秦远好等：《民族贫困地区居民的旅游扶贫影响感知研究——以重庆石柱县黄水镇为例》，《西南大学学报》（自然科学版）2016年第8期。

⑭ 马晓龙等：《城市旅游综合体生命周期特征及形成机制研究——以西安曲江为例》，《地理与地理信息科学》2020年第4期。

有很多旅游地并不符合该理论,且不同类型旅游地的生命周期特征也存在差异。学术上的争论引发了对旅游地生命周期理论的持续关注,并推动该理论不断完善,目前已被广泛运用至旅游规划、旅游营销等方面,成为旅游学的经典理论。

不同生命周期旅游地居民对旅游扶贫绩效的感知可能存在差异[①②③],但相关的实证检验相对较少,鲜有学者进行不同生命周旅游扶贫地居民感知的比较研究。已有研究或未明确生命周期阶段的划分[④],或仅比较了两个不同生命周期阶段的旅游地[⑤⑥⑦],未能涵盖多个处于不同生命周期阶段的旅游地。此外,现有研究多止步于对生命周期阶段划分标准的粗略讨论,尚未开展进一步的统计检验。[⑧]

3. 不同发展模式旅游地居民的感知差异

旅游扶贫模式是通过发展旅游业实现减贫脱贫的方法和路径。关于旅游扶贫模式的研究主要集中在以开发主体[⑨⑩]、资源禀赋[⑪]或产业基础[⑫]

---

① Jordi Gascón, "Pro-poor Tourism as a Strategy to Fight Rural Poverty: A Critique", *Journal of Agrarian Change*, Vol. 15, No. 4, September 2014.

② Caroline Ashley, et al., "Pro-poor Tourism: Putting Poverty at the Heart of the Tourism Agenda", *Natural Resource Perspectives*, No. 51, March 2000.

③ Adam Blake, et al., "Tourism and Poverty Relief", *Annals of Tourism Research*, Vol. 35, No. 1, January 2008.

④ 罗盛锋、黄燕玲:《滇桂黔石漠化生态旅游景区扶贫绩效评价》,《社会科学家》2015年第9期。

⑤ 冯旭芳等:《基于贫困人口发展的旅游扶贫效应分析——以锡崖沟为例》,《生产力研究》2011年第5期。

⑥ Christian M. Rogerson, "Tourism and Local Economic Development: The Case of the Highlands Meander", *Development Southern Africa*, Vol. 19, No. 1, February 2002.

⑦ Adam Blake, et al., "Tourism and Poverty Relief", *Annals of Tourism Research*, Vol. 35, No. 1, January 2008.

⑧ 王安琦等:《贫困山区不同生命周期旅游扶贫村居民绩效感知的比较研究——以恩施州旅游扶贫村为例》,《山地学报》2020年第2期。

⑨ 罗章、王烁:《精准扶贫视阈下乡村旅游内生脱贫机制——以重庆市"木根模式"为例》,《农村经济》2018年第1期。

⑩ 张晓等:《民族地区旅游扶贫多主体参与模式探析——以四川省马边彝族自治县为例》,《地域研究与开发》2018年第2期。

⑪ 银马华等:《区域旅游扶贫类型与模式研究——以大别山集中连片特困区36个县(市)为例》,《经济地理》2018年第4期。

⑫ 张军等:《美丽乡村视域下的旅游扶贫模式与效应研究——以湖北省十堰市张湾区为例》,《湖北社会科学》2017年第6期。

为划分依据判别旅游地的扶贫模式,并在对不同发展模式扶贫地旅游扶贫效应的比较中强调利益相关者和社区参与的重要性。[1][2]

上述关于旅游扶贫模式的探索为进一步研究奠定了基础,但仍存在一些不足。首先,旅游扶贫模式的划分依据混乱,主观性较强,缺乏有力的理论支撑;其次,虽然有研究发现扶贫模式差异是导致旅游扶贫政策绩效差异的原因之一,但未进行实证检验,且绩效评价的指标体系侧重于关注经济效应,对旅游地居民的主观感知和旅游扶贫的正负绩效关注不足;最后,针对不同发展模式扶贫效应的比较研究匮乏,未能明确回答不同旅游扶贫模式的绩效存在何种差异及其利弊。

(三)研究评述

国内外学者从不同角度针对旅游扶贫政策绩效进行了深入研究,并取得了丰富的研究成果,为本书提供了坚实的理论基础和有效的分析框架。现有文献的研究重点从最初的只评估经济效应扩展到对经济、社会、生态效应的综合评估[3][4],从只关注宏观效应研究扩展至微观层面的研究[5],从单一的定性研究转向定性与定量研究相结合。然而,由于研究视角的局限性,已有研究仍存在一些不足:

首先,在精准扶贫的政策背景下,多数研究都认可贫困人口是旅游扶贫的核心,并发现了旅游开发有可能扩大贫富差距[6][7][8][9],但并没有

---

[1] 李会琴:《基于社区参与的鄂西旅游扶贫开发模式研究——以湖北省襄樊市襄阳区为例》,《国土资源科技管理》2011年第1期。
[2] 陈林婧、陈郁青:《利益相关者视角的扶贫旅游村民参与模式探讨——以永泰县赤水村为例》,《农村经济与科技》2019年第7期。
[3] 邢慧斌:《国内旅游扶贫绩效评估理论及方法研究述评》,《经济问题探索》2017年第7期。
[4] 李会琴等:《国外旅游扶贫研究进展》,《人文地理》2015年第1期。
[5] 李燕琴:《旅游扶贫中社区居民态度的分异与主要矛盾:以中俄边境村落室韦为例》,《地理研究》2011年第11期。
[6] 冯旭芳等:《基于贫困人口发展的旅游扶贫效应分析——以锡崖沟为例》,《生产力研究》2011年第5期。
[7] 龙梅、张扬:《民族村寨社区参与旅游发展的扶贫效应研究》,《农业经济》2014年第5期。
[8] 蒋莉、黄静波:《罗霄山区旅游扶贫效应的居民感知与态度研究——以湖南汝城国家森林公园九龙江地区为例》,《地域研究与开发》2015年第4期。
[9] 秦远好等:《民族贫困地区居民的旅游扶贫影响感知研究——以重庆石柱县黄水镇为例》,《西南大学学报》(自然科学版)2016年第8期。

就贫困人口和非贫困人口对旅游扶贫绩效的感知差异进行科学合理的系统研究,也没有就贫困人口和非贫困人口对旅游扶贫效应感知的差异进行实证分析。即使有文献研究了不同收入水平农户的感知差异,但其研究结果不一致。

其次,现有研究多评估旅游扶贫的事后效应,忽视了旅游扶贫的政策属性,政策执行对旅游扶贫政策绩效的影响未纳入绩效评估的范畴。有学者总结了旅游扶贫的具体措施,但未评价居民对实施效果的感知[1];或调查了旅游扶贫政策的居民感知,但仅局限在旅游规划和行业管理方面。[2] 旅游扶贫绩效的评价应系统考量旅游扶贫政策的全过程[3],从政策执行和政策效果两方面入手进行全面评估。[4]

最后,多位学者通过构建指标体系实现对旅游扶贫绩效感知的评价,但很少有研究对指标体系的维度进行合理性检验。[5][6][7][8][9] 有的研究在一个公因子中囊括了不同性质的指标,如"旅游扶贫经济与社会文化正效应感知"公因子中既包括经济正效应的感知指标,也包括社会文化正效应的感知指标[10];"社会效应"公因子中既包括"提供了更多的就业机会""改善了村里的基础设施""提高了居民素质""提高

---

[1] 冯伟林:《重庆武陵山片区旅游扶贫中贫困人口受益模式研究》,《改革与开放》2016年第3期。

[2] 李佳、田里:《连片特困民族地区旅游扶贫效应差异研究——基于四川藏区调查的实证分析》,《云南民族大学学报》(哲学社会科学版)2016年第6期。

[3] 郝冰冰等:《国内外旅游扶贫效应文献量化分析与研究综述(2000—2016年)》,《中国农业资源与区划》2017年第9期。

[4] 谢双玉等:《贫困与非贫困户旅游扶贫政策绩效感知差异研究——以恩施为例》,《旅游学刊》2020年第2期。

[5] 李佳等:《民族贫困地区居民对旅游扶贫效应的感知和参与行为研究——以青海省三江源地区为例》,《旅游学刊》2009年第8期。

[6] 龙梅、张扬:《民族村寨社区参与旅游发展的扶贫效应研究》,《农业经济》2014年第5期。

[7] 蒋莉、黄静波:《罗霄山区旅游扶贫效应的居民感知与态度研究——以湖南汝城国家森林公园九龙江地区为例》,《地域研究与开发》2015年第4期。

[8] 汪侠等:《基于贫困居民视角的旅游扶贫满意度评价》,《地理研究》2017年第12期。

[9] 曹兴华:《社区居民视角下的民族地区旅游扶贫效应感知——以坎布拉景区为例》,《黔南民族师范学院学报》2018年第3期。

[10] 李佳等:《民族贫困地区居民对旅游扶贫效应的感知和参与行为研究——以青海省三江源地区为例》,《旅游学刊》2009年第8期。

了本地的知名度""促进了和外界信息的交流""保护和传承了当地特色和传统文化"等正效应的感知指标,也包括了"占用了耕地、林地,造成用地紧张""引起交通拥挤""旅游者的参观打乱了居民的日常生活""使本地治安恶化"等负效应的感知指标①;有的公因子的各指标间存在包含关系。②

中国的旅游扶贫开发一直采取政府主导的模式,作为一项公共政策,应全面审视旅游扶贫开发的全过程,系统考量旅游扶贫政策的执行过程和最终效果,将政策执行因素纳入旅游扶贫政策绩效的评估体系中,从政策执行和政策效果两方面入手系统评估贫困户与非贫困户、不同生命周期旅游地、不同旅游扶贫模式旅游地居民对旅游扶贫政策绩效的感知差异。

二 生计脆弱性研究综述

(一) 脆弱性

贫困地区农户的返贫现象与生计脆弱性密不可分。脆弱性(Vulnerability)思想产生于20世纪六七十年代对自然灾害影响的研究。③ 救援组织发现,不同人群对同一灾害的敏感性存在显著差异,遂以脆弱性概念指导救援行动,以提高救援效率。20世纪90年代以来,脆弱性研究迅速增加,并逐渐从灾害管理应用到生态学、地理学、经济学和社会学等领域。④⑤ 目前,脆弱性已成为贫困研究的核心概念之一。⑥ 2001年,世界银行将"脆弱性"定义为"个人或家庭面临风险的可能,以及由于遭遇风险而导致未来福利下降的可能性"。一般认为,脆弱性是

---

① 蒋莉、黄静波:《罗霄山区旅游扶贫效应的居民感知与态度研究——以湖南汝城国家森林公园九龙江地区为例》,《地域研究与开发》2015年第4期。

② 汪侠等:《基于贫困居民视角的旅游扶贫满意度评价》,《地理研究》2017年第12期。

③ Martha G. Roberts、杨国安:《可持续发展研究方法国际进展——脆弱性分析方法与可持续生计方法比较》,《地理科学进展》2003年第1期。

④ 李鹤等:《脆弱性的概念及其评价方法》,《地理科学进展》2008年第2期。

⑤ 李锋:《旅游经济脆弱性:概念界定、形成机理及框架分析》,《华东经济管理》2013年第3期。

⑥ 唐丽霞等:《社会排斥、脆弱性和可持续生计:贫困的三种分析框架及比较》,《贵州社会科学》2010年第12期。

个人或家庭在面临灾害时遭受不利影响的倾向。①②

近年来，脆弱性也成为人地关系、旅游可持续发展的重要知识体系。③ 20世纪70年代的能源危机沉重打击了全球旅游业，旅游经济的脆弱性受到关注，国外旅游学界开始研究旅游经济系统的脆弱性，研究重点集中在气候变化和危机事件对旅游目的地的影响、旅游经济的脆弱性、旅游社会—生态系统的脆弱性等方面。④ 旅游业易受行业内外环境的扰动而产生波动⑤，甚至引发社会危机，阻碍旅游业的可持续发展。除了全球气候变化和危机事件外，政治体制、收入水平、山地特征等因素也会影响旅游系统的脆弱性。国内旅游地理学者主要研究了脆弱性的概念界定和理论框架⑥⑦⑧，并开展了大量的实证研究，从"敏感性—应对性"、"内部结构—外部环境"或"自然—经济—社会"等角度构建指标体系，测度和比较我国不同区域旅游经济系统、旅游社会—生态系统或旅游资源的脆弱性⑨⑩⑪，以及脆弱性的影响因素及其影响机

---

① Terry Cannon, "Vulnerability Analysis and the Explanation of 'Natural' Disasters", in Ann Varley (ed.), *Disasters, Development and Environment* (1st ed.), John Wiley & Sons Ltd., p. 14.
② 童磊等：《生计脆弱性概念、分析框架与评价方法》，《地球科学进展》2020年第2期。
③ 张立新等：《大遗址区人地系统脆弱性评价及影响机制——以汉长安城大遗址区为例》，《资源科学》2015年第9期。
④ Anyu Liu and Stephen Pratt, "Tourism's Vulnerability and Resilience to Terrorism", *Tourism Management*, Vol. 60, June 2017.
⑤ 翁钢民、张秋瑾：《西部地区旅游经济系统脆弱性评价研究》，《商业研究》2015年第7期。
⑥ 田喜洲：《试论生态旅游资源的脆弱性及其保护》，《生态经济》2001年第12期。
⑦ 方修琦、殷培红：《弹性、脆弱性和适应——IHDP三个核心概念综述》，《地理科学进展》2007年第5期。
⑧ 李鹤等：《脆弱性的概念及其评价方法》，《地理科学进展》2008年第2期。
⑨ 孙道：《山岳型旅游风景区生态脆弱性评价方法研究》，《东北师范大学学报》（自然科学版）2005年第4期。
⑩ 李漫等：《巴马长寿旅游资源脆弱性及其可持续利用》，《海南师范大学学报》（自然科学版）2010年第4期。
⑪ 陈金华、郑虎：《旅游型海岛资源环境脆弱性研究——以福建湄洲岛为例》，《资源开发与市场》2014年第7期。

理。① 主要的研究方法包括集对分析法②③④、熵值法⑤⑥⑦、聚类分析法⑧⑨、主成分分析法⑩、TOPSIS法⑪、层次分析法⑫和多元回归分析⑬等。

(二) 生计脆弱性

前述研究从宏观尺度研究不同地区的脆弱性差异，有助于推动区域可持续发展，然而对生计脆弱性（Livelihood Vulnerability）的评估更有利于理解脆弱人群的特征。⑭⑮ 一般认为，生计（Livelihood）是指家庭或个人基于能力、资产和活动所采取的谋生方式。⑯ 目前较为主流的生

---

① 吴良林等：《广西喀斯特山区原生态旅游资源脆弱性及其安全保护》，《热带地理》2008年第1期。

② 李锋：《旅游经济脆弱性：概念界定、形成机理及框架分析》，《华东经济管理》2013年第3期。

③ 陈媛、王国新：《基于SPA的中国沿海旅游城市经济系统脆弱性评价》，《地理与地理信息科学》2013年第5期。

④ 卢有斌等：《新疆和田地区旅游经济系统脆弱性研究》，《地域研究与开发》2017年第1期。

⑤ 杨友宝、王荣成：《边境民族地区旅游经济系统脆弱性评价及其优化路径——以延边朝鲜族自治州为例》，《地域研究与开发》2015年第6期。

⑥ 杨懿、潘华：《旅游经济依赖型目的地经济脆弱性及其评价研究》，《经济问题探索》2015年第8期。

⑦ 尹鹏等：《海岛型旅游目的地脆弱性及其障碍因子分析——以舟山市为例》，《经济地理》2017年第10期。

⑧ 陈佳等：《乡村旅游社会—生态系统脆弱性及影响机理——基于秦岭景区农户调查数据的分析》，《旅游学刊》2015年第3期。

⑨ 向丽、蒋团标：《珠江—西江经济带城市脆弱性综合评价及时空演变研究》，《广西师范大学学报》（哲学社会科学版）2017年第5期。

⑩ 于秋莉：《敦煌市旅游经济系统脆弱性评价研究》，《资源开发与市场》2014年第3期。

⑪ 田里等：《基于TOPSIS的大理州旅游经济系统脆弱性评价研究》，《资源开发与市场》2017年第12期。

⑫ 郑江宁、颜澄：《我国城市旅游体系脆弱度的评价》，《统计与决策》2013年第24期。

⑬ 郭晓东等：《"一带一路"沿线中小型旅游城市经济系统脆弱性研究——以敦煌市为例》，《经济经纬》2015年第4期。

⑭ 李彩瑛：《青藏高原"一江两河"地区农牧民家庭生计脆弱性评估》，《山地学报》2018年第6期。

⑮ 刘伟等：《陕南易地扶贫搬迁农户生计脆弱性研究》，《资源科学》2018年第10期。

⑯ Robert Chambers and Gordon Conway, "Sustainable Rural Livelihoods: Practical Concepts for the 21st Century", https://opendocs.ids.ac.uk/opendocs/bitstream/handle/20.500.12413/775/Dp296.pdf?sequence=1ANT.

计脆弱性分析框架包括：①英国国际发展部（DFID）所开发的可持续生计分析框架（Sustainable Livelihoods Approach，SLA）。① 该框架从农户所拥有的资产禀赋出发，研究农户的人力资本、社会资本、自然资本、物质资本和资金资本等生计资本与环境和制度之间的相互影响②，有助于理解生计脆弱性的作用机制。②"暴露—敏感性—适应能力"分析框架③旨在对脆弱性水平进行定量评价，使生计脆弱性具有可比性，但在多时空尺度和多重干扰特征等方面还有待加强。④ ③Dercon等学者基于可持续生计框架和生态系统服务框架开发的生计脆弱性综合分析框架形成了"风险—生计脆弱性"研究框架，强调生计风险的动态性，将资产、生计和福利，以及相关的制度安排纳入一个统一的系统⑤⑥，有助于识别农户在未来可能面临的风险⑦，对本研究具有较大的借鉴意义。

农户的生计脆弱性根植于脆弱的环境、生计资产不足、民族文化差异和适应能力的缺乏⑧⑨，由社会、经济、政治和环境过程，个人和社区特征以及历史环境的相互作用所共同塑造⑩⑪，气候变化、社会经济

---

① Martha G. Roberts、杨国安：《可持续发展研究方法国际进展——脆弱性分析方法与可持续生计方法比较》，《地理科学进展》2003年第1期。

② 旷永青、刘文阳：《建档立卡贫困户脱贫后的生计脆弱性及其改进——基于桂林市灌阳县油麻地村的实地调查》，《社会科学家》2019年第8期。

③ Colin Polsky, et al., "Building Comparable Global Change Vulnerability Assessments: The Vulnerability Scoping Diagram", *Global Environmental Change*, Vol. 17, No. 3–4, August–October 2007.

④ 童磊等：《生计脆弱性概念、分析框架与评价方法》，《地球科学进展》2020年第2期。

⑤ Stefan Dercon, "Assessing Vulnerability", *Researchgate*, https://www.researchgate.net/publication/228378379_Assessing_Vulnerability.

⑥ Mark S. Reed, et al., "Combining Analytical Frameworks to Assess Livelihood Vulnerability to Climate Change and Analyse Adaptation Options", *Ecological Economics*, Vol. 94, No. 9, October 2013.

⑦ 童磊等：《生计脆弱性概念、分析框架与评价方法》，《地球科学进展》2020年第2期。

⑧ 阎建忠等：《青藏高原东部样带农牧民生计脆弱性评估》，《地理科学》2011年第7期。

⑨ 韩文文等：《不同地貌背景下民族村农户生计脆弱性及其影响因子》，《应用生态学报》2016年第4期。

⑩ 陈佳：《乡村旅游社会—生态系统脆弱性及影响机理——基于秦岭景区农户调查数据的分析》，《旅游学刊》2015年第3期。

⑪ 梁爽等：《西北地区小城镇居民生计脆弱性及影响因子》，《中国农业资源与区划》2019年第7期。

结构、地理位置和空间相邻关系等因素也会影响农户的生计脆弱性。[1][2][3][4] 农户会倾向于选择可以带来高收入的、可持续的生计方式，而其现有的生计资本直接决定了农户可以选择何种生计策略。[5] 研究表明，可持续生计视角下贫困问题的核心是丰富生计资本、优化生计策略。[6][7] 旅游业的发展在一定程度上补充了贫困地区农户的生计方式[8][9][10]，但是贫困地区与生态脆弱区域在地理空间上高度重叠，旅游扶贫与生态脆弱性呈现出强烈的相关性[11]，旅游的开展本身是对原有生计方式的扰动[12]，因此旅游扶贫与生计脆弱性之间的关系不可回避。

（三）研究评述

基于量化研究的可行性，现有研究多从脆弱性的角度揭示贫困的根源，探究贫困与脆弱性之间的关系，通过测量生计脆弱性更好地预测返

---

[1] Kathleen Baker, Alex Coulter, "Terrorism and Tourism: The Vulnerability of Beach Vendors' Livelihoods in Bali", *Journal of Sustainable Tourism*, Vol. 15, No. 3, May 2007.

[2] Micah B. Hahn, et al., "The Livelihood Vulnerability Index: A Pragmatic Approach to Assessing Risks from Climate Variability and Change: A Case Study in Mozambique", *Global Environmental Change*, Vol. 19, No. 1, February 2009.

[3] 谭灵芝等：《气候变化对干旱区居民生计脆弱性影响研究——基于新疆和宁夏两省区的农户调查》，《经济与管理》2013年第3期。

[4] 苏飞、陆聪颖：《洪灾影响下城市社区居民的生计脆弱性分析》，《浙江农业科学》2017年第5期。

[5] Anyu Liu, Stephen Pratt, "Tourism's Vulnerability and Resilience to Terrorism", *Tourism Management*, Vol. 60, June 2017.

[6] 乔花芳等：《乡村旅游发展的村镇空间结构效应——以武汉市石榴红村为例》，《地域研究与开发》2010年第3期。

[7] 何仁伟等：《可持续生计视角下中国农村贫困治理研究综述》，《中国人口·资源与环境》2017年第11期。

[8] Teresa C. H. Tao, et al., "Tourism as a Sustainable Livelihood Strategy", *Tourism Management*, Vol. 30, No. 1, February 2009.

[9] 孙九霞、刘相军：《生计方式变迁对民族旅游村寨自然环境的影响——以雨崩村为例》，《广西民族大学学报》（哲学社会科学版）2015年第3期。

[10] 赵雪雁：《地理学视角的可持续生计研究：现状、问题与领域》，《地理研究》2017年第10期。

[11] 林明水等：《基于RM的福建省旅游扶贫重点村生态脆弱性风险评价》，《地理研究》2018年第12期。

[12] Fujun Shen, et al., "Connecting the Sustainable Livelihoods Approach and Tourism: A Review of the Literature", *Journal of Hospitality and Tourism Management*, Vol. 15, No. 1, February 2008.

贫风险①②，上述研究为本书提供了有力的理论支撑。

但是，现有研究多关注旅游经济、旅游资源和乡村旅游系统的脆弱性，或贫困地区的生态脆弱性，较少探究旅游扶贫背景下山地民族旅游地区农户的生计脆弱性问题，乡村旅游地农户生计脆弱性引致返贫的独特性在目前的研究中也鲜有提及。

三 返贫阻断研究综述

（一）返贫

由于协同性风险和异质性风险的影响，贫困地区农户在脱贫后极易重新陷入贫困状态。③④ 返贫和贫困如影随形，贫困人口在脱贫后面临较高的返贫风险⑤，返贫成为减贫脱贫工作的顽疾，并引起了国内外学者的关注。返贫研究始于20世纪80年代末⑥，目前已经形成较为系统的研究体系和理论框架。现有研究主要集中在返贫的概念和测度、返贫的类型和特点、返贫的影响因素等方面。⑦⑧ 与其他国家相比，中国的反贫困工作已经取得了举世瞩目的伟大成就，目前的工作重点已转移到返贫阻断与乡村振兴等方面，因此关于返贫的研究主要集中在中国，国外的相关研究很少。

返贫的概念有广义与狭义之分，广义的返贫是指从非贫困状态转移到贫困状态，既包括已脱贫人口重新返贫，也包括非贫困人口受各类制

---

① 刘永茂、李树苗：《农户生计多样性发展阶段研究——基于脆弱性与适应性维度》，《中国人口资源与环境》2017年第7期。
② 朱圆、吴思思：《论脆弱性理论对精准扶贫战略的理论支持与实践指引》，《福建论坛》（人文社会科学版）2017年第6期。
③ 陈传波：《农户风险与脆弱性：一个分析框架及贫困地区的经验》，《农业经济问题》2005年第8期。
④ 杨龙等：《深度贫困地区农户多维贫困脆弱性与风险管理》，《华南师范大学学报》（社会科学版）2019年第6期。
⑤ 肖泽平、王志章：《脱贫攻坚返贫家户的基本特征及其政策应对研究——基于12省（区）22县的数据分析》，《云南民族大学学报》（哲学社会科学版）2020年第1期。
⑥ 李晓园、汤艳：《返贫问题研究40年：脉络、特征与趋势》，《农林经济管理学报》2019年第6期。
⑦ 王佳楣等：《贫困治理视角下的中国返贫研究演进与发展（1989—2019）》，《生产力研究》2019年第10期。
⑧ 肖泽平、王志章：《脱贫攻坚返贫家户的基本特征及其政策应对研究——基于12省（区）22县的数据分析》，《云南民族大学学报》（哲学社会科学版）2020年第1期。

约因素影响而成为贫困群体①；狭义的返贫是指脱贫后又返回贫困状态②，更能代表返贫的本质特征。③ 贫困不仅是收入的缺乏，也涉及教育公平、健康保障和公共物品等多个维度的综合社会现象，多维贫困的概念得到了学术界和国际组织的广泛认可。④ 目前对多维返贫的研究多采用返贫的广义定义，研究对象涵盖了边缘人群，更能全面反映自适应能力较强农户的脱贫效果。⑤

人口年龄、区域差异、受教育程度、绝对收入、相对收入及社会地位等都会对农村人口持续多维贫困产生显著影响。⑥⑦⑧ 导致脱贫人口返贫的原因可以分为宏观和微观两大类：在宏观方面，自然条件、经济条件和社会条件等对返贫的影响较为显著⑨；在微观方面，农户的健康状况、劳动力和文化程度对返贫有不同程度的影响⑩⑪，家庭的生计状况能防止返贫现象的发生。⑫⑬

---

① 陈端计：《21世纪中国城镇贫困的主体、实质及治理》，《福建论坛》（经济社会版）2001年第3期。

② 李晓园、汤艳：《返贫问题研究40年：脉络、特征与趋势》，《农林经济管理学报》2019年第6期。

③ 蒋南平、郑万军：《中国农民工多维返贫测度问题》，《中国农村经济》2017年第6期。

④ 蒋南平、郑万军：《中国农民工多维返贫测度问题》，《中国农村经济》2017年第6期。

⑤ 周迪、王明哲：《返贫现象的内在逻辑：脆弱性脱贫理论及验证》，《财经研究》2019年第11期。

⑥ 邹薇、方迎风：《关于中国贫困的动态多维度研究》，《中国人口科学》2011年第6期。

⑦ 张全红、周强：《中国多维贫困的测度及分解：1989—2009年》，《数量经济技术经济研究》2014年第6期。

⑧ 高帅、毕洁颖：《农村人口动态多维贫困：状态持续与转变》，《中国人口·资源与环境》2016年第2期。

⑨ 庄天慧等：《少数民族地区村级发展环境对贫困人口返贫的影响分析——基于四川、贵州、重庆少数民族地区67个村的调查》，《农业技术经济》2011年第2期。

⑩ 马绍东、万仁泽：《多维贫困视角下民族地区返贫成因及对策研究》，《贵州民族研究》2018年第11期。

⑪ 袁方、史清华：《创业能减少农村返贫吗？——基于全国农村固定观察点数据的实证》，《农村经济》2019年第9期。

⑫ 陈超群、罗芬：《乡村旅游地脱贫居民返贫风险综合模糊评判研究——基于可持续生计资本的视角》，《中南林业科技大学学报》（社会科学版）2018年第5期。

⑬ 王文略等：《风险与机会对生态脆弱区农户多维贫困的影响——基于形成型指标的结构方程模型》，《中国农村观察》2019年第3期。

（二）返贫风险及阻断

现有文献多从可持续生计的角度评估返贫风险[1]，或将风险、生计脆弱性和可持续生计纳入统一的研究框架[2]，探讨潜在风险和发展机会对农户生计资本和返贫风险的影响。

国内外学者基于多维贫困理论、可持续发展理论、返贫生成机理理论等理论，从社会学、地理学、灾害学等多学科视角，对返贫风险的内涵、风险识别、风险评估、风险预警与风险阻断等方面进行了深刻解读。多数学者认为返贫风险是指一种陷入贫困状态的可能性[3]，是造成贫困的根源[4]和影响家庭幸福的主要因素[5]，具有破坏性、多样性、不确定性、未知性、内生性、动态性等特征。[6][7][8][9] 现有研究多从社会学的角度对返贫风险进行定性分析[10][11][12][13]，主要探讨了返贫风险的成因和

---

[1] 陈超群、罗芬：《乡村旅游地脱贫居民返贫风险综合模糊评判研究——基于可持续生计资本的视角》，《中南林业科技大学学报》（社会科学版）2018年第5期。

[2] 王文略等：《风险与机会对生态脆弱区农户多维贫困的影响——基于形成型指标的结构方程模型》，《中国农村观察》2019年第3期。

[3] Saurabh Sinha, et al., "Damaging Fluctuations, Risk and Poverty: A Review", *Responses & Policies*, 1999.

[4] World Bank, "From Poor Areas to Poor People: China's Evolving Poverty Reduction Agenda", *International Journal of Accounting Education & Research*, Vol. 27, No. 24, March 2009.

[5] Ethan Ligon, Laura Schechter, "Measuring Vulnerability", *The Economic Journal*, Vol. 113, No. 486, March 2003.

[6] Saurabh Sinha, et al., "Damaging Fluctuations, Risk and Poverty: A Review", *Responses & Policies*, 1999.

[7] 王维、向德平：《风险社会视域下产业扶贫的风险防控研究》，《陕西师范大学学报》（哲学社会科学版）2019年第5期。

[8] 杨瑚：《返贫预警机制研究》，博士学位论文，兰州大学，2019年。

[9] 王志刚、封启帆：《巩固贫困治理策略：从精准扶贫到乡村振兴》，《财经问题研究》，http://kns.cnki.net/kcms/detail/21.1096.F.20210412.0902.002.html。

[10] 韦璞：《贫困、贫困风险与社会保障的关联性》，《广西社会科学》2015年第2期。

[11] 王维、向德平：《风险社会视域下产业扶贫的风险防控研究》，《陕西师范大学学报》（哲学社会科学版）2019年第5期。

[12] 何华征、盛德荣：《论农村返贫模式及其阻断机制》，《现代经济探讨》2017年第7期。

[13] 邓锁：《生命历程视域下的贫困风险与资产建设》，《社会科学》2020年第11期。

类型①②③,多采用回归模型、层次分析法等评估方法定量分析返贫风险④⑤⑥⑦,并构建了返贫风险预警的风险信号识别、风险流程控制、风险关联管理的基本框架⑧,以及由干预主体、干预客体、干预手段和预警标准组成的预警模型。⑨ 风险阻断的三大策略一般包括事前预防、能力提升与风险分担,国内学者基于风险识别⑩或不同的扶贫模式⑪提出相应的返贫风险应对措施。

(三) 研究评述

综上所述,现有研究从不同角度对返贫风险进行了深刻解读,但仍存在以下问题:一是尚未形成对返贫风险内涵的系统认知,需要重新定义返贫风险,厘清风险、脆弱性与返贫之间的区别和联系;二是对返贫的量化研究较少,未能构建科学的返贫风险评估指标体系,且多以"多维贫困"代替"多维返贫",忽视了返贫从非贫困到贫困的动态化特征,难以诠释返贫现象发生的根本原因;三是未能系统解释返贫风险的形成机理,从而有效识别返贫风险因素;四是缺少从多学科、多维度的视角探讨风险阻断措施的可行性,在对策研究上多侧重于事后治理,对返贫的风险评估、预警机制和阻断机制研究不足。

---

① 郑瑞强、曹国庆:《脱贫人口返贫:影响因素、作用机制与风险控制》,《农林经济管理学报》2016年第6期。
② 包国宪、杨瑚:《我国返贫问题及其预警机制研究》,《兰州大学学报》(社会科学版) 2018年第6期。
③ 张金萍等:《海南省连片贫困地区农户致贫风险分析》,《地理科学》2020年第4期。
④ 李长亮:《深度贫困地区贫困人口返贫因素研究》,《西北民族研究》2019年第3期。
⑤ 张金萍等:《海南省连片贫困地区农户致贫风险分析》,《地理科学》2020年第4期。
⑥ 谷秀云、薛选登:《脱贫户返贫风险评估研究——基于豫西典型贫困县区的调查》,《河南理工大学学报》(社会科学版) 2021年第1期。
⑦ 陈裕:《返贫风险预警机制研究》,《合作经济与科技》2021年第8期。
⑧ 盛德荣、何华征:《试析返贫风险预警机制的内涵与逻辑》,《天中学刊》2021年第1期。
⑨ 包国宪、杨瑚:《我国返贫问题及其预警机制研究》,《兰州大学学报》(社会科学版) 2018年第6期。
⑩ 汪三贵:《巩固拓展脱贫攻坚成果的若干思考》,《西北师范大学学报》(社会科学版) 2021年第3期。
⑪ 萧鸣政、张睿超:《中国后扶贫时代中的返贫风险控制策略——基于风险源分析与人力资源开发视角》,《中共中央党校(国家行政学院)学报》2021年第2期。

第二节 概念界定

一 贫困

深入理解贫困的概念和内涵是实现返贫阻断的必要前提。最早涉及贫困问题的经典著作是马尔萨斯于1798年出版的《人口原理》。[①] 然而时至今日，学术界对贫困的概念仍没有统一的界定，随着人类社会的发展和研究的深入，人们对贫困的认识也在不断演进。

（一）经济学视角的基本需要理论

经济学家强调收入对满足基本需要和减贫的重要性[②]，认为贫困是福祉被剥夺的状态。Rowntree首先从经济学视角用收入来定义贫困，他指出，当一个家庭的总收入不足以维持这个家庭最基本的生存活动需求时，此家庭就陷入了贫困。[③] Rowntree关于贫困的定义影响深远，被后来的许多学者引用。

随着社会的发展，基本需要的内容也在不断变化，联合国千年发展目标确定了促进人类发展的8个目标，包括消灭极端贫困和饥饿，普及初等教育，促进两性平等和女性权利，降低儿童死亡率，改善产妇保健，确保环境的可持续能力，与艾滋病、疟疾和其他疾病作斗争，促进全球合作。这8个目标涵盖了人类的5大基本需要：食物、衣着、住房、健康和教育，与《中国农村扶贫开发纲要（2011—2020年）》确定的中国脱贫攻坚的总体目标基本一致，即稳定实现贫困人口"不愁吃、不愁穿，保障其义务教育、基本医疗和住房"（"两不愁三保障"）。

在明确了贫困的定义后，首要工作是将概念转化为测量贫困的标准，即贫困线，并将贫困线作为减贫政策的工具。20世纪90年代，世

---

① 王海民、李小云：《贫困研究的历史脉络与最新进展述评》，《中国农业大学学报》（社会科学版）2009年第3期。
② 王小林：《贫困测量：理论与方法》（第2版），社会科学文献出版社2017年版，第21页。
③ 王小林：《贫困测量：理论与方法》（第2版），社会科学文献出版社2017年版，第5页。

界银行确定了 1 美元/天的第一个绝对贫困线,后来经过修订后,1.25 美元/天和 2 美元/天成为许多国家和国际组织广泛使用的贫困线标准。[①]

(二) 社会学视角的社会排斥理论

从经济学视角定义贫困,强调了收入的重要性,但忽视了个体或家庭所处的社会环境[②],于是有学者从社会学角度出发,提出了社会排斥理论。社会学家关注个人或家庭在社会中的弱势地位,将贫困区分为剥夺和社会排斥。剥夺主要用于识别贫困并设定贫困线;社会排斥主要用于识别被排斥在社会福利制度之外的人,从而提供了广泛的研究视角。

社会排斥主要指那些没有被传统的社会保障体系所覆盖的人,如老年患者、单亲、残疾人等弱势群体。其强调个体不仅由于收入低下和缺乏财产而被排斥,更在政治权利等方面被排斥。

社会排斥理论完善了贫困成因的定义,一些国家和国际组织开始基于社会排斥理论指导反贫困的实践。英国政府从资源排斥、劳动力市场排斥、服务排斥和社会关系排斥等多维度关注社会排斥问题;联合国开发计划署将社会排斥定义为基本公民权利和社会权利得不到认同,以及缺乏实现上述权利的制度渠道。

(三) 发展学视角的多维贫困理论

社会排斥理论、权利贫困理论和能力贫困理论从不同角度拓宽了贫困的内涵,这些理论认为应该将贫困的根源从单一的收入因素扩展到社会、政治、文化和制度等多个层面,由此产生了多维贫困的概念,其中又以能力贫困理论的实践和应用最为广泛深入[③],学术界对多维贫困的关注度也不断深入。

森基于发展学视角提出了能力贫困理论,再次深化了人们对贫困的认识。[④] 他认为,收入低下仅仅是贫困的一个表现方面,人们基本可行

[①] 王小林:《贫困测量:理论与方法》(第 2 版),社会科学文献出版社 2017 年版,第 7 页。

[②] 王小林:《贫困测量:理论与方法》(第 2 版),社会科学文献出版社 2017 年版,第 11 页。

[③] 王小林:《贫困标准及全球贫困状况》,《经济研究参考》2012 年第 55 期。

[④] 王小林:《贫困测量:理论与方法》(第 2 版),社会科学文献出版社 2017 年版,第 16 页。

能力的被剥夺才是真正意义上的贫困①，穷人遭受的剥夺是多方面的，例如健康状况差、缺乏收入来源、缺乏教育机会和条件、生活条件恶劣等。森提出了多维贫困的概念，用能力是否被剥夺来识别贫困人口可以促使人们更加关注发展的实质，加强了对贫困和被剥夺的性质及原理的理解。

Alkire 和 Foster 于 2007 年提出了 AF 方法用以测量多维贫困，该方法设置了衡量贫困的双重阈值，先设置每一个维度的阈值，再设置跨维度的阈值。按照双重阈值的方法，先识别贫困人口，再对贫困人口进行加总，从而实现多维贫困的测量。② AF 方法受到了广泛关注，联合国开发计划署公布了用 AF 方法测算的全球多维贫困指数（MPI），包括教育、卫生和生活水平 3 个维度共 10 个指标。在中国，采用 AF 方法测量多维贫困的文献也越来越多。

二 旅游扶贫

旅游与贫困的关系及演变先后经历了自由主义/新自由主义、批判阶段、可替代发展和后结构主义四个阶段。③ 在我国，旅游扶贫的概念最早出现在 20 世纪 90 年代。④ 1991 年，在我国第一次提出了旅游扶贫的概念，之后受到了持续的广泛关注。旅游扶贫是通过挖掘贫困地区资源来发展旅游，带动贫困人口脱贫的造血式脱贫方式。⑤ 作为一种产业扶贫模式，旅游扶贫依托贫困地区良好的旅游资源，借助各种力量，通过发展旅游的方式以达到带动区域经济和人口发展，实现群众脱贫致富的目标。⑥⑦⑧

---

① ［印］阿马蒂亚·森：《贫困与饥荒——论权利与剥夺》，商务印书馆 2001 年版，第 5 页。
② 王小林：《贫困测量：理论与方法》（第 2 版），社会科学文献出版社 2017 年版，第 16 页。
③ 李会琴等：《国外旅游扶贫研究进展》，《人文地理》2015 年第 1 期。
④ 徐庆颖等：《中国旅游扶贫研究评述》，《南京师大学报》（自然科学版）2017 年第 3 期。
⑤ 王东琴等：《云南传统农耕文明区旅游扶贫模式研究——以大理州巍山县为例》，《世界地理研究》2020 年第 1 期。
⑥ 李永文、陈玉英：《旅游扶贫开发的 RHB 战略初探》，《经济地理》2004 年第 4 期。
⑦ 李刚、徐虹：《影响我国可持续旅游扶贫效益的因子分析》，《旅游学刊》2006 年第 9 期。
⑧ 刘益、陈烈：《旅游扶贫及其开发模式研究》，《热带地理》2004 年第 4 期。

2014年,随着《关于实施乡村旅游富民工程推进旅游扶贫工作的通知》等一系列政策文件的推出,国家层面的旅游扶贫工作正式展开,也进一步推动了旅游扶贫研究的热潮。根据习近平总书记关于"实事求是、因地制宜、分类指导、精准扶贫"的重要指示,旅游精准扶贫是根据贫困地区的经济、人口等现状的不同,针对性地采取"精准识别、精准帮扶、精准管理"的科学方法,进而实现"扶真贫""真扶贫"的社会目标。①

与旅游扶贫相关的概念包括 PPT 和 ST–EP 等。1999 年,英国国际发展局(Department for International Development,DFID)提出 PPT (Pro–poor Tourism)概念,将旅游作为减贫的一种方式,意为有利于贫困人口发展的旅游②,强调贫困人口可以从旅游中获得经济、社会和环境等方面的净利益。PPT 是发展旅游的一种方式或途径,其关注的核心是使贫困人口获取更多机会和利益。PPT 提出后受到了政府部门、国际组织和学术界的普遍关注和积极响应,一些国际组织在亚非拉等欠发达国家和地区进行了具体的实践。学术界对 PPT 的认识基本一致,认为应通过发展旅游使贫困人口获得经济收益,并赋予其参与政治决策的机会和权力。③ PPT 是贫困地区基于旅游资源优势,以市场需求为导向,在政府等社会力量的支持下,通过发展旅游来实现经济的可持续发展和人口脱贫致富的宏观发展计划和措施。④

2002 年,世界旅游组织(World Tourism Organizaiton,WTO)在可持续发展峰会上首次提出了"把可持续旅游作为消除贫困的有力工具",即 ST–EP(Sustainable Tourism as an Effective Tool for Eliminating Poverty)。ST–EP 的提出旨在通过发展旅游提高贫困地区的生活标准和水平,或削减发展中国家的贫困人口。在 WTO 的官方术语中,ST–EP 出现得越来越频繁,并已被联合国贸易和发展会议(United Nations

---

① 邓小海:《旅游精准扶贫研究》,博士学位论文,云南大学,2015 年。
② 冯伟林等:《西南民族地区旅游扶贫理论与实践》,西南交通大学出版社 2017 年版,第 16 页。
③ Stephanie Chok, et al., "Tourism as a Tool for Poverty Alleviation: A Critical Analysis of 'Pro–Poor Tourism' and Implications for Sustainability", *Current Issues in Tourism*, Vol. 10, No. 2–3, December 2008.
④ 郭清霞:《旅游扶贫开发中存在的问题及对策》,《经济地理》2003 年第 4 期。

Conference on Trade and Development，UNCTAD）等国际组织采用。①

旅游扶贫是旅游开发的一种重要实践形式②，也是欠发达国家和地区减少贫困现象发生③、维护社会公平的重要方式之一。归纳而言，旅游扶贫即在旅游资源条件较好的贫困国家或地区，借助政府及其他社会力量，通过发展旅游的方式，推动社会经济的可持续发展和群众的脱贫致富，以实现提高生活标准和水平、削减贫困人口和促进社会公平的目标。

三 旅游扶贫绩效

开展旅游扶贫工作会对一个国家或地区的社会、经济、文化和自然环境产生深刻而广泛的影响④，旅游扶贫绩效本质上是旅游开发对旅游地及居民的影响。旅游扶贫绩效也称旅游扶贫效应，即旅游发展在贫苦地区中发挥的综合作用，既包括对社会、经济、文化、自然环境的宏观效应，也包括对贫困人口纯收益、效应感知、社区参与度、脱贫权利的微观效应，兼具积极影响和消极影响。⑤ 其中，经济效应是旅游扶贫的初衷，也最为显著。⑥

四 返贫风险

关于返贫概念的界定在学术界有很大争议。一部分学者坚持狭义的返贫概念，将返贫定义为贫困群体在脱贫之后，由于各种原因而再度陷入贫困状态的动态过程。⑦⑧ 基于狭义返贫的研究需要对大量样本进行

---

① David Simpson, "Sustainable Tourism: Eliminating Poverty", CABI, https://www.cabi.org/leisuretourism/news/25463.
② 高舜礼：《对旅游扶贫的初步探讨》，《中国行政管理》1997 年第 7 期。
③ 马忠玉：《论旅游开发与消除贫困》，《中国软科学》2001 年第 1 期。
④ 黄震方、黄睿：《基于人地关系的旅游地理学理论透视与学术创新》，《地理研究》2015 年第 1 期。
⑤ 郝冰冰等：《国内外旅游扶贫效应文献量化分析与研究综述（2000—2016 年）》，《中国农业资源与区划》2017 年第 9 期。
⑥ 李佳：《民族贫困地区居民对旅游扶贫效应的感知和参与行为研究——以青海省三江源地区为例》，《旅游学刊》2009 年第 8 期。
⑦ 蒋南平、郑万军：《中国农民工多维返贫测度问题》，《中国农村经济》2017 年第 6 期。
⑧ 李月玲、何增平：《多维视角下深度贫困地区返贫风险——以定西市深度贫困地区为例》，《天水行政学院学报》2018 年第 3 期。

长期的固定跟踪调查，通过跟踪农户贫困状态的变化获取动态返贫数据。[1] 但是，由于中国城镇化的推进，乡村合并和农民外出务工等现象较为普遍，难以通过真正的固定跟踪获取样本信息[2]，这导致相关研究虽然在概念上认同狭义的返贫，但是在数据来源上仍采纳了广义的返贫概念，造成理论和数据分析之间的割裂。仅有少数学者[3][4]试图采用户码、户主年龄、性别三项信息筛选出固定样本，然而由于另立新户的界定在学术界存在争议，连作者自己也承认"未完全做到"固定跟踪[5]，或对返贫户的界定语焉不详。[6][7] 更多的学者从广义的视角定义返贫，认为返贫的实质仍是贫困，是个体在风险冲击和生计脆弱性的综合作用下从非贫困状态转为贫困状态的过程。[8] 广义的返贫概念既将已脱贫人群纳入研究对象，也关注了边缘人群，在实践中比较符合我国后脱贫时代实现乡村全面振兴的现实需求，在研究过程中也容易突破数据可得性的限制。

风险是一种不确定的、可能发生的危险或危害，返贫是在风险和脆弱性的综合作用下而产生的一种社会现象[9][10]，返贫风险的发生是一种概率事件，当其在现实中发展为致贫因子时，会使被冲击对象发生不同

---

[1] 袁方、史清华：《创业能减少农村返贫吗？——基于全国农村固定观察点数据的实证》，《农村经济》2019年第9期。

[2] 朱喜等：《要素配置扭曲与农业全要素生产率》，《经济研究》2011年第5期。

[3] 朱喜等：《要素配置扭曲与农业全要素生产率》，《经济研究》2011年第5期。

[4] 袁方、史清华：《创业能减少农村返贫吗？——基于全国农村固定观察点数据的实证》，《农村经济》2019年第9期。

[5] 袁方、史清华：《创业能减少农村返贫吗？——基于全国农村固定观察点数据的实证》，《农村经济》2019年第9期。

[6] 周迪、王明哲：《返贫现象的内在逻辑：脆弱性脱贫理论及验证》，《财经研究》2019年第11期。

[7] 李金叶、陈艳：《深度贫困地区农户多维返贫测度与分解研究》，《干旱区资源与环境》2020年第9期。

[8] 彭新万、程贤敏：《脆弱性与农村长期贫困的形成及其破解》，《江西社会科学》2015年第9期。

[9] 彭新万、程贤敏：《脆弱性与农村长期贫困的形成及其破解》，《江西社会科学》2015年第9期。

[10] 李月玲、何增平：《多维视角下深度贫困地区返贫风险——以定西市深度贫困地区为例》，《天水行政学院学报》2018年第3期。

程度的破坏性波动。① 本书将返贫风险定义为在一定区域内,可能使脱贫人群、边缘人群等困难群体陷入贫困状态的外部风险和内部风险的总和。其主要表现是,困难群体虽已脱离当前的贫困线标准,但对突发性的冲击仍较为敏感。特定区域内的外部风险和内部风险在一定条件下耦合成致贫因子,对区域环境和困难群体造成冲击,在生计脆弱性和生计韧性的作用下部分困难群体无法提供与其相匹配的适应力策略,从而陷入贫困状态。由于风险危害程度的不确定性,也有可能存在极少量非贫困群体因为风险的极大冲击而陷入贫困。

综上所述,返贫风险是指在一定条件下由各种因素所形成的致贫因子对脱贫群体、边缘群体和非贫困群体造成风险冲击,进而使被冲击对象重新陷入贫困状态的一种可能性。

五 返贫阻断

返贫阻断,即阻断返贫现象的发生。风险和脆弱性是造成贫困的根源,也是返贫现象发生的根本因素。因此,阻断返贫主要任务有二:一是要降低风险发生的概率和危害性;二是要降低风险冲击对象及其所处环境的脆弱性。总而言之,返贫阻断是指社会层面或个体层面,通过采取各种措施,降低共同风险或异质风险发生的概率及其所造成的破坏,通过改善区域环境和提高自身素质来降低脆弱性,增强风险抵御能力,以切实减少乃至杜绝返贫现象的发生。

第三节 理论构建

一 旅游扶贫绩效的理论构建

贫困人口和家庭是扶贫工作的核心,从农户感知的角度度量不同生计脆弱性水平下的旅游扶贫政策绩效,在实践中更符合我国精准扶贫的政策要求,在理论上也更能反映旅游扶贫开发的实际效果。现基于农户感知视角,从政策实施全过程的角度构建旅游扶贫政策绩效的

---

① Saurabh Sinha, et al., "Damaging Fluctuations, Risk and Poverty: A Review", *ACADEMIA*, https://www.academia.edu/14664016/DAMAGING_FLUCTUATIONS_RISK_AND_POVERTY_A_REVIEW.

指标体系。

公共政策理论认为,对政策绩效的评价应涵盖政策制定的事前评估、政策实施中的执行评估和政策实施后的事后评估等。其中,事前评估旨在考察政策制定是否科学合理,执行评估主要考察政策是否落实到位,事后评估考察政策实施后的实际结果。①② 然而,就本研究而言,恩施州旅游扶贫政策的实施始于 2012 年对《湖北省农村扶贫开发纲要(2011—2020 年)》的贯彻落实,由于学术研究的滞后性,已难以对旅游扶贫政策实施前的状况进行事前评估;此外,由于研究者通常难以介入政策制定的过程,无法对政策制定本身进行客观评估。因此,研究重点集中在农户感知视角下旅游扶贫政策的政策执行评估和政策效应评估,由此构建以"旅游扶贫绩效感知"为目标层,"政策执行感知"和"政策效果感知"为因子层的指标体系。两个因子层分别回答"政策落实到位了吗?"和"政策的收效如何?"两大问题。③

(一) 政策执行感知

政策执行感知主要考察居民是否认为旅游扶贫政策已经落实到位。基于中国、湖北省,以及恩施州的相关政策文件(见表 2 – 1),共整理出 6 项旅游扶贫的相关政策,即制定旅游发展规划、投资进行旅游宣传、指导旅游开发、补助旅游服务项目、开展旅游服务培训和招商引资发展旅游。询问受访者相关旅游扶贫政策"是否已经在当地实施"及其"实施的力度如何",由此分别考量 6 项旅游扶贫政策的政策执行广度和执行力度,共计 12 个题项。

表 2 – 1　　　　　　　　旅游扶贫政策汇总

序号	发布日期	发文机关	文件名称	重点内容
1	2011 年 12 月 1 日	中共中央、国务院	《中国农村扶贫开发纲要(2011—2020 年)》	充分发挥贫困地区生态环境和自然资源优势,大力推进旅游扶贫

---

① 胡俊波:《农民工返乡创业扶持政策绩效评估体系:构建与应用》,《社会科学研究》2014 年第 5 期。
② 卢世菊等:《民族地区旅游扶贫中贫困人口的相对剥夺感及其疏导研究——基于恩施州 5 个贫困村的调查》,《学习与实践》2018 年第 1 期。
③ 胡俊波:《农民工返乡创业扶持政策绩效评估体系:构建与应用》,《社会科学研究》2014 年第 5 期。

续表

序号	发布日期	发文机关	文件名称	重点内容
2	2012年3月2日	湖北省政府	《湖北省农村扶贫开发"十二五"规划》	着力推进湖北武陵山少数民族经济社会发展试验区建设，加快以交通为主的重大基础设施建设，重点发展以土苗民族文化和生态文化旅游为主的服务业，加强生态建设和环境保护，加强与渝、湘、黔武陵山区县（市）区域合作
3	2013年12月18日	中共中央办公厅、国务院办公厅	《关于创新机制扎实推进农村扶贫开发工作的意见》	加强贫困地区旅游资源调查，加大政策、资金扶持力度，带动农村劳动力就业
4	2014年8月21日	国务院	《关于促进旅游业改革发展的若干意见》	加强乡村旅游精准扶贫，加强卫生、环保、道路等基础设施建设，完善乡村旅游服务体系，加强乡村旅游从业人员培训
5	2014年11月3日	国家发改委、国家旅游局、环境保护部、住房和城乡建设部、农业部、国家林业局、国务院扶贫办	《关于实施乡村旅游富民工程推进旅游扶贫工作的通知》	加强基础设施建设，提高规范管理水平，发挥精品景区辐射作用，加强旅游宣传推广，加强人才培训
6	2016年1月27日	国务院	《关于落实发展新理念加快农业现代化实现全面小康目标的若干意见》	大力发展休闲农业和乡村旅游，强化规划引导，采取以奖代补、先建后补、财政贴息、设立产业投资基金等方式扶持休闲农业与乡村旅游业发展，加强乡村生态环境和文化遗存保护
7	2016年8月11日	国家旅游局、国家发改委等12部委	《乡村旅游扶贫工程行动方案》	科学编制乡村旅游扶贫规划、大力开发乡村旅游产品、加强重点村旅游宣传营销、加强乡村旅游扶贫人才培训

续表

序号	发布日期	发文机关	文件名称	重点内容
8	2016年9月12日	恩施州人民政府	《恩施州人民政府关于发展乡村旅游促进旅游扶贫工作的意见》	科学编制乡村旅游发展规划、丰富完善乡村旅游发展模式、提升乡村旅游要素品质、实施乡村旅游富民工程、加强乡村旅游文化建设、培植乡村旅游发展主体、加强乡村旅游教育培训、加强乡村旅游营销推广
9	2016年11月30日	中共中央办公厅、国务院办公厅	《关于进一步加强东西部扶贫协作工作的指导意见》	引进一批能够提供更多就业岗位的劳动密集型企业、文化旅游企业等，促进产业发展带动脱贫
10	2016年12月2日	国务院	《"十三五"脱贫攻坚规划》	安排贫困人口旅游服务能力培训和就业，引导和支持社会资本开发农民参与度高、受益面广的休闲农业项目，依托文化发展旅游
11	2016年12月7日	国务院	《"十三五"旅游业发展规划》	实施乡村旅游扶贫重点村环境整治行动，开展旅游规划扶贫公益行动，实施旅游扶贫电商行动，开展万企万村帮扶行动，实施金融支持旅游扶贫行动，实施旅游扶贫带头人培训行动，启动旅游扶贫观测点计划
12	2017年3月15日	湖北省农业农村厅	《湖北省"十三五"产业精准扶贫规划（2016—2020年）》	制定贫困地区乡村旅游扶贫规划、加大旅游人才队伍培养力度、加强宣传推广，制订市场宣传推广方案、探索"政府引导、市场主体、多方联动、多措并举"的旅游扶贫模式
13	2018年9月26日	国务院	《乡村振兴战略规划（2018—2022年）》	发展壮大农村产业、建设生态宜居的美丽乡村、繁荣发展乡村文化、健全现代乡村治理体系、保障和改善农村民生

续表

序号	发布日期	发文机关	文件名称	重点内容
14	2020年8月28日	湖北省人民政府	《湖北省旅游业发展"十三五"规划纲要》	加大对小型微型旅游企业和乡村旅游、旅游扶贫等方面信贷的支持力度

资料来源：尹航：《恩施州旅游扶贫绩效评价及其影响因素研究》，硕士学位论文，华中师范大学，2019年，有改动。

（二）政策效果感知

政策效果感知主要考察居民认为旅游扶贫政策的收效如何。通过参考旅游扶贫效应的相关文献[1][2][3]，并结合多维贫困理论对旅游扶贫政策考察效果的要求[4]，从经济、社会、人口素质、生态环境四个方面构建旅游扶贫效果感知的指标体系，并兼顾正负效应。

1. 经济效果感知

旅游扶贫政策的经济效果感知主要测量受访者对旅游扶贫所带来的地方和个人经济条件变化方面的感知，侧重于旅游扶贫经济方面的正面影响和负面影响。从旅游扶贫效应作用的对象来看，经济效果感知可以包括旅游扶贫对地方经济的带动和阻碍作用，以及对个人和家庭经济条件的影响。

在本研究中，经济效果感知包括旅游扶贫促进了地方经济发展、增加了就业机会、增加了居民个人收入、农产品比以前更好卖、造成了生活用品价格的上涨、造成了房租（含商品）价格的上涨，共计6个题项。其中，前4项为正效应，后两项为负效应。

2. 社会效果感知

旅游扶贫政策的社会效果感知主要测量旅游扶贫开发在拉动地方

---

[1] 常慧丽：《生态经济脆弱区旅游开发扶贫效应感知分析——以甘肃甘南藏族自治州为例》，《干旱区资源与环境》2007年第10期。

[2] 蒋莉、黄静波：《罗霄山区旅游扶贫效应的居民感知与态度研究——以湖南汝城国家森林公园九龙江地区为例》，《地域研究与开发》2015年第4期。

[3] 李佳等：《民族贫困地区居民对旅游扶贫效应的感知和参与行为研究——以青海省三江源地区为例》，《旅游学刊》2009年第8期。

[4] 何红、王淑新：《多维视角下中国乡村旅游扶贫效应研究评述》，《中国农业资源与区划》2019年第4期。

就业、改善基础设施、提高居民生活水平等社会福利方面的影响，这些影响为贫困地区和贫困人口的可持续发展提供了有力保障。一般而言，旅游扶贫的正面社会效果主要体现在促进对外交流、改善基础设施建设等方面，负面社会效果主要包括破坏传统文化、社会关系恶化等方面。

在本书中，社会效果感知包括旅游扶贫改善了基础设施（饮水、道路等），提高了本村的知名度，促进了村民与外界的交流，保护了地方传统文化（风俗习惯），加强了邻里间的联系和和谐关系，增加了黄、赌、毒等现象和使本地治安状况恶化，共计7个题项。其中，前5项为正效应，后两项为负效应。

3. 人口素质效果感知

目前，对"贫困"的界定多以"人均纯收入"或"每人每天活动支出"等经济指标为主，其导向性使扶贫政策重在经济扶贫，而忽视了对贫困人口自身素质的提升。以经济效益为导向的扶贫政策可以带来短期的脱贫，但是从长期看却会导致较高的返贫率，使脱贫效应不具有可持续性。

在本书中，人口素质效果感知包括旅游扶贫提高了居民素质，促进了从业者诚信经营，使村民更多关注当地发展决策，使更多村民参与当地发展决策和使更多村民参加了旅游服务技能培训，共计5个题项，全为正效应。

4. 生态环境效果感知

生态环境包括人类赖以生存的水资源、土地资源、生物资源以及气候资源的数量与质量的总称，生态环境效果是生态环境的资源利用和有益产出之间的对比关系。[①] 过度的旅游开发会导致自然资源的浪费，甚至严重破坏生态环境。[②] 结合案例地实际情况，居民对旅游扶贫的生态环境效果感知可从对空气、水质、植被和固体废弃物等方面评价。

---

① 尹航：《恩施州旅游扶贫绩效评价及其影响因素研究》，硕士学位论文，华中师范大学，2019年。
② 徐庆颖等：《中国旅游扶贫研究评述》，《南京师大学报》（自然科学版）2017年第3期。

具体而言,生态环境效果感知包括旅游扶贫使村民自觉维护周边卫生环境,促进了垃圾、污水处理设施的建设,促进了森林等自然生态环境的保护,破坏了当地的森林、河流等生态环境,使当地噪声增多和引起村里垃圾、污水等环境污染加重,共计6个题项。其中,前3项为正效应,后3项为负效应。

综上所述,本书共构建了包含政策执行感知和政策效果感知两个维度、36个题项的旅游扶贫绩效感知指标体系,见表2-2。其中,政策执行感知分为政策执行广度(政策覆盖面)的感知和政策执行力度的感知,共计12个题项;政策效果感知包括经济效果感知、社会效果感知、人口素质效果感知和生态环境效果感知,每类效果感知均包含正负两方面,共计24个题项。

表2-2　　　　　　　　旅游扶贫绩效感知的指标体系

目标层	因子层	要素层	指标层
旅游扶贫绩效	政策执行感知	政策执行广度感知	IP1 政府是否在本村制定旅游发展规划
			IP2 政府是否在本村投资进行旅游宣传
			IP3 政府是否在本村指导旅游开发
			IP4 政府是否在本村补助旅游服务项目
			IP5 政府是否在本村开展旅游服务培训
			IP6 政府是否在本村招商引资发展旅游
		政策执行力度感知	SP1 政府在本村制定旅游发展规划的力度大吗
			SP2 政府在本村投资进行旅游宣传的力度大吗
			SP3 政府在本村指导旅游开发的力度大吗
			SP4 政府在本村补助旅游服务项目的力度大吗
			SP5 政府在本村开展旅游服务培训的力度大吗
			SP6 政府在本村招商引资发展旅游的力度大吗
	政策效果感知	经济效果感知	E1 促进了地方经济发展
			E2 增加了就业机会
			E3 增加了居民个人收入
			E4 农产品比以前更好卖
			E5 造成了生活用品价格的上涨
			E6 造成了房租价格的上涨

续表

目标层	因子层	要素层	指标层
旅游扶贫绩效	政策效果感知	社会效果感知	S1 改善了基础设施
			S2 提高了本村的知名度
			S3 促进了村民与外界的交流
			S4 保护了地方传统文化
			S5 加强了邻里间的联系和谐关系
			S6 增加了黄、赌、毒等现象
			S7 使本地治安状况恶化
		人口素质效果感知	Q1 提高了居民素质
			Q2 促进了从业者诚信经营
			Q3 使村民更多关注当地发展决策
			Q4 使更多村民参与当地发展决策
			Q5 使更多村民参加了旅游服务技能培训
		生态环境效果感知	H1 使村民自觉维护周边卫生环境
			H2 促进了垃圾、污水处理设施的建设
			H3 促进了森林等自然生态环境的保护
			H4 破坏了当地的森林、河流等生态环境
			H5 使当地噪声增多
			H6 引起村里垃圾、污水等环境污染加重

二 生计脆弱性的理论构建

山地民族地区农户生计脆弱性的存在使有可能陷入贫困的人口数量比现有贫困人口数量高一倍[1]，严重阻碍我国全面建设小康社会奋斗目标的实现。旅游业的开展是否弥补了贫困家庭生计资本的缺乏？在不同发展阶段的旅游地，农户的生计脆弱性是否发生了变化？旅游开发是否提升了农户应对风险的适应能力，降低了贫困发生率？在 2020 年我国实现全面脱贫的战略目标后，如何采取有效措施有针对性地帮扶生计脆弱的农户，有效防范返贫风险？对这些问题的回答将有助于巩固我国旅

---

[1] World Bank, "From Poor Areas to Poor People: China's Evolving Poverty Reduction Agenda", *International Journal of Accounting Education & Research*, Vol. 27, No. 24, March 2009.

游脱贫成果，丰富生计脆弱性理论的研究范畴。

（一）风险

风险包括自然灾害、家庭变故、环境变化、市场变化、政策变化等内部压力和外部扰动对农户的影响，主要测量农户对内部和外部扰动的感知。结合恩施州的自然地理状况和旅游开发状况，当地的自然灾害主要包括极端灾害天气、暴雨或暴雪山洪、泥石流与滑坡、农作物病虫害等；家庭变故包括家人生大病、发生流行性传染病、孩子上学、丧失劳动力等；环境变化包括环境污染、社会治安变差、旅游资源受到破坏等；市场变化包括本村参与旅游经营的人越来越多、邻村旅游业快速发展、游客过多造成拥挤等；政策变化包括扶贫政策的终止和旅游扶贫政策的终止。这一组指标在问卷中通过李克特5级量表呈现，共"有很大影响""有影响""不知道""没影响""完全没影响"五个选项，分别赋值5、4、3、2、1。

（二）生计资产

生计资产包括自然资产、人力资产、金融资产、固定资产、社会资产等。

1. 自然资产

调查发现，研究区域的种植业依旧占很大比重，主要农作物有土豆、玉米、茶叶、烟叶等。因而恩施州的耕地仍然是重要的资源与资产，是维持生计的重要基础与场所。用家庭总耕地面积除以家庭人数得到人均耕地面积，作为测量自然资产的主要指标。

2. 人力资产

在农户的生计资产中，人力资产的数量和质量决定了农户能否运用其他资产，人力资产的缺乏是造成农户贫困的主要原因之一，主要采用抚养比和家庭最高受教育程度进行测量。抚养比为15岁以下人口、65岁以上人口，以及残障人口之和占家庭总人口的比例。受教育程度包括小学及以下、初中、高中/中专、大专、本科及以上，分别赋值1、2、3、4、5。

3. 金融资产

金融资产主要是指农户可支配和可筹措的现金，包括自身的现金收入、从正规渠道或非正规渠道获得的贷款、援助等渠道，采用家庭人均年收入和是否获得借贷的机会进行测量。其中，能否获得借贷的机会对农户在短期内应对较紧急的风险有巨大作用。

4. 固定资产

固定资产（或者物质资产）是指农户用于生产生活的设施设备，农用设备齐全有利于农业生产，交通工具显示家庭的财富状况并增加家庭出行和与外界交流的便利性[①]。固定资产主要包括自有住房、家用汽车、农用机械、摩托车、牲畜等，分别赋值5、4、3、2、1，再对其拥有的所有物质资产进行求和。

5. 社会资产

社会资产是指农户为了实施生计策略而利用的社会网络，包括加入的社区组织、个人构建的社会网络和有关联的社会网络等。[②] 采用亲友中是否有人是干部来体现该家庭社会网络关系的水平。

（三）适应力

适应力是系统应对干扰和压力时，能够有效地调整自身，或者将系统状态转换到一种新的状态下的表现[③]，可以反映个体、家庭、群体、区域或国家面对灾害、风险、压迫时进行应对与调整的过程、行动或者结果。总之，适应力具有主观能动性，适应力越高，越能帮助系统转换到更可持续的发展道路上。

本书研究的适应力包含自适应、灾后自救、政府救助三个指标。其中，自适应包括农户生计活动种类和种植作物种类；灾后自救是农户面对前文所提及的五类风险时作出的回应与抉择，通过从事旅游经营、打工或种地等维持生计赋值5，靠家庭存款维持生活赋值4，投靠亲友赋值3，等待政府给予补贴赋值2，无计可施赋值1；政府救助即最近是否领取过政府补贴，包括贫困户补助、低保户补助、特困户补助、五保户补助、养老补助、伤残补助等。

[①] 李彩瑛等：《青藏高原"一江两河"地区农牧民家庭生计脆弱性评估》，《山地学报》2018年第6期。

[②] 李小云等：《农户脆弱性分析方法及其本土化应用》，《中国农村经济》2007年第4期。

[③] 方修琦、殷培红：《弹性、脆弱性和适应——IHDP三个核心概念综述》，《地理科学进展》2007年第5期。

三 返贫阻断的理论构建

基于多维贫困理论，借鉴可持续生计分析框架，并结合风险管理的方法，综合宏观和微观两大视角，从风险识别、返贫预警和保障措施三个方面构建返贫风险的理论分析框架，从风险角度阐释返贫现象发生的一般逻辑。

以致贫因子的产生为分割线，即返贫风险从一个可能性的概念演变为事实性的物体，将整个过程划分为返贫风险发生前和返贫风险发生后。其中，返贫风险发生前为风险识别阶段，返贫风险发生后包括风险预警阶段和风险阻断的保障阶段。

（一）风险识别

第一阶段为风险发生前的风险识别阶段。返贫风险的类型多样、复杂多变，有来自社会环境和自然环境的外部因素，也有来自家庭和个人自身状况的内部因素。致贫因子是事实化的返贫风险，具有一定的破坏性，被冲击对象既是环境，也包含环境中的人。基于对返贫风险的基本认识，并结合具体实际，建立科学的返贫风险防控机制。

在这一阶段，返贫风险防控机制的作用主要体现在两方面：一方面，可以对返贫风险进行动态监测，有效减少返贫风险发生的概率，防止返贫风险演变为致贫因子；另一方面，需要不断更新对返贫风险的认知，及时优化管理组织体系，提高返贫风险防控机制的适用性。返贫风险预防工作主要有两点：一是返贫风险的预警，降低风险发生的概率；二是风险环境的改善，提高风险抵御的能力。

（二）返贫预警

第二阶段为风险发生后的返贫预警阶段。当返贫风险防控机制未能阻止返贫风险转化为致贫因子，且未能及时阻断致贫因子时，致贫因子会对区域内的环境以及困难群体造成一定的破坏性冲击。困难群体会自发或不自发地抵御风险冲击，两种力量相向的结果有两种：一是若困难群体抵抗住了致贫因子的冲击，则不会返贫；二是若困难群体抵抗不住致贫因子的冲击，就会发生返贫现象。此外，致贫因子可能还会对区域环境直接造成破坏，这是致贫因子产生的直接影响。加深被冲击对象的脆弱程度是致贫因子带来的间接影响。

生计脆弱性可以衡量被冲击对象的抵御能力和恢复能力。被冲击对象脆弱程度的加深会严重影响区域的可持续发展，一方面会增加区域的风险暴露程度，另一方面会削弱区域的风险抵御能力和恢复能力，进一步增大致贫因子的危害性。

因此，在风险发生后，返贫风险防控机制的作用主要有三点：一是阻断致贫因子，降低致贫因子的危害性和影响范围；二是采取针对性的脱贫措施，帮助返贫群体摆脱贫困状态，并对困难群体进行动态监测；三是风险区域的短期修复和长期恢复工作，降低区域整体的脆弱性。

（三）保障措施

为巩固长效减贫的效果，防止返贫现象的发展，切实实现乡村振兴战略，应从返贫的根源——风险和生计脆弱性入手，通过风险识别和防控降低风险发生的概率，通过丰富困难群体的生计策略提升其抗风险能力和生计韧性，通过返贫阻断组织机构的建设提升职能部门的风险管理能力，实现返贫阻断与乡村振兴战略的有机衔接。

第三章

政策演进与实践进展：
旅游扶贫政策回顾

第一节　区域概况

鄂西山区在地理空间上涵盖了鄂西南的武陵山区和鄂西北的秦巴山区①，具体包括恩施土家族苗族自治州（以下简称恩施州）的恩施市、利川市、建始县、巴东县、咸丰县、宣恩县、来凤县、鹤峰县，宜昌市的秭归县、长阳土家族自治县、五峰土家族自治县，神农架林区，十堰市的郧阳区、郧西县、竹山县、竹溪县、房县、丹江口市，以及襄阳市的保康县。

鄂西山区兼具山地民族地区和集中连片特困地区的双重属性，扶贫脱贫任务任重道远。仅恩施州就有72个国家乡村旅游扶贫重点村，占湖北省总数的29.63%，遍布恩施州下辖的8个市县。② 鄂西山区贫困人口众多，脆弱性特征明显，脱贫攻坚任务艰巨。但同时该地区自然资源独特，少数民族文化丰富，旅游及关联产业发展潜力巨大，参与旅游成为贫困农户的重要生计选择。鄂西山区既是湖北省旅游扶贫的重点区域，也是湖北省生态旅游、土苗民族风情旅游发展和旅游扶贫工作的典

---

① 杨芳等：《鄂西山区绿色农产品产业化开发探讨》，《中国人口·资源与环境》2010年第S1期。

② 谢双玉等：《贫困与非贫困户旅游扶贫政策绩效感知差异研究——以恩施为例》，《旅游学刊》2020年第2期。

型示范区。

基于此,本书选择鄂西山区作为研究区域,以乡村旅游扶贫重点村为案例地,将有助于深入理解深度贫困地区旅游扶贫的成效,科学识别返贫风险的典型性。

第二节 区域贫困特征

鄂西山区属于我国集中连片特困地区,是湖北省扶贫攻坚的重点区域,区域贫困特征极为显著,主要体现在如下方面:

一 自然灾害易发,承载能力有限

鄂西山区以低山丘陵为主,河谷切割较深,地形地貌条件复杂,地层岩性较为脆弱。此外,由于鄂西山区位于亚热带气候区,年平均降雨量较大,所以自然灾害扰动频繁,易发生滑坡、崩塌、泥石流等自然灾害,属于地质灾害重发区。[①] 部分地区水土流失严重,可耕作的土地面积较少,以恩施州为例,全州人均耕地面积仅为 1.03 亩/人,相当于全国平均水平的 76%。在脆弱的生态环境下,区域环境承载能力有限,经济发展和环境保护之间的矛盾较为突出。

图 3-1 鄂西山区某村被雨水浸泡的蔬菜大棚

资料来源:课题组 2021 年摄。

[①] 张玉等:《湖北省地质灾害发育环境和防治区划现状研究》,《灾害学》2018 年第 3 期。

二　市场主体薄弱，产业结构欠优

鄂西山区区域经济发展水平较低，核心竞争力较弱。鄂西山区各县市已经依托自身资源禀赋初步形成一批特色产业，但这些特色产业的市场化程度和产业集聚程度较低，产业配套不齐全，产业链条不完整，缺乏具有明显区域代表性的龙头企业。由于缺乏有针对性的市场引导和信息服务，生产和市场的对接不够，造成一些优质的特色产品市场知名度很低。

图 3-2　鄂西山区某村的茶叶加工车间及商店

资料来源：课题组 2021 年摄。

三　基础设施建设滞后，对外开放程度低

鄂西山区长期受边缘区位和自然条件的限制，交通设施发展滞后。在调研中发现，山区地广人稀，农户居住非常分散，很多偏远村镇到县城需要三四个小时的车程，公共服务的可达性差。农村饮水问题也比较严重，调研的大多数村庄都没有通自来水，很多高山村庄普遍存在靠天吃水的现象，极具安全隐患。此外，鄂西山区教育、卫生、文化、体育等公共事业的软硬件建设也严重滞后，无法满足居民的需要。

四　贫困面大，贫困程度深

鄂西山区的贫困人口大多居住在自然条件恶劣的深山区，改善生存与发展条件的成本较高，致贫原因复杂，劳动力受教育程度低，自身发展能力有限，减贫任务繁重，减贫成本高。调研中发现，农户的生活习惯和生活方式也增加了潜在致贫风险。例如，鄂西山区的传统民居多为木质结构，很多农户即使修建了砖石结构的新屋，也会将老屋的木质窗棂保留下来继续使用，这样的房屋结构非常容易引发火灾，对人身和财产安全的威胁较大，在调研中也采访到了因火灾致贫的农户。

图 3-3　鄂西山区木质结构的民居

资料来源：课题组 2021 年摄。

第三节　区域旅游开发基础

鄂西山区自然资源丰富，民族文化资源独具特色，具有良好的资源禀赋，在政府、社会等多方力量的积极推动下，旅游及关联产业发展迅速，有助于探索一条区别于传统城镇化和工业化发展的新路。

一　生物种类多样，物种资源独特

鄂西山区地处南北气候过渡区域和中西部生态走廊，复杂的自然环境和区位条件造就了鄂西山区丰富的物种资源。鄂西山区生物物种多样化突出，神农架是全球中纬度地区中唯一一块保存完好的原始森林，号称"华中动植物基因库"。据统计,鄂西山区共有野生植物2500余种,脊椎动物350余种,蕨菜、山药、香椿等山野菜300余种。① 此外,还有极为稀少的莼菜、葛仙米、坝漆等特种植物,以及天麻、党参、银杏等名贵中药材。

图3-4 利川市的莼菜田

资料来源:课题组2021年摄。

二 山水生态资源丰富,自然景观优美

鄂西山区江河径流资源充沛,山水生态旅游资源丰富,自然景观优美,形成了大量具有区域代表性的自然景区。例如,雄美壮观的长江三峡、号称"华中屋脊"的神农架、如山水画廊般的清江等。鄂西山区还囊括了湖北省90%的国家自然保护区、64%的国家森林公园和75%的国家地质公园,旅游发展潜力巨大。

三 民族文化独具特色,民俗风情浓郁

鄂西山区少数民族众多,在漫长的历史过程中,各民族和谐共存,融合发展,形成了以土家族文化、苗族文化、侗族文化等少数民族文化为特色的地域文化,少数民族的民俗民居、民族歌舞具有独特的吸引力。

---

① 徐辉:《鄂西山区产业结构调整与特色经济发展研究——以湖北省恩施州为例》,《湖北农业科学》2011年第20期。

第三章 | 政策演进与实践进展：旅游扶贫政策回顾

图 3-5 长江三峡

资料来源：课题组 2021 年摄。

相对闭塞的区位条件也使一些文化形态和文化资源得以保存下来，鄂西山区的非物质文化遗存非常丰富，如鄂西山区内的古人类长阳人遗址、屈家岭文化遗址、随州炎帝庙、秭归屈原故里等资源具有不可替代的历史价值，还拥有武当山古建筑群、明显陵等世界文化遗产。

图 3-6 鄂西山区某企业家的私人收藏品

资料来源：课题组 2021 年摄。

四 旅游产业初具规模，市场吸引力大

2008年，湖北省委、省政府整合旅游资源，提出全力打造宜昌、恩施、神农架等8个城市组成的"鄂西生态文化旅游圈"，对鄂西山区旅游经济发展产生了重大影响。

旅游业是恩施州重点打造的四大产业集群之一，文化旅游产业持续稳步健康发展。目前，恩施市、利川市已跻身国家全域旅游示范区，成功实现了4A级旅游景区的全域化打造。2019年全年，全州累计接待旅游人次超过7000万人次，累计旅游综合收入超过530亿元。截至2019年12月，全州共有三星级以上饭店48家，五星级农家乐14家，金宿级民宿3家，旅行社121家，A级旅游景区32家（其中4A级以上景区19家）。① 总体来看，恩施州的旅游产业规模虽然不及发达地区先进，但已经初步孕育了产业基础，在脱贫攻坚的战略背景下具有较大的发展潜力。

图3-7 宣恩县封口坝村的民宿

资料来源：课题组2021年摄。

---

① 恩施州统计局、国家统计局恩施州调查队：《2019年恩施州国民经济和社会发展统计公报》，湖北省统计局，http://tjj.hubei.gov.cn/tjsj/tjgb/ndtjgb/sztjgb/202005/P020200501328873722797.pdf。

第四节 区域旅游扶贫过程

湖北省围绕全面建成小康目标，扎实推进精准扶贫、精准脱贫，先后发布了《湖北省农村扶贫开发纲要（2011—2020年）》《关于全力推进精准扶贫精准脱贫的决定》《湖北省"十三五"产业精准扶贫规划（2016—2020年）》《湖北省脱贫攻坚规划（2016—2020年）》等重要文件，同时发布了《湖北省扶贫搬迁项目管理办法》《湖北省扶贫贴息贷款项目管理办法》《湖北省扶贫小额信贷贴息项目管理办法》等具体实施办法。"十二五"时期，湖北省旅游产业扶贫效果成效显著，共筹集农家乐创业扶持资金3.20亿元对农家乐经营户进行创业扶持，直接带动就业近40万人，农民人均年增收超过1800元，共带动42万人实现了脱贫致富，占全省脱贫人口的18.6%。[1] 在湖北省各项扶贫政策和措施的基础上，鄂西山区各县市也出台了一系列具体的扶贫政策方针，现以恩施土家族苗族自治州为例进行阐述。

2012年，按照省委、省政府的安排部署，恩施州委、恩施州人民政府着手编制了《恩施州清江流域综合利用规划（2011—2020年）》，以构建鄂西生态文化旅游圈大格局。2013年，恩施州扶贫办提出"突出抓好现代烟草、茶叶、畜牧、清洁能源、生态文化旅游、信息六大产业链建设，构筑健康的产业价值链、企业链、供应链和空间链，并且不断延伸、加长加粗、提质增效"。2012年3月21日，中共恩施州委、恩施州人民政府针对关于贯彻《湖北省农村扶贫开发纲要（2011—2020年）》提出了实施意见，提出以武陵山集中连片特困地区扶贫攻坚为契机，以增强扶贫对象自我发展能力为重点，坚持扶贫开发和农村低保有效衔接，坚持区域发展和扶贫到户同步推进，形成专项扶贫、行业扶贫、社会扶贫"三位一体"的大扶贫格局。其中，行业扶贫中的重要一环是旅游扶贫。

---

[1] 湖北省农业农村厅：《湖北省"十三五"产业精准扶贫规划（2016—2020年）》，湖北省农业农村厅，http://nyt.hubei.gov.cn/bmdt/ztzl/wqzt/sswgh/201910/t20191029_105840.shtml。

《恩施州扶贫开发"十二五"规划（2011—2015年）》也指出，扶贫的工作重点之一是产业扶贫，开展旅游扶贫是扶贫工作的重要组成部分。围绕建设鄂西生态文化旅游圈的核心板块和全国知名的生态文化旅游目的地，重点扶持一批以州城为中心，以北线清江山水画廊、南线民族风情走廊为两翼的自然风景观光旅游、民俗文化体验旅游、休闲度假旅游、激情探险旅游、生态农业旅游等专题旅游，促进旅游业和相关服务业又好又快发展。

为了保障精准脱贫工作的有效推进，贯彻落实国家部署和要求，恩施州从2014年开始，组织动员全州扶贫干部开展结对联系整村推进重点贫困村活动，实现"一次规划、二年实施、三年验收"。

2016年，恩施州政府发布《恩施州人民政府关于发展乡村旅游促进旅游扶贫工作的意见》，提出充分利用恩施州乡村旅游资源优势，着力建设集观光农业、休闲度假、乡土风情、民俗文化、生态景观于一体的乡村旅游发展体系，推动产业结构调整，促进农民增收，助推国家全域旅游示范区建设，加快全州精准扶贫竞进小康步伐。

2016年10月14日，州扶贫办发布了《恩施州人民政府关于发展乡村旅游促进旅游扶贫工作的意见》解读，提出"让乡村旅游成为精准扶贫重要产业"。该文件明确了全州发展乡村旅游促进旅游扶贫的方向，即转变发展方式，创新体制机制，促进产业融合，完善乡村旅游基础设施和服务体系，优化乡村旅游发展环境，做大做强乡村旅游产业，提升乡村旅游效益，努力把乡村旅游打造成为精准扶贫竞进小康的重要产业、全域旅游示范区的重要支撑、旅游业转型升级的重要途径。

两份文件明确提出了恩施州发展乡村旅游促进旅游扶贫工作的发展目标。到2020年，建设4个以上全国休闲农业与乡村旅游示范县（示范点）、5个以上湖北旅游名镇、20个以上湖北旅游名村、20个以上湖北省休闲农业示范点、30个以上湖北省休闲农业与乡村旅游产业扶贫示范区，形成特色旅游小镇、乡村旅游度假区、专业旅游特色村共同发展的乡村旅游发展格局，全州乡村旅游接待国内游客达到2000万人次，乡村旅游收入突破100亿元，带动100个重点贫困村15万农民脱贫致富。

文件也提出了旅游扶贫的重点内容，即遵循"政府引导、市场主体、环保优先、绿色发展，彰显特色、多元并存，融合发展、协调推进，以人为本、惠民利民"的原则，充分利用恩施州乡村旅游资源优势，着力建设集观光农业、休闲度假、乡土风情、民俗文化、生态景观于一体的乡村旅游发展体系，推动产业结构调整，促进农民增收，助推国家全域旅游示范区建设，加快全州精准扶贫竞进小康步伐。

恩施州扶贫办在工作总结中多次提到了旅游扶贫的经验。2014年年度总结中提出，大力发展贫困村旅游扶贫，对纳入旅游扶贫试点的贫困村，实施整村推进和多方支持，完善基础设施项目、开发乡村旅游富民项目、培训旅游扶贫带头人，通过发展旅游实现脱贫致富，为全面开展旅游扶贫工作提供可借鉴的经验。2015年，恩施州扶贫办在总结报告提到扶贫工作中的攻坚手段，指出"围绕电商扶贫、旅游扶贫、金融扶贫等新兴扶贫手段做了一系列文章，得到上级领导的充分肯定"。旅游扶贫作为产业扶贫的重要组成部分，与特色农业等产业一起，成为恩施州政府扶贫攻坚的有效举措。

在一系列扶贫配套政策的实施下，恩施州精准扶贫成果丰硕。2011年，全年累计减少贫困人口10万人，全州扶贫开发工作各项目标任务全面或超额完成。2012年，恩施州大力开展产业化扶贫，扶持建设特色产业基地10万亩，累计减少贫困人口10万人。2013年，全年共投入财政扶贫资金3.52亿元，减少贫困人口15万人。2014年，恩施州全年投入财政扶贫资金3.30亿元，预计减少贫困人口15万人，贫困人口人均纯收入增长12%以上。2015年，恩施州全年减少贫困人口25.60万人，全州脱贫攻坚工程更上新台阶，加快了"与全省同步小康"步伐。"十二五"时期，恩施州深入贯彻落实中央、省精准扶贫战略部署，全面夯实脱贫攻坚责任，扶贫工作取得重大进展。

2021年的恩施州政府工作报告回顾了"十三五"时期恩施州的旅游扶贫工作，报告指出："旅游+扶贫"的恩施经验在全国得到了推广，全州已经解决绝对贫困和区域性整体贫困这一历史性问题，实现109万贫困人口脱贫，729个贫困村出列，8市县全部达到贫困县的退出标准和条件。同时，报告还指出，在"十四五"时期，恩施州将加快文化旅游产业的复苏，持续巩固拓展脱贫攻坚成果与乡村振兴有效衔接，推动恩施州文化旅游产业高质量发展。

第四章

扶贫绩效与经验总结：
旅游扶贫开发的影响

第一节 数据来源

鄂西山区的脱贫攻坚经验为深度贫困地区利用自身资源实现旅游减贫提供了成功的范本。恩施州地处湖北省西南部，是湖北省唯一的少数民族自治州。恩施州下辖恩施市、利川市、建始县、巴东县、宣恩县、咸丰县、来凤县、鹤峰县8个县（市），全州共有88个乡、镇、街道办事处。

恩施州贫困人口多、涉及面广、贫困程度深，脱贫攻坚任务艰巨[1]，是鄂西山区扶贫攻坚的重点区域。截至2019年年底，尚有贫困人口7981人，贫困发生率0.23%。[2] 但是，恩施州的自然旅游资源独具特色，少数民族占总人口的54.67%，民族风情浓郁，发展旅游业的资源优势十分明显。在国家发展与改革委员会等7部委2014年公布的两批乡村旅游扶贫重点村中，恩施州有72个，占湖北省总数的29.63%，遍布恩施州下辖的8个市县。

---

[1] 谢双玉等：《贫困与非贫困户旅游扶贫政策绩效感知差异研究——以恩施为例》，《旅游学刊》2020年第2期。

[2] 万锐、牟凡：《深山斩穷根，幸福花满树——恩施州脱贫攻坚工作综述》，《恩施日报》，http://szb.enshi.cn/esrb/content/202010/17/content_41224.html。

一 调研区域的选取

与鄂西山区的其他地区相比,恩施州的地理区位更偏僻、民族文化更丰富、交通条件更不便、社会经济发展更落后,因此,选择恩施州的乡村旅游扶贫重点村作为鄂西山区旅游扶贫研究的案例地极具代表性和典型性。基于科学性、便利性原则,从《关于实施乡村旅游富民工程推进旅游扶贫工作的通知》公布的恩施州乡村旅游扶贫重点村中遴选交通可达性相对较好的 18 个村,后在调研过程中经各县市旅游局工作人员的推荐,增补了 4 个旅游发展潜力较大或旅游发展较成熟的非乡村旅游扶贫重点村,即宣恩县的洗草坝村和野椒园村、来凤县的仙佛寺村、鹤峰县的岩门村。[①] 最终调研的扶贫村共计 22 个,分别分布在宣恩县、鹤峰县、来凤县和咸丰县。

上述扶贫村整体上大多处于旅游发展的初期阶段,只有坪坝营村、仙佛寺村、伍家台村、石桥村和黄柏村等村落的旅游发展情况稍好,拥有 4A 级及以上景区。从村落类型来看,这些扶贫村处于不同的地理区位,有的接近县城,交通便利,有的位于深山,出行较为不便;它们的自然地理特征和旅游资源类型也不同,有峡谷风光(如鹤峰县屏山村和董家河村、来凤县的鱼塘村)、古村落景观(如宣恩县的庆阳坝村、两河口村和野椒园村)、特色民居(如咸丰县的麻柳溪村)、民族文化(如来凤县舍米湖村的摆手舞)、土司文化(如鹤峰县的屏山村、南村村)、宗教文化(如来凤县仙佛寺村)、观光农业(如宣恩县伍家台村)等,从而确保了样本的多样性和代表性。

二 调查问卷和访谈提纲的设计

案例地的实地调研采取问卷调查和半结构式访谈相结合的方式进行。

问卷包括受访者基本信息、旅游扶贫开展情况、旅游发展情况、旅游发展的影响和可能遭遇的风险等内容。调查问卷包括 5 个部分(见附录):一是被调查居民的基本信息,包括性别、年龄、民族、受教育程度、家庭规模、主要收入来源、家庭年收入等;二是关于居民对当地政府开展扶贫工作的感知,扶贫工作涉及扶持生产和就业、移民搬迁安

---

① 韩磊等:《恩施州旅游扶贫村居民的旅游影响感知差异》,《资源科学》2019 年第 2 期。

置、落实低保政策、开展医疗救助扶持、开展助学启智活动（开办幼儿园、资助贫困学生、改善学生伙食等）、投入财政扶贫资金、对口帮扶（如"千企帮千村"）、生态补偿（如"退耕还林"）和整村推进规划共9项非旅游类扶贫政策，以及制定旅游发展规划、投资进行旅游宣传、指导旅游开发（项目、宣传）、补助旅游服务项目、开展旅游服务培训和招商引资发展旅游共6项旅游扶贫政策；三是关于居民对当地旅游发展情况的感知；四是居民对旅游扶贫效应的感知，共有关于经济效应、社会效应、人口素质效应和生态环境效应等方面的24个题项；五是关于生计脆弱性的题项。这些题项都借鉴了已有文献，并考虑了研究区和调研对象的特点，以客观反映受访农户对旅游扶贫的感知和生计脆弱性水平。

问卷采用李克特5点量表询问受访者对旅游扶贫政策绩效、生计脆弱性的感知，根据统计研究的需要，为选项"开展得很好""力度很大""非常同意"或"有很大影响"赋值5，以此类推，最终为选项"完全没有开展""没有任何举措""完全不同意"或"完全没影响"赋值1。此外，为了科学区分出样本中的贫困户和非贫困户，还设计了"您的家庭最近从政府领取了哪些生活补贴""您的家庭以前从政府领取过哪些生活补贴"两个问题。

最后，还根据研究需要和研究区域情况设计了访谈提纲（见附录），了解旅游扶贫政策的实施情况、效果以及可能存在的问题。

三　调查实施

实地调研共分预调研、正式调研、补充调研三个阶段展开。

（一）预调研

2017年4月21—27日，调研组前往恩施市沐抚办事处营上村、龙凤镇龙马村、盛家坝乡二官寨村和高拱桥村开展预调研，并根据调研情况调整了问卷和访谈提纲，进一步明确了正式调研的扶贫村。

预调研共获取调查问卷114份，访谈村干部等5人次，由于正式调研时对问卷进行了较大幅度的修改，因此，这部分的问卷未纳入最后的统计分析。

（二）正式调研

2017年6月28日至7月13日为正式调研阶段，调研组一行8人深入各样本村进行问卷调研和访谈。

其中,6名调研员随机入户开展面对面交谈式问卷调查(见附录),在征得居民同意后完成问卷的填写,并当场收回问卷,以确保问卷的填写质量和回收率;2名调研员对村干部、县市级旅游主管部门工作人员、乡镇政府工作人员、旅游企业工作人员和村民进行半结构式访谈,了解各扶贫村社会经济概况、旅游发展情况和旅游扶贫的整体情况(见附录)。

调研组在每个样本村的调研时间约为半天,每个调研员需在每个村完成对5—6户居民的问卷调查。最后共回收调查问卷555份(见表4-1),剔除回答无效的问卷后,最终的有效问卷共计547份,有效问卷率为98.56%;累计访谈43人次,获取访谈数据3.8万余字。

表4-1　　　　　　　调研村基本信息及抽样情况

县市	乡镇	调研村	总户数(户)	调查户数(户)	占总户数比例(%)	有效样本数(户)	有效样本占比(%)
宣恩县	万寨乡	伍家台村	556	36	6.47	34	6.22
	椒园镇	庆阳坝村	459	30	6.54	30	5.48
	椒园镇	水田坝村	696	31	4.45	30	4.31
	椒园镇	洗草坝村	168	24	14.29	24	4.39
	晓关镇	野椒园村	197	18	9.14	17	3.11
	沙道沟镇	两河口村	404	31	7.67	31	5.67
咸丰县	高乐山镇	白地坪村	250	25	10.00	25	4.57
	中堡镇	板桥村	470	24	5.11	24	4.39
	黄金洞乡	麻柳溪村	—	20	—	19	3.47
	坪坝营镇	坪坝营村	140	23	16.43	23	4.20
鹤峰县	中营镇	大路坪村	63	23	36.51	23	4.20
	下坪乡	东洲村	465	37	7.96	36	6.58
	燕子乡	董家河村	203	23	11.33	23	4.20
	五里乡	南村村	265	24	9.06	24	4.39
	容美镇	屏山村	365	18	4.93	18	3.29
	下坪乡	岩门村	198	13	6.57	13	2.38
	走马镇	升子村	455	23	5.05	23	4.20

续表

县市	乡镇	调研村	总户数（户）	调查户数（户）	占总户数比例（％）	有效样本数（户）	有效样本占比（％）
来凤县	三胡乡	黄柏村	444	33	7.43	33	6.04
	百福司镇	舍米湖村	109	24	22.02	24	4.39
	三胡乡	石桥村	357	27	7.56	27	4.94
	翔凤镇	仙佛寺村	498	22	4.42	21	3.84
	漫水乡	鱼塘村	674	26	3.86	25	4.57
合计				555		547	100

（三）补充调研

为了跟踪脱贫攻坚战胜利后鄂西山区旅游地农户生计的变化以及旅游扶贫政策的延续情况，课题组于 2021 年 7 月 10—20 日对恩施州恩施市、利川市、宣恩县和建始县的 19 个样本村进行了补充调研，以深入了解脱贫攻坚战后旅游扶贫和乡村振兴的衔接情况。调研形式仍是问卷调查以及半结构式访谈，内容包括农户脱贫情况、旅游业发展情况，以及可能存在的返贫风险等。本次补充调研共完成调查问卷 456 份，其中有效问卷 432 份，有效率 94.74％；累计访谈村民、村干部、旅游企业负责人 213 人次，获取访谈文本 39.37 万字。由于补充调研是在正式调研上的延伸，调研内容已经发生了很大变化，因此数据分析部分仍以正式调研为主，补充调研获取的数据作为佐证。

四 样本基本信息

问卷调查的人口特征分析如下：调研样本中的男女比例为 46.98∶52.29，女性略多于男性，性别比例大致平衡；受教育程度以初中及以下学历居多（82.45％）；年龄分布集中在 41 岁以上的中老年人口（77.33％），关于受教育水平和年龄的分布符合中国农村留守老人居多的现状；家庭年收入以 1 万—5 万元居多；家庭平均人数 4—5 人；民族分布中土家族占绝对多数（72.40％），其次为汉族（14.44％）。可见，样本已基本涵盖了案例地的各类人口，对于集中连片特困地区的山地民族社区而言具有较强的代表性。

表 4-2　　　　　　　　　　调研样本基本信息

项目	类型	人数（人）	百分比（%）
性别	男性	257	46.98
	女性	286	52.29
	缺省值	4	0.73
年龄（岁）	≤18	14	2.56
	19—25	29	5.30
	26—40	81	14.81
	41—60	245	44.79
	≥61	178	32.54
民族	汉族	79	14.44
	土家族	396	72.40
	苗族	37	6.76
	其他	35	6.40
文化程度	小学及以下	264	48.26
	初中	187	34.19
	高中	59	10.79
	中专	13	2.38
	大专	9	1.64
	本科及以上	13	2.38
	缺省值	2	0.36
家庭年收入（元）	≤10000	135	24.68
	10001—50000	263	48.08
	50001—100000	104	19.01
	>100000	27	4.94
	缺省值	18	3.29
收入来源（多选）	务农	329	60.81
	旅游相关服务业	117	21.63
	其他	265	48.45
家庭规模	平均人数	4.69	—
家中女性人数	平均人数	2.2	—
参与旅游年收入	平均收入（元）	6389	—

具体而言，女性比例在0.41—0.60的受访家庭占41.90%。女性在整个社会中处于弱势地位，在经济水平和思想观念相对落后的农村地区更是如此，女性人口在家庭中的比例越高，其对风险的敏感性也越高。

有近50%的受访者家庭需要抚养1—2名家庭成员，在需要抚养的家庭成员中，以高中以下学生和老人居多。根据需要抚养人口的比例，受访者的家庭负担主要来自抚养未成年人的压力（71.43%），其次是赡养老人（42.86%），残障人口在家庭成员中的比例最低（2.20%）。

与受访农户中留守老人比例较高相对应的是恩施州贫困地区受教育水平的低下，有48.26%的受访者为小学及以下文化程度，未接受完整的九年制义务教育；初中文化程度的比例为34.19%。初中及以下文化程度者高达82.45%，高素质人口严重不足。

恩施州是我国土家族和苗族的聚居区。调查数据显示，土家族在受访者中占72.40%，远远高于汉族（14.44%）和排名第二位的少数民族苗族（6.76%），其他的少数民族，如侗族、羌族和满族，共占6.40%，少数民族聚居形成了独特的区域文化。

第二节　旅游扶贫村概况

一　旅游扶贫村的空间分布

2014年11月，国家发展和改革委员会、国家旅游局、环境保护部、住房和城乡建设部、农业部、国家林业局和国务院扶贫办联合发布了《关于实施乡村旅游富民工程推进旅游扶贫工作的通知》，确定了乡村旅游扶贫重点村分省名单，恩施州旅游扶贫工作正式拉开帷幕。

恩施州各乡村旅游扶贫重点村充分发挥绿色生态资源和民族文化资源优势，率先创新"旅游+"扶贫模式，初步形成了优势景区依托型、生态农业依托型、民宿农家乐依托型、民族文化依托型等旅游扶贫模式，带动贫困人口走上富裕道路。

（一）在地理空间上呈凝聚型点状要素分布

恩施州乡村旅游扶贫重点村在宏观上以点状要素分布，除了来凤县和巴东县的乡村旅游扶贫重点村较少，其他各县均有较多的分布。

点状要素通常有均匀、随机和凝聚三种空间分布类型，可用最邻近指数进行判别。运用 ArcGIS10.0 工具进行测算，得出最邻近比率为 0.83，z 得分小于 1。也就是说，随机产生此聚类模式的可能性小于 1%，重点村在地理空间上呈现凝聚型分布状态。使用 Voronoi 多边形面积的变异系数进一步检验以上结果，发现这些重点村得出的多边形的平均面积在 0.74，标准差为 1.13，进一步验证这些重点村的空间分布为凝聚型状态，这些重点村在空间上具有一定的空间关联性和资源共享性。

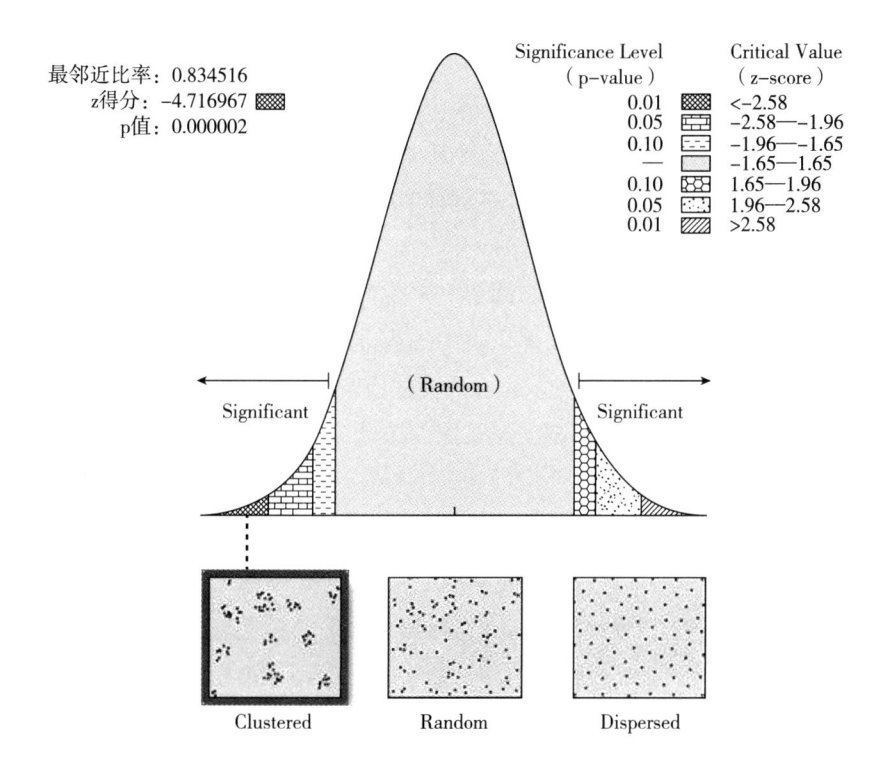

图 4-1　平均最邻近指数分布

（二）双核集聚的分布形态明显

通过旅游扶贫重点村的核密度分析可见，重点村呈现双核集聚的分布形态，两核中心位于建始县东北部和鹤峰县北部，两线连接处核密度值也较高。

除此之外,高值区呈现"三纵两横"的分布格局。其中,"三纵"分别为建始县东部至鹤峰县中部一带、恩施市西北部至宣恩县东北部一带、利川中部至咸丰县南部一带。"两横"主要是指沿与重庆市交界的利川—恩施市—建始县北部一带和咸丰县—宣恩北部—鹤峰北部一带。总体围绕沪汉蓉高铁两侧呈现"大集聚、小分散"的分布格局。

由于这些山区交通等基础设施较为落后,与外界的物质和能量交换较少,信息等资源获取较难,客观上阻碍了旅游扶贫村的经济社会发展;然而,正是由于这些区域大多可进入性较差,一定程度上也保护了该地区的旅游资源和生态环境,使这些地区的旅游资源品质更加优良,乡村生态环境更加优美,形成较强的旅游吸引力和卖点,助推旅游扶贫精准施策、精准推进、精准落地。[①] 从各县的重点村分布位置来看,基本高密度分布于各县的边缘和交界地带,以及交通要素并不发达的地区,这些地带多属于各县经济发展薄弱区,是区域物质能量交换的空心地带,经济欠发达,居民较为贫困。

二 旅游扶贫开发的制约因素——生计脆弱性

恩施州位于湖北省西南部,是中国内陆跨省交界地区面积最大、人口最多的少数民族聚居区之一。恩施州地形起伏大,河流切割强烈,降雨较丰沛,易发山洪,滑坡、泥石流等山地灾害分布广、频率高。恩施州的贫困现象主要表现为低位增长下的整体性贫困、生态脆弱下的慢性贫困,以及收入贫困与能力贫困交织等。区域自然条件的短板与社会经济发展发展滞后所折射出的生计脆弱性,成为造成恩施州经济发展缓慢和阻碍人口脱贫的重要因素。

在恩施州开展生计脆弱性评估有利于了解居民的不同脆弱性程度和成因,以对症下药、寻求降低脆弱性的方法,增强脆弱人群尤其是高脆弱性人群的适应能力和对风险的抵抗能力。近年来,在相关政策的支持下,恩施州旅游业发展方兴未艾,作为带动能力强、敏感性强的行业,旅游业的出现是否提升了农户的生计水平?对居民的生计脆弱性又会造

---

① 朱磊等:《中国旅游扶贫地空间分布格局及成因》,《中国人口·资源与环境》2016年第11期。

成怎样的影响？这些问题值得探究。

在旅游扶贫的背景下，结合可持续生计框架，采用"风险—生计资产—适应能力"三维度的生计脆弱性指标体系评价居民的生计脆弱性。运用 SPSS 中的主成分分析法确定各指标权重，并计算各受访居民的风险值、生计资产值、适应力值。接着通过生计脆弱性（LVI）公式"LVI = R － （L + A）"计算出具体的脆弱性水平。再运用 K - 均值聚类分析法将受访居民分为高、低脆弱性两类，最后通过独立样本 t 检验来探求不同生计脆弱性水平的居民在三个指标上的显著性差异，并找出对生计脆弱性具有显著影响的因素，从而提出具有针对性的扶贫对策与建议。

表 4 - 3　生计脆弱性评估指标体系的描述性统计分析和因子权重

因子层	要素层	指标层	因子权重	均值	标准差
风险	自然灾害	R1 极端灾害天气的影响感知	0.0091	-0.0508	1.0223
		R2 暴雨或融雪山洪的影响感知	0.0134	-0.0506	1.0244
		R3 泥石流、滑坡的影响感知	0.0165	-0.0409	1.0172
		R4 农作物病虫害的影响感知	0.0151	-0.0072	1.0246
	家庭变故	R5 家里有人生大病的影响感知	0.0167	0.0798	0.9603
		R6 发生流行性传染病的影响感知	0.0254	0.0197	0.9916
		R7 孩子上学的影响感知	0.0221	0.0008	1.0430
		R8 劳动力丧失劳动能力	0.0233	0.0487	0.9921
	环境变化	R9 环境污染严重的影响感知	0.0352	0.0022	1.0241
		R10 社会治安变差的影响感知	0.0374	0.0003	1.0213
		R11 旅游资源被破坏的影响感知	0.0351	0.0192	1.0325
	市场变化	R12 本村参与旅游经营的人越来越多的影响感知	0.0106	0.0778	1.0118
		R13 邻村旅游业快速发展的影响感知	0.0102	0.0745	1.0174
		R14 游客过多，产生拥挤现象的影响感知	0.0095	0.0744	1.0172
	政策变化	R15 扶贫政策终止的影响感知	0.0276	0.0594	1.0204
		R16 旅游扶贫政策终止的影响感知	0.0347	0.0835	1.0246

续表

因子层	要素层	指标层	因子权重	均值	标准差
生计资产	自然资产	L1 人均耕地面积	0.0074	-0.0490	0.8159
	人力资产	L2 抚养比	0.0064	-0.0630	0.8961
		L3 受教育程度	0.0132	0.0089	0.9715
	金融资产	L4 家庭人均年收入	0.0169	0.0365	0.9885
		L5 获得借贷的机会	0.0059	-0.0020	0.9990
	固定资产	L6 自有住房、家用汽车、农用机械、摩托车、牲畜	0.0241	0.0010	1.0072
	社会资产	L7 亲友是否有人是干部	0.0042	0.0154	1.0187
适应力	自适应	A1 生计活动种类	0.0067	-0.0363	0.9925
		A2 种植作物种类	0.0399	-0.0450	0.9513
	灾后自救	A3 自然灾害后家庭抉择	0.0651	0.0691	1.0355
		A4 家庭变故后家庭抉择	0.0716	0.0763	1.0245
		A5 环境变化后家庭抉择	0.1020	0.0391	1.0044
		A6 市场变化后家庭抉择	0.0989	0.0001	1.0163
		A7 政策变化后家庭抉择	0.1019	0.0379	1.0060
	政府救助	A8 最近一年是否领取过补贴	0.0937	-0.0954	1.1063

(一) 生计脆弱性的分类及分异

1. 生计脆弱性分类

通过 K-均值聚类分析法将居民分为高脆弱性和低脆弱性两类。总的来看，居民的生计脆弱性在 -3.1538—2.7963 的区间内，值越大，生计脆弱性越高。其中，低脆弱性居民有 319 户，占比为 68%，区间为 -3.1538—0.7340；高脆弱性居民有 147 户，占比为 32%，区间为 0.7361—2.7963。

2. 不同生计脆弱性居民的差异分析

根据独立样本 t 检验的结果，高脆弱性居民与低脆弱性居民对暴雨、泥石流等自然灾害的影响感知，在受教育程度、家庭人均年收入、固定资产、生计活动、灾后抉择等指标上存在显著性差异。

表4-4 两类家庭在风险、生计资产、适应能力维度上的指标比较

因子层	要素层	指标层	高脆弱性均值（标准差）	低脆弱性均值（标准差）	t检验
风险	自然灾害	R1 极端灾害天气的影响感知	-0.182（1.003）	0.084（0.989）	2.680*
		R2 暴雨或融雪山洪的影响感知	-0.249（0.973）	0.115（0.993）	3.692***
		R3 泥石流、滑坡的影响感知	-0.251（0.973）	0.116（1.002）	3.730***
		R4 农作物病虫害的影响感知	-0.108（0.993）	0.050（1.001）	1.59
	家庭变故	R5 家里有人生大病的影响感知	0.086（1.024）	-0.040（0.988）	-1.261
		R6 发生流行性传染病的影响感知	-0.115（1.147）	0.053（0.921）	1.69
		R7 孩子上学的影响感知	-0.125（1.102）	0.058（0.945）	1.842
		R8 劳动力丧失劳动能力	-0.015（1.128）	0.007（0.937）	0.223
	环境变化	R9 环境污染严重的影响感知	-0.161（1.018）	0.074（0.984）	2.372
		R10 社会治安变差的影响感知	-0.189（1.043）	0.088（0.968）	2.796**
		R11 旅游资源被破坏的影响感知	-0.106（0.985）	0.049（1.005）	1.554
	市场变化	R12 本村参与旅游经营的人越来越多的影响感知	0.146（0.946）	-0.067（1.018）	-2.141
		R13 邻村旅游业快速发展的影响感知	0.191（0.928）	-0.088（1.021）	-2.819**
		R14 游客过多，产生拥挤现象的影响感知	0.178（0.940）	-0.082（1.017）	-2.626*
	政策变化	R15 扶贫政策终止的影响感知	0.018（0.942）	-0.008（1.027）	-0.26
		R16 旅游扶贫政策终止的影响感知	-0.025（0.904）	0.011（1.043）	0.361

续表

因子层	要素层	指标层	高脆弱性 均值（标准差）	低脆弱性 均值（标准差）	t检验
生计资产	自然资产	L1 人均耕地面积	-0.110（0.438）	0.051（1.169）	1.617
	人力资产	L2 抚养比	-0.050（1.083）	0.023（0.961）	0.725
		L3 受教育程度	-0.260（0.803）	0.120（1.059）	3.868***
	金融资产	L4 家庭人均年收入	-0.333（0.481）	0.157（1.135）	5.009***
		L5 获得借贷的机会	-0.162（0.897）	0.071（1.035）	2.306
	固定资产	L6 自有住房、家用汽车、农用机械、摩托车、牲畜	-0.702（0.210）	0.324（1.053）	11.698***
	社会资产	L7 亲友是否有人是干部	-0.207（0.675）	0.094（1.105）	3.034**
适应力	自适应	A1 生计活动种类	-0.271（0.868）	0.125（1.033）	4.033***
		A2 种植作物种类	-0.127（0.833）	0.059（1.064）	1.87
	灾后自救	A3 自然灾害后家庭抉择	-0.367（0.776）	0.170（1.047）	5.495***
		A4 家庭变故后家庭抉择	-0.359（0.773）	0.169（1.050）	5.438***
		A5 环境变化后家庭抉择	-0.592（0.645）	0.296（1.015）	9.370***
		A6 市场变化后家庭抉择	-0.645（0.591）	0.317（1.008）	10.099***
		A7 政策变化后家庭抉择	-0.587（0.656）	0.305（1.012）	9.243***
	政府救助	A8 最近是否领取过补贴	-0.498（1.405）	0.230（0.623）	7.752***

注：***、**、*分别表示在0.01、0.05、0.10的显著性水平下显著。

（1）受教育程度。从两类家庭调查对象的受教育程度来看，低脆弱性家庭受采访者的文化水平在小学及以下的占四成，而高脆弱性家庭受采访者文化水平在小学及以下的占比高达六成。不仅如此，低脆弱性居民在初中及以上文化水平中占比也高于高脆弱性居民。人力资产既是家庭生存与发展的保障，又是决定其发展水平的重要因素，学历水平与家庭劳动力的质量息息相关，以小学及以下的文化水平为主的高脆弱性家庭，在生计方式、生计策略等方面都严重受限。

（2）生计活动种类。从两类居民的生计活动种类来看，低脆弱性家庭中，仅有一种生计活动的占五成多，剩下接近半数的家庭都有两种及以上生计方式；而高脆弱性家庭中仅有一种生计活动的占七成，有两种及以上生计方式的家庭占不到30%，在仅有的一种生计活动中，大部分都是从事传统的农牧业或者外出务工。生计活动种类的多样化可以增加居民家庭应对和抵御风险的能力以及整体适应力，而单一的生计活动，尤其是农牧业，则容易受到自然条件的影响，具有不稳定性，从而增加了农户的生计脆弱性。

（3）固定资产。在低脆弱性居民中，固定资产拥有量的赋值加总最高达15分，说明其所拥有的固定资产种类多，其中每户都有自有住房，有家用汽车的比例高达四成多。而高脆弱性家庭的固定资产设备赋值加总不高于6分，有家用汽车的居民不到2%，基本上没有柴油机、挖土机等农用机械设备。固定资产的持有水平极大影响了家庭生产生活的效率和创造财富的能力，拥有家用汽车也意味着有更多获取外界先进思想、生产方式的机会。

（4）应对风险的抉择。对受访居民应对风险的各种抉择赋值并求和，值越大代表其应对风险时的主动性越高，抵御能力越强，寻求的出路越多。通过统计可以发现，高脆弱性家庭在自然灾害后抉择、家庭变故后抉择、环境变化后抉择、市场变化后抉择、政策变化后抉择五个方面的差异具有共性，即值为1—4分的比例较大，超过半数。这意味着遭受风险后，高脆弱性家庭的首要抉择是等待政府补贴或亲友救济、靠存款维持生活等较为消极的应对方式，有能力靠自身力量应对风险的家庭较少。而低脆弱性居民中应对风险的赋值加总最高达12分，即他们遭遇风险后，主动抵御和适应的能力强、水平高，例如通过从事旅游经营、打工或种地等方式维持生计。由于受教育水平、生计方式和固定资产的支撑，低脆弱性家庭具有较强的抗风险能力，并有能力通过自救抵御风险；相反，高脆弱性居民的抗风险能力较低，主要通过亲友、政府等外界力量的支援才能从风险中恢复。

（二）旅游扶贫开发障碍探究

1. 民族文化特色鲜明，跨文化沟通存在障碍

恩施州是我国土家族和苗族的聚居区，少数民族聚集，文化差异显著。调查数据显示，土家族在受访者中占七成多，远远高于汉族和排名第二位的少数民族苗族，其他的少数民族，如侗族、羌族和满族，共占6%左右。

少数民族聚居形成了独特的区域文化，成为天然的资源禀赋优势，但是也带来了复杂的民族文化差异，在跨民族的文化沟通中易产生障碍。

2. 人口老龄化突出，高端人才匮乏

根据调研结果，恩施州居民的性别比例较为均衡，但是在年龄结构上表现出较明显的"老龄化"现象，大量青壮年外出务工，造成留守老人比例较高，贫困地区青壮年劳动力严重匮乏，直接导致旅游扶贫的持续动力不足。与受访居民中留守老人比例较高相对应的是恩施州乡村旅游扶贫重点村受教育水平低下，近半数受访者为小学及以下文化程度，未接受完整的九年制义务教育；初中及以下文化程度者超过八成，高素质人口严重不足。

由于恩施州地处鄂西南，区位条件较差，经济发展相对滞后，来自武汉市、宜昌市等周边经济发达地区的极化效应较为明显，突出表现在恩施州人力资源向周边地区的外溢现象。

3. 自然灾害、家庭变故、政策变动在不同程度上影响了贫困人口生计

（1）自然灾害相对较少，病虫害影响较大。恩施州地处由巫山山脉、武陵山脉和齐岳山脉组成的山地，三山环绕，阶梯状地貌发育特征显著。在各种自然灾害类型中，对贫困居民影响最大的是农作物病虫害，近六成的居民认为农作物病虫害对家庭有不同程度的影响。由于多数居民仍以务农为主，并以农牧业为主要收入来源，所以病虫害的发生较易造成居民生计的困顿。

（2）重大疾病威胁贫困人口生计。在所有风险类型中，家庭变故对贫困家庭的影响最大，近八成的受访者认为家庭变故对自己有不同程度的影响。扶贫先扶智，治穷先治愚，由于精准脱贫"五个一批"工程[①]中"发展教育脱贫一批项目"的贯彻落实，恩施州早在2015年已建立了1000万元贫困学生助学基金，11万名高中阶段贫困学生享受助学资助，7000名贫困大学生享受生源地信用助学贷款，基本实现了不让一个孩子因贫辍学的目标，极大地减轻了贫困家庭的负担，避免了由

---

① "五个一批"工程是国家为打通脱贫"最后一公里"提出的措施，包括发展生产脱贫一批、易地搬迁脱贫一批、生态补偿脱贫一批、发展教育脱贫一批、社会保障兜底一批。

于教育缺失所造成的返贫现象。恩施州因病、因残致贫的家庭有10.75万户、30.57万人，全州农村贫困人口中因病致贫的超过一半。虽然新型农村合作医疗的参合率已达98.9%，且恩施州已率先在全国民族贫困地区设立贫困群众大病救助基金，但在各类家庭变故中，重大疾病对居民生计的影响仍是最大，超过八成的居民认为大病对家庭生计有不同程度的影响。可见，非常有必要在贫困地区持续推广合作医疗制度，以及各种形式的医疗救助扶持项目。

（3）政策变动对贫困人口有不同程度影响。扶贫政策存在多种类型，对不同家庭和居民而言受益程度不一，政策变动对贫困人口有不同程度影响。多数受访者都认为扶贫政策的变动或终止会对家庭造成很大影响，有近七成的居民认为政策风险有影响，近三成的居民认为政策风险没有影响。其中，旅游扶贫政策的影响程度要略高于非旅游扶贫政策。上述数据说明，恩施州的旅游扶贫政策在一定程度上已经产生了减贫脱贫的效果，大多数居民感知到了扶贫政策的绩效，尤其是旅游扶贫政策的实惠，希望继续保持扶贫政策的稳定性。

三 扶贫政策实施情况

（一）政策知晓度

根据统计结果来看，恩施州扶贫政策在基层的宣传效果较好，知晓度高。受访的大部分农户（63.90%）了解扶贫政策的具体内容，"非常了解"的农户占12.15%，只有0.92%的农户对扶贫政策"很不了解"，13.63%的农户对政策"不了解"。这说明扶贫政策在恩施州的宣传效果较好，大多数受访者都对相关政策有不同程度的了解。[①]

表4-5　　　　　　　　　　恩施州扶贫政策知晓度

	很不了解	不了解	不知道	了解	很了解
频率	5	74	51	347	66
百分比（%）	0.92	13.63	9.39	63.90	12.15

---

① 由于调研对象不仅包括贫困农户，也包括非贫困农户，非贫困农户有可能因为未享受到具体的扶贫政策，所以在政策知晓度、政策覆盖面、政策实施力度、政策惠及程度等相关问题的回答中表示对扶贫政策"不了解"，或认为该项政策"未开展"、实施的"力度不大"，或认为该项政策对家庭"没帮助"，这些结果源自受访者自身认知的缺失，不能因此否定中国扶贫政策的真实成效。

(二) 政策覆盖面

根据统计结果来看,恩施州扶贫政策覆盖面较广,受访农户对各项具体扶贫政策的了解程度较高。平均49.27%的农户认为所在地开展了扶贫工作,6.17%的农户认为当地扶贫工作开展得很好,只有1.51%的受访者认为当地完全没有开展扶贫工作。

本书基于湖北省恩施州的相关政策文件,整理了15种现行扶贫政策。就具体扶贫政策的覆盖面而言,受访农户认为开展得最好的是医疗救助扶持,即新型农村合作医疗,简称"新农合"。"新农合"是我国2002年开始实施的以大病统筹为主的农民医疗互助共济制度,采取个人缴费、集体扶持和政府资助的方式筹集资金,早在2014年年底,新农合的参保人数已经达到了7.36亿人,参合率为98.9%,筹资总额3025.3亿元,人均筹资410.9元,基金支出2890.4亿元。新农合的出台减轻了广大农村居民在面对重大疾病时的后顾之忧,是值得肯定的民生工程,在恩施州扶贫政策中的覆盖面也最广。其次为低保政策,10.64%的受访者认为开展得很好,77.61%的受访者看到了它的开展情况。再次是恩施州的旅游宣传、进行生态补偿和开展助学启智活动等。受访农户认为开展情况最差的扶贫政策是补助旅游服务项目,仅1.66%的农户认为其"开展得很好"。

表4-6　　　　　　　恩施州扶贫政策覆盖面　　　　　　　单位:%

序号	扶贫政策	完全没开展	没开展	不知道	开展了	开展得很好
1	扶持生产和就业	1.29	24.82	17.83	50.18	5.88
2	移民搬迁安置	2.94	21.83	10.28	57.98	6.97
3	落实低保政策	0.37	2.75	8.62	77.61	10.64
4	开展医疗救助扶持	0.18	6.99	13.05	61.95	17.83
5	开展助学启智活动	2.39	18.53	17.43	53.94	7.71
6	投入财政扶贫资金	0.92	15.23	38.90	41.28	3.67
7	对口帮扶	2.75	20.00	34.13	39.82	3.30
8	进行生态补偿	0.73	10.64	6.42	73.94	8.26
9	整村推进规划	1.47	18.17	36.70	38.35	5.32
10	制订旅游发展规划	0.74	15.84	28.55	51.57	3.31
11	投资进行旅游宣传	0.74	13.63	20.44	55.06	10.13

续表

序号	扶贫政策	完全没开展	没开展	不知道	开展了	开展得很好
12	指导旅游开发	1.29	21.44	29.94	43.44	3.88
13	补助旅游服务项目	2.39	23.57	37.02	35.36	1.66
14	开展旅游服务培训	2.21	24.86	37.57	33.15	2.21
15	招商引资发展旅游	2.21	27.44	43.09	25.41	1.84
	平均	1.51	17.72	25.33	49.27	6.17

按照政策内容的不同将恩施州所有扶贫政策分为非旅游扶贫政策和旅游扶贫政策，其中，非旅游扶贫政策包括扶持生产和就业、移民搬迁安置、落实低保政策、开展医疗救助扶持、开展助学启智活动、投入财政扶贫资金、对口帮扶、进行生态补偿和整村推进规划9类，旅游扶贫政策包括制定旅游发展规划、投资进行旅游宣传、指导旅游开发、补助旅游服务项目、开展旅游服务培训和招商引资发展旅游6类。比较两类扶贫政策在恩施州的覆盖面，平均62.74%的受访农户看到了非旅游扶贫政策的开展，44.51%的农户认识到了旅游扶贫政策的开展。作为产业扶贫的形式之一，旅游扶贫工作依赖于特定的资源条件和市场基础，因此在基层的覆盖面不及非旅游扶贫政策。而新农合、低保等扶贫政策对实施条件的限制较少，因此覆盖面也较广。

表4-7　　　　　恩施州非旅游扶贫政策覆盖面　　　　　单位：%

序号	扶贫政策	完全没开展	没开展	不知道	开展了	开展得很好
1	扶持生产和就业	1.29	24.82	17.83	50.18	5.88
2	移民搬迁安置	2.94	21.83	10.28	57.98	6.97
3	落实低保政策	0.37	2.75	8.62	77.61	10.64
4	开展医疗救助扶持	0.18	6.99	13.05	61.95	17.83
5	开展助学启智活动	2.39	18.53	17.43	53.94	7.71
6	投入财政扶贫资金	0.92	15.23	38.90	41.28	3.67
7	对口帮扶	2.75	20.00	34.13	39.82	3.30
8	进行生态补偿	0.73	10.64	6.42	73.94	8.26
9	整村推进规划	1.47	18.17	36.70	38.35	5.32
	平均	1.45	15.44	20.37	55.01	7.73

表4-8　　　　　　　恩施州旅游扶贫政策覆盖面　　　　　　　单位:%

序号	扶贫政策	完全没开展	没开展	不知道	开展了	开展得很好
1	制订旅游发展规划	0.74	15.84	28.55	51.57	3.31
2	投资进行旅游宣传	0.74	13.63	20.44	55.06	10.13
3	指导旅游开发	1.29	21.44	29.94	43.44	3.88
4	补助旅游服务项目	2.39	23.57	37.02	35.36	1.66
5	开展旅游服务培训	2.21	24.86	37.57	33.15	2.21
6	招商引资发展旅游	2.21	27.44	43.09	25.41	1.84
	平均	1.60	21.13	32.77	40.67	3.84

（三）政策实施力度

虽然大多数扶贫政策都得以实施,但是政策实施力度存在较大差异。与政策覆盖面相一致,"开展医疗救助扶持"的政策实施力度也最大,43.65%的农户认为该政策实施"力度大",18.05%的受访者认为"力度很大"。其次是"进行生态补偿"和"落实低保政策",认为"进行生态补偿"政策实施"力度大"和"力度很大"的农户占54.15%,认为"落实低保政策"政策实施"力度大"和"力度很大"的农户占50.64%。根据调研结果,恩施州扶贫政策中实施力度最弱的是"招商引资发展旅游",12.15%的农户认为其实施力度大或很大。其次为"补助旅游服务项目"和"开展旅游服务培训",农户对其实施力度认可的比例分别为15.44%和19.12%。

表4-9　　　　　　　恩施州扶贫政策实施力度　　　　　　　单位:%

序号	扶贫政策	没有任何举措	力度不大	不知道	力度大	力度很大
1	扶持生产和就业	8.26	39.08	21.83	24.40	6.42
2	移民搬迁安置	8.99	38.17	19.45	27.52	5.87
3	落实低保政策	1.84	28.73	18.78	41.99	8.66
4	开展医疗救助扶持	1.84	20.44	16.02	43.65	18.05
5	开展助学启智活动	5.51	26.29	24.26	36.58	7.35
6	投入财政扶贫资金	4.78	31.99	40.81	19.85	2.57
7	对口帮扶	9.93	29.23	38.97	18.93	2.94

续表

序号	扶贫政策	没有任何举措	力度不大	不知道	力度大	力度很大
8	进行生态补偿	3.50	29.47	12.89	48.99	5.16
9	整村推进规划	5.51	31.43	37.32	20.96	4.78
10	制订旅游发展规划	4.78	31.43	33.27	27.21	3.31
11	投资进行旅游宣传	5.15	32.17	27.57	28.13	6.99
12	指导旅游开发	11.58	29.23	35.11	21.14	2.94
13	补助旅游服务项目	13.24	27.94	43.38	13.60	1.84
14	开展旅游服务培训	13.05	25.74	42.10	17.65	1.47
15	招商引资发展旅游	10.50	30.57	46.78	10.68	1.47
	平均	7.23	30.13	30.57	26.75	5.32

由于旅游扶贫政策的覆盖面不及非旅游扶贫政策，当地可能并未开展旅游扶贫，或宣传力度不够，或旅游扶贫不是当地扶贫政策的重点，因此从农户感知的角度而言，对实施力度的感知也很有可能低于实际力度。该观点可以从扶贫政策实施力度的集中趋势和离散趋势中得到印证。对于旅游扶贫政策而言，83.33%的扶贫政策的众数集中在3，即"不知道"，但离散系数分布在0.30—0.39，数据的离散程度低于非旅游扶贫政策。因此，旅游扶贫政策的覆盖面限制了农户对其实施力度的认知。

表4-10 恩施州扶贫政策实施力度的集中趋势和离散趋势

序号	扶贫政策	均值	众数	标准差	离散系数
1	扶持生产和就业	2.82	2	1.09	0.39
2	移民搬迁安置	2.83	2	1.11	0.39
3	落实低保政策	3.27	4	1.03	0.31
4	开展医疗救助扶持	3.56	4	1.06	0.30
5	开展助学启智活动	3.14	4	1.06	0.34
6	投入财政扶贫资金	2.83	3	0.89	0.31
7	对口帮扶	2.76	3	0.97	0.35
8	进行生态补偿	3.23	4	1.04	0.32
9	整村推进规划	2.88	3	0.96	0.33

续表

序号	扶贫政策	均值	众数	标准差	离散系数
10	制订旅游发展规划	2.93	3	0.95	0.32
11	投资进行旅游宣传	3.00	2	1.04	0.35
12	指导旅游开发	2.75	3	1.01	0.37
13	补助旅游服务项目	2.63	3	0.94	0.36
14	开展旅游服务培训	2.69	3	0.96	0.36
15	招商引资发展旅游	2.62	3	0.87	0.33

（四）政策惠及程度

关于 15 项扶贫政策对家庭的惠及程度，居民的感知也存在较大差异。政策惠及程度的众数集中为 2，即相关扶贫政策对本人及其家庭"没帮助"。只有"开展医疗救助扶持""进行生态补偿"两项扶贫政策的众数为 4，即相关扶贫政策对本人及其家庭"有帮助"。

在 15 项扶贫政策中，"进行生态补偿"和"开展医疗救助扶持"的惠及程度最高，分别有 61.10% 和 60.55% 的农户认为该政策对自己或家庭"有帮助"或"非常有帮助"。

在 6 项旅游扶贫政策中，惠及程度最高的是"投资进行旅游宣传"，26.42% 的受访农户认为旅游宣传活动使本人及家庭受益。其次为"制订旅游发展规划"和"指导旅游开发"，分别有 25.32% 和 18.53% 的农户从中受益。

表 4-11　　　　　　　　恩施州扶贫政策惠及程度　　　　　　　单位:%

序号	扶贫政策	完全没帮助	没帮助	不知道	有帮助	非常有帮助
1	扶持生产和就业	8.26	51.74	10.28	23.85	5.87
2	移民搬迁安置	12.29	64.95	6.24	13.39	3.12
3	落实低保政策	10.28	61.65	4.22	19.27	4.59
4	开展医疗救助扶持	4.40	31.56	3.49	48.99	11.56
5	开展助学启智活动	8.62	49.54	9.54	26.42	5.87
6	投入财政扶贫资金	7.52	53.39	23.67	14.50	0.92
7	对口帮扶	9.54	56.88	20.37	11.93	1.28

续表

序号	扶贫政策	完全没帮助	没帮助	不知道	有帮助	非常有帮助
8	进行生态补偿	4.04	29.54	5.32	55.41	5.69
9	整村推进规划	6.61	46.24	22.20	22.57	2.39
10	制订旅游发展规划	7.16	49.17	18.35	23.12	2.20
11	投资进行旅游宣传	7.16	51.74	14.68	23.30	3.12
12	指导旅游开发	10.09	53.03	18.35	16.70	1.83
13	补助旅游服务项目	10.46	56.70	22.20	9.54	1.10
14	开展旅游服务培训	11.38	55.05	20.55	11.74	1.28
15	招商引资发展旅游	9.91	55.05	24.95	8.99	1.10
	平均	8.51	51.08	14.96	21.98	3.46

综上所述，从政策知晓度、政策覆盖面、政策实施力度和政策惠及程度等指标的绝对数值来看，似乎旅游扶贫政策的实施绩效不及非旅游扶贫政策，但是，在考量这些绝对数值时，必须考虑到旅游扶贫政策本身的实施情况，并不是所有的受访者都参与了旅游活动，他们对旅游扶贫政策的感知程度会受到影响，因此需要考察受访者对旅游扶贫绩效的感知差异。

四 旅游影响的居民感知

本部分主要研究扶贫村居民对旅游影响的感知及其内部差异，并根据旅游影响感知的不同对居民进行聚类分析。[①]

采用主成分分析法对关于居民旅游影响感知的各题项降维，得出旅游影响感知的维度，并采用均值法评价居民旅游影响感知各维度的总体水平。根据李克特量表等级评分平均值的一般标准，均值在1.0—2.4为反对、2.5—3.4为中立、3.5—5.0为赞成[②③④]，依据这个标准来评

[①] 韩磊等：《恩施州旅游扶贫村居民的旅游影响感知差异》，《资源科学》2019年第2期。

[②] 龙梅、张扬：《民族村寨社区参与旅游发展的扶贫效应研究》，《农业经济》2014年第5期。

[③] 蒋莉、黄静波：《罗霄山区旅游扶贫效应的居民感知与态度研究——以湖南汝城国家森林公园九龙江地区为例》，《地域研究与开发》2015年第4期。

[④] 李燕琴、刘莉萍：《民族村寨旅游扶贫的冲突演进与应对之策——以中俄边境村落室韦为例》，《西南民族大学学报》（人文社会科学版）2016年第10期。

价各维度感知的总体水平。

运用 PCI 分析法研究居民旅游影响感知的内部差异。PCI 一般用于测量组织中的潜在冲突，最早被用于野生动物的管理中[①]，后扩展至环境保护、生态旅游开发和游憩行为等相关研究。[②③] PCI 方法往往通过 5、7 或 9 点李克特量表分析特定群体对某一事件的不同看法，奇数区间可以保证受访者的观点围绕"既不同意也不反对"的中点分布。通过计算持不同观点的受访者比例可以反映样本内部差异的程度，计算公式如下：

$$\text{PCI} = \left[1 - \left| \frac{\sum_{i=1}^{n_a} |x_a|}{x_\tau} - \frac{\sum_{i=1}^{n_u} |x_u|}{x_\tau} \right| \right] \times \frac{x_\tau}{2} \qquad (4-1)$$

$$X_\tau = \sum_{i=1}^{n_a} |x_a| + \sum_{i=1}^{n_u} |x_u| \qquad (4-2)$$

式（4-1）、式（4-2）中，PCI 为潜在冲突指数；X_a、X_u 分别表示对持认同态度的受访者选择的 1 或 2、-1 或 -2；n_a、n_u 分别表示持认同态度、持反对态度的受访者数量；Z 表示可能的最大得分之和，在本书研究的李克特 5 点量表中，$Z = 2n$。

PCI 的取值分布在 0—1。当所有受访者都持相同态度，即选择相同选项时，PCI = 0，说明样本内部无差异；当持认同态度和持反对态度的受访者各占一半时，PCI = 1，说明样本内部的差异最大。

以居民旅游影响感知为依据，采用组内部平均联接的系统聚类法测量类与类之间的距离，实现对居民的分类。

（一）旅游影响感知的维度

具体而言，旅游扶贫的绩效评价可以理解为贫困地区居民对旅游开发的影响感知，借鉴前文构建的旅游扶贫绩效指标体系，并增加居民对本村旅游发展的感知，共同构成旅游影响感知的评价体系，见表 4-12。

---

① Michael Manfredo, et al., "The Potential for Conflict Index: A Graphic Approach to Practical Significance of Human Dimensions Research", *Human Dimensions of Wildlife*, Vol. 8, No. 3, 2003.

② 黄向、保继刚：《基于 PCI 的"中国生态旅游机会图谱"适用性评价》，《中山大学学报》（自然科学版）2009 年第 1 期。

③ Jerry J. Vaske, et al., "An Extension and Further Validation of the Potential for Conflict Index", *Leisure Sciences*, Vol. 32, No. 3, May 2010.

表 4-12 旅游影响感知的指标体系

目标层	要素层	指标层
旅游影响感知	旅游发展感知	T1 本村旅游发展比邻村快
		T2 来本村的游客越来越多
		T3 游客在本村的停留时间越来越长
		T4 游客在本村花的钱越来越多
		T5 越来越多村民参与旅游发展了
	旅游经济影响感知	E1 促进了地方经济发展
		E2 增加了就业机会
		E3 增加了居民个人收入
		E4 农产品比以前好卖了
		E5 造成了生活用品价格的上涨
		E6 造成了房租价格的上涨
	旅游社会影响感知	S1 改善了基础设施
		S2 提高了本村的知名度
		S3 促进了村民与外界的交流
		S4 保护了地方传统文化
		S5 加强了邻里间的联系和和谐关系
		S6 增加了黄、赌、毒等现象
		S7 使本地治安状况恶化
	旅游人口素质影响感知	P1 提高了居民素质
		P2 促进了从业者诚信经营
		P3 使村民更多关注当地发展决策了
		P4 使更多村民参与当地发展决策了
		P5 使更多村民参加了旅游服务技能培训
	旅游环境影响感知	H1 使村民自觉维护周边卫生环境了
		H2 促进了垃圾、污水处理设施的建设
		H3 促进了森林等自然生态环境的保护
		H4 破坏了当地的森林、河流等生态环境
		H5 使当地噪声增多了
		H6 引起村里垃圾、污水等环境污染加重

资料来源：韩磊等：《恩施州旅游扶贫村居民的旅游影响感知差异》，《资源科学》2019 年第 2 期。

先对居民旅游影响感知的题项进行主成分分析。剔除因子载荷小于 0.40 的 S4（保护了地方传统文化）、S5（加强了邻里间的联系和和谐关系）后，KMO 值为 0.859，Bartlett 球形度检验值为 6517.467（df = 351，P < 0.01），通过检验，表示该数据非常适合进行因子分析。以最大似然法萃取因素，以最大方差因素法旋转，萃取了 7 个特征值大于 1 的公因子，累计解释方差 64.51%，达到了社会科学对累计解释方差的要求。

公因子 F1 主要解释了题项 E3、E2、E1、E4，集中反映了旅游开发对经济的积极影响，故命名为"扶贫效益感知"；公因子 F2 主要解释了题项 H1、H3、H2、S2、P1 和 S1，这些题项主要反映了旅游发展对环境和社会的正面影响，因此命名为"环境—社会效益感知"；公因子 F3 主要解释了题项 P3、P4、P5 和 P2，这些题项主要反映了旅游发展对人口素质的积极影响，因此命名为"素质提升感知"；公因子 F4 主要解释了题项 T4、T2、T3、T1 和 T5，这些题项主要反映了居民对旅游发展的感知，因此命名为"旅游发展感知"；公因子 F5 主要解释了题项 H4、H6 和 H5，这些题项主要反映了旅游发展对生态环境的消极影响，因此命名为"环境成本感知"；公因子 F6 主要解释了题项 S7 和 S6，这些题项主要反映了旅游发展对社会环境的消极影响，因此命名为"社会成本感知"；公因子 F7 主要解释了题项 E5 和 E6，这些题项主要反映了旅游开发对经济发展的消极影响，因此命名为"经济成本感知"。这 7 个公因子所代表的感知维度是后续分析的基础，分别是 F1 扶贫效益感知、F2 环境—社会效益感知、F3 素质提升感知、F4 旅游发展感知、F5 环境成本感知、F6 社会成本感知和 F7 经济成本感知。

表 4 - 13　　　　　　　　因子分析旋转成分矩阵

题项	F1 扶贫效益感知	F2 环境—社会效益感知	F3 素质提升感知	F4 旅游发展感知	F5 环境成本感知	F6 社会成本感知	F7 经济成本感知
E3 增加了居民个人收入	0.832						
E2 增加了就业机会	0.819						
E1 促进了地方经济发展	0.773						

续表

题项	F1 扶贫效益感知	F2 环境—社会效益感知	F3 素质提升感知	F4 旅游发展感知	F5 环境成本感知	F6 社会成本感知	F7 经济成本感知
E4 农产品比以前好卖了	0.526						
S3 促进了村民与外界的交流	0.447						
H1 使村民自觉维护周边卫生环境了		0.777					
H3 促进了森林等自然环境的保护		0.726					
H2 促进了垃圾、污水处理设施建设		0.723					
S2 提高了本村的知名度		0.522					
P1 提高了居民素质		0.438					
S1 改善了基础设施		0.412					
P3 使村民更多关注当地发展决策了			0.834				
P4 使更多村民参与当地发展决策			0.829				
P5 使更多村民参加了旅游服务技能培训			0.737				
P2 促进了从业者诚信经营			0.505				
T4 游客在本村花的钱越来越多				0.769			
T2 来本村的游客越来越多				0.696			
T3 游客在本村的停留时间越来越长				0.66			
T1 本村旅游发展比邻村快				0.655			

续表

题项	F1 扶贫效益感知	F2 环境—社会效益感知	F3 素质提升感知	F4 旅游发展感知	F5 环境成本感知	F6 社会成本感知	F7 经济成本感知
T5 越来越多村民参与旅游发展了				0.568			
H4 破坏了当地的森林、河流等生态环境					0.803		
H6 引起村里垃圾、污水等环境污染加重					0.791		
H5 使当地噪声增多了					0.718		
S7 使本地治安状况恶化						0.872	
S6 增加了黄、赌、毒等现象						0.871	
E5 造成了生活用品价格的上涨							0.845
E6 造成了房租价格的上涨							0.811
特征值	3.18	2.96	2.73	2.69	2.22	1.9	1.74
解释变异量（%）	11.79	10.94	10.11	9.97	8.22	7.05	6.44
累计解释变异量（%）	11.79	22.73	32.84	42.81	51.03	58.07	64.51

资料来源：韩磊等：《恩施州旅游扶贫村居民的旅游影响感知差异》，《资源科学》2019年第2期。

（二）旅游影响感知的总体水平

分别计算7个感知维度所释题项的均值，得到每个被调查居民各感知维度的得分，再计算其平均值可得到旅游影响感知的总体水平。恩施州旅游扶贫村居民的扶贫效益、环境—社会效益、素质提升和旅游发展感知的平均值都大于0、小于1，表明他们认可旅游发展及其带来的积极影响，但认可度不高。其中，环境—社会效益感知的平均值为0.73，最高；旅游发展感知的平均值最低，只有0.01，表明这些旅游扶贫村的旅游发展处于初级阶段，还很不充分；扶贫效益感知的平均值为0.35，表明发展旅游的确起到了扶贫效果，但认可度还不高。居民的环境成本、社会成本和经济成本感知都小于0，表明他们都不认为旅游发展带来了这些消极影响。

（三）旅游影响感知的内部差异

按式（4-1）、式（4-2）计算乡村旅游扶贫重点村居民对旅游影响感知的维度及其题项的PCI值，据此研究影响感知的内部差异。

1. 扶贫效益感知的内部差异

扶贫效益感知的PCI为0.34，较高，说明居民普遍认可旅游扶贫所带来的经济效益，但居民态度在样本内部存在较大差异。其内部分歧主要来自E4，其PCI高达0.46，其次来自E3、E2，其PCI都超过0.30，表明居民对这3个题项的分歧较大。

进一步研究发现，仅236名被调查居民（占43.14%）认同"农产品比以前好卖了"，而有227名居民（占41.49%）不认同。进一步分析发现，扶贫效益感知≥1.00的居民只有158人，不足30%，其家庭年收入平均近5万元，旅游收入平均1万多元；而有45名居民的扶贫效益感知≤-1.00，其家庭年收入平均只有约3万元，几乎没有旅游收入。上述研究表明旅游发展并没有惠及所有居民，而只是让部分居民从中受益了，经济能力强、旅游参与度高的居民更认可扶贫效益。

2. 环境—社会效益感知的内部差异

环境—社会效益感知的PCI很低（0.19），说明居民普遍认为旅游发展带来了积极的环境—社会影响，居民对环境—社会效益感知的水平最高，且样本内部的分歧很小。

具体而言，H2的PCI为0.35，说明居民对政府整治环境的工作的观点不一致，有166位居民不认同"旅游发展促进了垃圾、污水设施建设"。查阅调研数据发现，这166位居民中，有61.45%的居民在访谈中未提及所在的村建设了垃圾、污水设施，但38.55%的居民所在的村有相关投入或设施建设。

3. 素质提升感知的内部差异

素质提升感知的PCI也较高（0.32），说明旅游发展所带来的人口素质的提升得到了一定的认可，但在样本间存在较大分歧。

具体而言，P4、P5和P3的PCI均大于0.30，其中P5不仅有较高的PCI，且均值为负，与其他2个题项正好相反，从而造成了居民的感知差异。此外，在素质提升感知中，旅游参与程度越高、经济收入越高的居民，越认可素质提升的积极作用，这一研究发现与扶贫效益感知类似。

4. 旅游发展感知的内部差异

旅游发展感知的PCI较高（0.35），说明旅游发展未得到认可，且在样本间存在较大分歧。T1、T5的PCI分别为0.40、0.46，较高；同时，T3、T4不仅均值为负，且PCI均为0.28，也较高。因此，导致居民对旅游发展感知的内部分歧较大。在旅游发展感知中，旅游参与程度越高、经济收入越高的居民，越认可旅游发展。

5. 环境成本感知的内部差异

环境成本感知的PCI较高（0.27），说明居民认为旅游发展并未对当地生态环境造成恶劣影响，但在样本间存在较大分歧。

H4、H6、H5的均值虽然都小于－0.40，但PCI都接近0.30，说明居民总体上认为旅游发展未带来这些消极的环境影响，但居民间存在差异。进一步研究发现，与前述关于扶贫效益和素质提升的积极影响不同，旅游参与度低但经济收入高的居民更认同旅游带来的环境成本。

6. 社会成本感知的内部差异

社会成本感知的PCI很低（0.08），表明居民不仅对旅游发展对社会的负面影响感知水平最低，且样本内部的观点非常一致。进一步研究发现，S6、S7的均值和PCI都很小，说明旅游发展并未给当地社会带来治安方面的消极影响，也没有改变当地淳朴的民风。

7. 经济成本感知的内部差异

经济成本感知的PCI较高（0.27），说明受访者基本认为旅游发展未带来消极的经济影响，但样本内部存在分歧。进一步分析发现，有28.89%的居民认为旅游发展"造成了生活用品价格的上涨"。但是，经济成本感知水平与经济收入和旅游参与程度都没有明显关系。

（四）基于旅游影响感知的居民聚类分析

前述研究发现，扶贫效益感知、素质提升感知、旅游发展感知、环境成本感知、经济成本感知具有较大的内部差异，以这5个感知维度为变量，进行系统聚类分析。将聚类数确定为 2—8 类①②可以取得类间差异更大的聚类效果，更鲜明地比较不同聚类的差异，最后得到 5 类聚类方案。因为，该方案中样本所占比例基本均大于 10%，且各类样本的占比相对均衡。

采用方差分析检验聚类结果的有效性，研究发现，5 类居民 5 个感知维度方差分析的 F 值都很显著，表明 5 类居民间的差异明显，聚类效果优。同时，5 类居民各感知维度的 PCI 几乎都小于 0.10，说明各类居民的内部差异很小，进一步表明聚类效果好。

将不同聚类居民感知维度的均值作为特征值，根据特征值为各聚类居民命名：①旅游发展认可者，样本数 122 个，占比为 22.30%，该类居民对旅游发展及其积极影响的感知水平都较高，而对旅游发展的环境和经济成本的感知都较弱；②经济成本关注者，样本数 111 个，占比为 20.29%，该类居民认为旅游发展带来了经济方面的负面影响，但不认可旅游发展及其扶贫效益、素质提升和环境成本；③谨慎观望者，样本数 122 个，占比为 22.30%，该类居民认为旅游发展既未产生扶贫效益，也未带来经济成本；④扶贫效益认可者，样本数 140 个，占比为 25.60%，该类居民对旅游发展的扶贫效益感知最为深刻，而对其他方面的感知都很弱；⑤环境成本关注者，样本数 52 个，占比为 9.51%，该类居民对旅游发展的认可度最高，但同时非常认同旅游发展带来了环境成本。

表 4-14　　　不同聚类群体居民旅游影响感知的特征值

感知维度	A 类（N=122）	B 类（N=111）	C 类（N=122）	D 类（N=140）
扶贫效益	0.59	-0.68	-0.99	0.81
素质提升	0.5	-0.1	-0.19	-0.39
旅游发展	0.76	-0.81	0.26	-0.59

---

① Gaunette Sinclair-Maragh, et al., "Residents' Erceptions toward Tourism Development: A Factor-cluster Approach", *Journal of Destination Marketing & Management*, Vol. 4, No. 1, March 2015.

② 韩国圣等：《基于旅游影响感知的自然旅游地居民分类及影响因素：以安徽天堂寨景区为例》，《人文地理》2012 年第 6 期。

续表

感知维度	A类（N=122）	B类（N=111）	C类（N=122）	D类（N=140）
环境成本	-0.6	-0.48	0.19	0.14
经济成本	0	0.67	-0.54	-0.21

资料来源：韩磊等：《恩施州旅游扶贫村居民的旅游影响感知差异》，《资源科学》2019年第2期。

综上，恩施州旅游扶贫村居民旅游影响感知的维度包括扶贫效益、环境—社会效益、素质提升、旅游发展、环境成本、社会成本和经济成本感知。恩施州旅游扶贫村居民大都认为旅游发展带来了环境—社会效益、扶贫效益、素质提升等积极影响，但认可度不高，且认为旅游发展没有带来环境、社会和经济成本。这表明旅游扶贫村的旅游发展的确带来了减贫等方面的积极影响，但由于研究区的旅游发展多处于初级阶段，因此积极影响感知普遍不高，消极影响也尚未显现或暂时被忽略或低估。旅游发展带来的环境—社会和扶贫效益得到较高认可，表明旅游扶贫取得了较好的效果。

但是，研究还发现，恩施州旅游扶贫村居民的旅游发展、扶贫效益、素质提升、环境成本和经济成本感知存在较明显的内部差异，旅游扶贫工作和研究都需要考虑居民内部异质性和分化对扶贫结果的影响。这一结果也表明这些扶贫村的旅游影响尤其积极影响不平衡，只有部分居民从中受益，受益多的居民积极影响感知水平更高，存在循环累积效应。

在对居民感知的内部差异进行详细分析后，只利用有较大内部差异的感知维度作为变量进行聚类，得到旅游发展认可者、经济成本关注者、谨慎观望者、扶贫效益认可者、环境成本关注者五类。这一聚类方法使分类的区别度更高，各类反映的问题更集中，更有利于针对性地提出决策建议。

第三节 贫困户与旅游扶贫绩效评价

贫困户是旅游扶贫中需要重点关注的对象，本节将运用 SPSS 23.0 软件对政策执行和政策效果相关题项分别进行探索性因子分析，深入研究旅游扶贫绩效的总体评价,以及贫困户与非贫困户在旅游扶贫绩效感知上的差异。[①] 首先,对问卷数据进行信效度检验;其次,采用主成分分析法提取公因子,并根据每个公因子所解释的题项对公因子命名,从而确定旅游扶贫绩效感知的维度;再次,采用独立样本 t 检验比较贫困户和非贫困户对旅游扶贫绩效感知各个维度及其题项的差异;最后,从制度增权、利益分享等方面为恩施州旅游扶贫政策的完善提供建议。

一 旅游扶贫绩效感知的维度

首先,对问卷的 36 个题项进行信效度检验。其中,Cronbach's α 检验结果为 0.902,说明问卷具有很好的信度。分别对旅游扶贫政策执行感知的 12 个题项和政策效果感知的 24 个题项进行 KMO 测度和 Bartlett 球形检验,结果显示,两类题项的 KMO 值分别为 0.858、0.822,Bartlett 球形检验值分别为 3993.402、5089.742,均在 0.000 水平上具有统计学意义,说明政策执行感知、政策效果感知维度的题项都具有较强的相关性,可以开展因子分析。

然后,剔除因子载荷值小于 0.5 的题项,以及同时在两个公因子上载荷值大于 0.4 的题项。政策执行感知的 12 个题项均被保留,同时提取了 3 个特征值大于 1 的公因子,分别为 F1、F2 和 F3,3 个公因子的累计方差贡献率为 71.824%,满足了社会科学研究的要求。其中,公因子 F1 解释了 SP5、SP4、SP3、SP6、SP2 和 SP1 共计 6 个题项,这些题项集中反映了居民对旅游扶贫政策的执行力度的感知,因此将公因子 F1 命名为"政策执行力度感知";公因子 F2 解释了题项 IP4、IP5、IP6、IP3 共计 4 个题项,这些题项集中反映了居民对微观旅游扶贫政策覆盖面的感知,因此将公因子 F2 命名为"微观政策覆盖感知";公因子 F3 解释了题项 IP2、IP1 共计 2 个题项,这些题项集中反映了居民对宏观旅游扶贫政策覆盖面的感知,因此将公因子 F3 命名为"宏观政策覆盖感知"。

同理,反映政策效果感知的 17 个题项也被保留,同时提取了 6 个特征值大于 1 的公因子,分别为 F4、F5、F6、F7、F8、F9,累计方差

---

① 谢双玉等:《贫困与非贫困户旅游扶贫政策绩效感知差异研究——以恩施为例》,《旅游学刊》2020 年第 2 期。

贡献率73.709%。其中，公因子F4解释了E3、E2、E1、E4共计4个题项，这些题项主要反映了旅游发展对当地经济的积极影响，因此将公因子F4命名为"经济效益感知"；公因子F5解释了Q4、Q3、Q5共计3个题项，这些题项主要反映了旅游发展对当地人口素质的积极影响，因此将公因子F5命名为"素质提升感知"；公因子F6解释了H4、H6、H5共计3个题项，这些题项主要反映了旅游发展对当地生态环境的消极影响，因此将公因子F6命名为"环境成本感知"；公因子F7解释了H2、H1、H3共计3个题项，这些题项主要反映了旅游发展对当地生态环境的积极影响，因此将公因子F7命名为"环境效益感知"；公因子F8解释了S6、S7共计2个题项，这些题项主要反映了旅游发展对当地社会发展的消极影响，因此将公因子F8命名为"社会成本感知"；公因子F9解释了E5、E6共计2个题项，这些题项主要反映了旅游发展对当地经济发展的消极影响，因此将公因子F9命名为"经济成本感知"。

后续的研究将以这9个维度为依据，分别是F1政策执行力度感知、F2微观政策覆盖感知、F3宏观政策覆盖感知、F4经济效益感知、F5素质提升感知、F6环境成本感知、F7环境效益感知、F8社会成本感知和F9经济成本感知。

二 旅游扶贫绩效感知的总体评价

计算9个感知维度题项的平均值，得到每个样本各感知维度的得分，经过对其的描述统计得到居民对旅游扶贫政策各维度感知的总体水平。同样按照李克特量表等级评分平均值的标准，均值在1.0—2.4为反对、2.5—3.4为中立、3.5—5.0为赞成[1][2][3]，得到各维度感知的总体水平。

（一）政策执行感知

在政策执行感知方面，受访者对宏观政策覆盖感知的认可程度较

---

[1] 龙梅、张扬：《民族村寨社区参与旅游发展的扶贫效应研究》，《农业经济》2014年第5期。
[2] 蒋莉、黄静波：《罗霄山区旅游扶贫效应的居民感知与态度研究——以湖南汝城国家森林公园九龙江地区为例》，《地域研究与开发》2015年第4期。
[3] 李燕琴、刘莉萍：《民族村寨旅游扶贫的冲突演进与应对之策——以中俄边境村落室韦为例》，《西南民族大学学报》（人文社科版）2016年第10期。

第四章 扶贫绩效与经验总结：旅游扶贫开发的影响

高，且宏观政策执行力度感知较强；微观政策覆盖感知水平较低，且微观政策执行力度感知欠缺。

具体来看，受访者赞成IP2投资进行了旅游宣传（均值3.60），也比较认同IP1制订了旅游发展规划（均值3.41）、IP3指导了旅游开发（均值3.27）、IP4补助了旅游服务项目（均值3.10），而对其他题项都保持中立态度。

受访者认为政府政策执行力度不足，其各题项均值都低于2.70，尤其需要加强SP6招商引资发展旅游力度、SP4补助旅游服务项目力度以及SP5开展旅游服务培训力度。

上述研究表明，从扶贫村居民的角度来看，招商引资、旅游培训等微观旅游扶贫政策的执行力度并没达到预期，未来需要进一步加强。

表4-15 恩施旅游扶贫政策执行感知的因子分析结果

因子分析结果	F1 政策执行力度感知	F2 微观政策覆盖感知	F3 宏观政策覆盖感知
SP5 开展旅游服务培训力度	0.811		
SP4 补助旅游服务项目力度	0.805		
SP3 指导旅游开发力度	0.804		
SP6 招商引资发展旅游力度	0.691		
SP2 投资旅游宣传力度	0.673		
SP1 制订旅游发展规划力度	0.671		
IP4 补助了旅游服务项目		0.822	
IP5 开展了旅游服务培训		0.798	
IP6 招商引资发展了旅游		0.621	
IP3 指导了旅游开发		0.601	
IP2 投资进行了旅游宣传			0.838
IP1 制订了旅游发展规划			0.812
特征值	3.597	2.707	2.316
解释的方差（%）	48.954	12.501	10.37
累计解释的方差（%）	48.954	61.454	71.824
最小值	1	1	1

续表

因子分析结果	F1 政策执行力度感知	F2 微观政策覆盖感知	F3 宏观政策覆盖感知
最大值	5	5	5
平均值	2.77	3.11	3.51
标准差	0.777	0.69	0.775

资料来源：谢双玉等：《贫困与非贫困户旅游扶贫政策绩效感知差异研究——以恩施为例》，《旅游学刊》2020年第2期。

（二）政策效果感知

在政策效果感知方面，旅游发展带来的环境效益明显，扶贫村居民认为旅游扶贫并没有增加环境成本和社会成本，但带来的经济、素质效益一般。

具体而言，受访者认为旅游发展带来了环境效益（均值3.63），赞同题项H1（均值3.77）、H3（均值3.70），认为旅游扶贫开发使村民自觉维护周边卫生环境，并促进了自然生态环境的保护。而对旅游发展带来的经济效益（均值3.31）、素质提升（均值3.08）和经济成本（均值2.67）持中立态度。

受访者并不认为发展旅游增加了环境成本（均值2.49）和社会成本（均值2.09）。其中，仅有题项H1（均值3.77）、H3（均值3.70）、E1（均值3.54）得到了样本居民的赞同，而对其他题项都持中立或反对态度。说明扶贫村居民认为旅游扶贫对本村经济发展、人口素质的提升作用有限。

表4-16　旅游扶贫政策效果感知的因子分析结果

因子分析结果	F4 经济效益感知	F5 素质提升感知	F6 环境成本感知	F7 环境效益感知	F8 社会成本感知	F9 经济成本感知
E3 增加了居民个人收入	0.874					
E2 增加了就业机会	0.858					
E1 促进了地方经济发展	0.832					
E4 农产品比以前好卖了	0.564					

续表

因子分析结果	F4 经济效益感知	F5 素质提升感知	F6 环境成本感知	F7 环境效益感知	F8 社会成本感知	F9 经济成本感知
Q4 使更多村民参与当地发展决策了		0.884				
Q3 使村民更多关注当地发展决策了		0.874				
Q5 使更多村民参加了服务技能培训		0.749				
H4 破坏了当地森林、河流生态环境			0.824			
H6 引起村里垃圾、污水污染加重			0.806			
H5 使当地噪声增多了			0.734			
H2 促进了垃圾、污水处理设施建设				0.796		
H1 使村民自觉维护周边卫生环境了				0.787		
H3 促进了森林等生态环境的保护				0.774		
S6 增加了黄赌毒等现象					0.918	
S7 使本地治安状况恶化					0.907	
E5 造成了生活用品价格上涨						0.889
E6 造成了房租价格上涨						0.848
特征值	2.710	2.242	2.044	2.003	1.795	1.736
解释的方差（%）	26.307	14.771	10.38	8.794	7.127	6.330
累计解释的方差（%）	26.307	41.078	51.458	60.252	67.379	73.709
最小值	1	1	1	1	1	1
最大值	5	5	5	5	5	5
平均值	3.31	3.08	2.49	3.63	2.09	2.67
标准差	0.874	0.883	0.796	0.764	0.729	0.899

资料来源：谢双玉等：《贫困与非贫困户旅游扶贫政策绩效感知差异研究——以恩施为例》，《旅游学刊》2020年第2期。

(三) 政策执行感知与政策效果感知的相关分析

对政策执行感知与政策效果感知的9个维度进行相关分析,探析政策执行和政策效果之间的关系。研究结果显示,政策执行力度感知、微观政策覆盖感知、宏观政策覆盖感知与经济效益感知和素质提升感知的相关系数相对较高,且在0.01的显著性水平下显著,说明该结果具有统计学意义。但其相关系数只有0.300左右,表明政策执行感知与旅游发展所带来的当地经济发展和人口素质提升作用有一定的相关性,但作用并不强。

表4-17 恩施旅游扶贫政策执行与效果各维度的相关分析结果

维度	F1 政策执行力度感知	F2 微观政策覆盖感知	F3 宏观政策覆盖感知
F4 经济效益感知	0.295**	0.254**	0.352**
F5 素质提升感知	0.344**	0.343**	0.383**
F6 环境成本感知	0.143**	0.047	0.022
F7 环境效益感知	0.188**	0.141**	0.242**
F8 社会成本感知	0.097*	0.029	0.079
F9 经济成本感知	0.221**	0.100*	0.191**

注:*表示在0.05的显著性水平下显著,**表示在0.01的显著性水平下显著。

资料来源:谢双玉等:《贫困与非贫困户旅游扶贫政策绩效感知差异研究——以恩施为例》,《旅游学刊》2020年第2期。

三 旅游扶贫绩效感知的差异

对贫困户和非贫困户旅游扶贫绩效感知的9个维度进行独立样本t检验,判析二者之间的差异是否存在显著性。

(一) 政策执行感知的差异

1. 贫困户与非贫困户的政策执行力度感知差异无显著性

在旅游扶贫政策的执行力度方面,贫困户的感知(均值2.79)略高于非贫困户(均值2.76),但t检验结果(0.542,Sig.=0.588)不显著,表明贫困户与非贫困户对旅游扶贫政策执行力度的感知差异不存在统计学意义。

从政策执行力度感知的6个题项来看,其t检验结果中只有SP4补助旅游服务项目力度在0.10的显著性水平下显著,即贫困户的均值

（均值2.73）高于非贫困户（均值2.58）具有统计学意义，贫困户更认可补助旅游服务项目的政策执行力度。上述研究成果是湖北省近年来对开办农家乐的贫困户进行补贴政策的反映。在访谈中了解到，必须是2013年之后建档立卡的贫困户开办农家乐才能领取1万元补助，截至2017年7月，咸丰县白地坪村的两家贫困户、坪坝营村的10家贫困户、鹤峰县屏山村的17户农家乐都各自领取了相应的补助。

2. 贫困户与非贫困户的微观、宏观政策覆盖感知差异也缺乏显著性

在微观政策覆盖感知方面，贫困户和非贫困户的微观政策覆盖感知均值都为3.11，t检验的结果（0.040，Sig. =0.968）不显著，上述研究说明二者对微观政策覆盖4个题项的感知差异也不显著，贫困户与非贫困户的微观政策覆盖感知差异缺乏统计学意义。

在宏观政策覆盖感知方面，虽然贫困户对宏观政策覆盖的认可度（均值3.49）略低于非贫困户（均值3.52），但t检验结果（-0.441，Sig. =0.681）表明二者无显著差异。同时，二者对宏观政策覆盖感知各题项的感知也无显著差异。上述研究说明，贫困户与非贫困户的宏观政策覆盖感知差异缺乏统计学意义。

（二）政策效果感知的差异

1. 贫困户与非贫困户的经济效益感知差异无显著性

在政策效果的感知差异方面，非贫困户的经济效益感知（均值3.36）略高于贫困户（均值3.23），但t检验结果（-1.582，Sig. =0.114）不显著，表明贫困户与非贫困户的经济效益感知差异无统计学意义。但是从贫困户和非贫困户经济效益感知4个题项来看，t检验结果中E1和E3分别在0.05和0.10的显著性水平下显著，且贫困户在这2个题项上的感知均值（3.40、3.23）均小于非贫困户（3.61、3.41）。上述研究说明，与非贫困户相比，贫困户更不认可旅游开发对地方经济发展和个人增收的积极作用，旅游发展只能使部分居民受益，贫困户在地方旅游发展中的参与和受益很有限[①]，获得感较低。

---

① 韩磊等：《恩施州旅游扶贫村居民的旅游影响感知差异》，《资源科学》2019年第2期。

2. 贫困户的素质提升感知显著低于非贫困户

在素质提升的感知差异方面，贫困户的感知（均值 2.98）低于非贫困户（均值 3.14），且 t 检验结果（-1.987，Sig. = 0.047）在 0.05 的显著性水平下显著。进一步研究发现，上述差异主要来自题项 Q3 使村民更多关注当地发展决策了（-2.367，Sig. = 0.018）和 Q5 使更多村民参加了服务技能培训（-2.419，Sig. = 0.016）。上述研究表明，贫困户的素质提升感知低于非贫困户具有统计学意义，且与非贫困户相比，贫困户更不认可旅游发展带来了更多的旅游参与机会和技能培训机会。

3. 贫困户与非贫困户的环境成本感知差异不显著

在环境成本的感知差异方面，贫困户的感知（均值 2.42）低于非贫困户（均值 2.53），但 t 检验结果（-1.542，Sig. = 0.124）不显著，说明该结果没有统计学意义。进一步研究发现，贫困户和非贫困户对环境成本感知 3 个题项的 t 检验结果中，题项 H5 使当地噪声增多了在 0.10 的显著性水平下有显著性，贫困户的感知均值（2.46）低于非贫困户（2.62）具有统计学意义。上述研究表明，贫困户和非贫困户的环境成本感知差异不显著，贫困户更不认为旅游发展使当地噪声增多了。

4. 贫困户的环境效益感知显著高于非贫困户

在环境效益的感知差异方面，t 检验的结果（2.115，Sig. = 0.035）在 0.05 的显著性水平下显著，表明贫困户的感知（均值 3.73）高于非贫困户（均值 3.59）具有统计学意义。进一步研究发现，环境效益感知差异的显著性主要来自 H2 促进了垃圾、污水处理设施建设（2.899，Sig. = 0.004），说明贫困户更认可旅游发展对环保卫生设施建设的促进作用。

5. 贫困户与非贫困户的社会成本感知没有显著差异

在社会成本的感知差异方面，贫困户的感知（均值 2.07）和非贫困户（均值 2.10）的感知水平相近，t 检验结果（-0.071，Sig. = 0.943）表明该差异无显著性。进一步研究发现，社会成本各题项的感知差异也缺乏统计学意义。上述研究表明贫困户和非贫困户均认为，当地的旅游开发尚未造成不良的社会影响。

6. 贫困户的经济成本感知显著高于非贫困户

在经济成本的感知差异方面，贫困户的感知（均值2.79）高于非贫困户（均值2.61），且t检验结果（2.264，Sig.=0.024）在0.05的显著性水平下显著，说明经济成本感知差异具有统计学意义，与非贫困户相比，贫困户更认可旅游发展增加了经济成本。进一步研究经济成本感知的两个题项，其t检验结果显示，感知差异主要来自E5造成生活用品价格上涨（3.270，Sig.=0.001），说明贫困户更认可生活用品价格的上涨。结合前文关于经济效益感知的分析可见，贫困户从旅游扶贫中得到的经济收益更少，而付出的经济成本更大。

表4-18　贫困户与非贫困户旅游扶贫绩效感知的t检验结果

维度	题项	贫困户均值	非贫困户均值	均值方程的t检验 t	均值方程的t检验 Sig.（双侧）	结论
F1 政策执行力度感知		2.79	2.76	0.542	0.588	不显著
	SP5 开展旅游服务培训力度	2.71	2.68	0.389	0.698	不显著
	SP4 补助旅游服务项目力度	2.73	2.58	1.742	0.082	显著
	SP3 指导旅游开发力度	2.81	2.71	1.089	0.276	不显著
	SP6 招商引资发展旅游力度	2.61	2.63	-0.254	0.799	不显著
	SP2 投资旅游宣传力度	3.02	2.99	0.319	0.750	不显著
	SP1 制订旅游发展规划力度	2.88	2.95	-0.822	0.411	不显著
F2 微观政策覆盖感知		3.11	3.11	0.040	0.968	不显著
	IP4 补助了旅游服务项目	3.14	3.08	0.715	0.475	不显著
	IP5 开展了旅游服务培训	3.06	3.10	-0.460	0.646	不显著
	IP6 招商引资发展了旅游	2.92	3.00	-0.934	0.351	不显著
	IP3 指导了旅游开发	3.32	3.25	0.865	0.387	不显著
F3 宏观政策覆盖感知		3.49	3.52	-0.411	0.681	不显著
	IP2 投资进行了旅游宣传	3.55	3.63	-1.038	0.300	不显著
	IP1 制订了旅游发展规划	3.42	3.40	0.326	0.744	不显著
F4 经济效益感知		3.23	3.36	-1.582	0.114	不显著
	E3 增加了居民个人收入	3.23	3.41	-1.805	0.072	显著
	E2 增加了就业机会	3.24	3.32	-0.861	0.390	不显著
	E1 促进了地方经济发展	3.40	3.61	-2.251	0.025	显著
	E4 农产品比以前好卖了	3.05	3.08	-0.331	0.741	不显著

续表

维度	题项	贫困户均值	非贫困户均值	均值方程的t检验		结论
				t	Sig.（双侧）	
F5 素质提升感知		2.98	3.14	-1.987	0.047	显著
	Q4 使更多村民参与当地发展决策了	3.04	3.07	-0.347	0.729	不显著
	Q3 使村民更多关注当地发展决策了	3.17	3.39	-2.367	0.018	显著
	Q5 使更多村民参加了服务技能培训	2.72	2.95	-2.419	0.016	显著
F6 环境成本感知		2.42	2.53	-1.542	0.124	不显著
	H4 破坏了当地森林、河流生态环境	2.41	2.51	-1.087	0.278	不显著
	H6 引起村里垃圾、污水污染加重	2.40	2.47	-0.844	0.399	不显著
	H5 使当地噪声增多了	2.46	2.62	-1.810	0.071	显著
F7 环境效益感知		3.73	3.59	2.115	0.035	显著
	H2 促进了垃圾、污水处理设施建设	3.60	3.34	2.899	0.004	显著
	H1 使村民自觉维护周边卫生环境了	3.81	3.75	0.847	0.397	不显著
	H3 促进了森林等生态环境的保护	3.77	3.66	1.389	0.166	不显著
F8 社会成本感知		2.07	2.10	-0.071	0.943	不显著
	S6 增加了黄赌毒等现象	2.06	2.10	-0.535	0.593	不显著
	S7 使本地治安状况恶化	2.12	2.10	0.426	0.670	不显著
F9 经济成本感知		2.79	2.61	2.264	0.024	显著
	E5 造成了生活用品价格上涨	2.94	2.65	3.270	0.001	显著
	E6 造成了房租价格上涨	2.63	2.56	0.918	0.359	不显著

资料来源：韩磊等：《恩施州旅游扶贫村居民的旅游影响感知差异》，《资源科学》2019年第2期。

综上所述，为了回答旅游扶贫是否存在"扶富不扶贫"的现象，本书以恩施州旅游扶贫重点村为案例地，采用探索性因子分析，基于农户感知调查，从政策执行感知和政策效果感知两方面研究旅游扶贫政策绩效感知维度及其感知水平，采用独立样本 t 检验分析贫困户与非贫困户对旅游扶贫政策绩效感知的差异。主要研究结论如下：

第一，旅游扶贫政策绩效包括政策执行感知和政策效果感知，可以较全面地反映旅游扶贫政策绩效。其中，政策执行感知包括政策执行力度、微观政策覆盖、宏观政策覆盖 3 个感知维度；政策效果感知包括经济效益、素质提升、环境效益、环境成本、社会成本、经济成本感知 6 个感知维度，不仅反映了旅游扶贫政策在经济、社会、人口素质、环境 4 个方面的效应，而且区分了正、负效应，能更好地解释旅游扶贫政策效果。

第二，从旅游扶贫政策执行感知来看，宏观政策覆盖的认可程度较高，微观政策覆盖和政策执行力度有待加强，尤其是招商引资发展旅游、补助旅游服务项目、开展旅游服务培训的力度还不够。

第三，从旅游扶贫政策效果感知的总体水平来看，旅游发展带来的环境效益、经济效益、素质提升等正面效应的认可程度更高，表明旅游扶贫起到了多方面的积极效果。但由于研究区的旅游发展仍处于初级阶段，旅游的带动作用有限。

第四，比较贫困户与非贫困户对旅游扶贫政策执行和政策效果感知的差异可见，二者的政策执行感知无显著差异，贫困户甚至更认可补助政策的执行力度。但在政策效果感知方面，贫困户更认可旅游发展带来的经济成本，且更不认可旅游发展对地方经济发展和个人收入增加的促进作用，表明研究区贫困户已感受到相对剥夺感。同时，贫困户也更不认可旅游发展带来的素质提升作用，尤其不认可旅游参与机会的增加和技能培训的加强，进一步证明了贫困的原因除了源于自身能力的不足外，还可能是因为权利的被剥夺，因此，需要通过增权等措施进行积极的外部干预，防止制度性贫困的发生。

第四节　旅游地生命周期与旅游扶贫绩效评价

根据 Doxey 的"愤怒指数"理论，旅游地的生命周期阶段是影响旅游扶贫绩效评价的关键因素之一。本节将主要研究不同生命周期旅游地居民对旅游扶贫绩效的感知差异。首先,将基于生命周期理论,参考前人研究成果确定旅游地生命周期的划分指标,并依据访谈、田野调查和统计数据最终确定每个调查村的生命周期阶段;其次,根据前文确定的旅游扶贫绩效感知的维度,采用单因素方差分析法比较不同生命周期阶段旅游扶贫绩效感知均值的差异;最后,根据研究结论针对不同生命周期阶段扶贫村提出相应的发展策略,以期为旅游扶贫村的居民脱贫和乡村振兴提供科学依据。[①]

一 旅游扶贫村生命周期阶段的判定

(一)旅游扶贫村生命周期的判定方法

已有研究表明,旅游者人数、旅游产品、接待设施和旅游投资等因素彰显了不同生命周期旅游地的差异,可以作为旅游地生命周期的判定标准。[②③] 结合案例地具体情况和数据的可获得性,最终确定旅游者人数、旅游产品、接待设施和旅游投资作为生命周期的判定标准。各项指标的数据来源于课题组2017年的案例地访谈、田野调查和相关统计资料。划分生命周期阶段时,以多个指标所对应的阶段作为该村的生命周期阶段,当4项指标分处不同阶段时,取等级较低的阶段作为该村的生命周期阶段。

表4-19　　　　　　旅游扶贫村生命周期阶段的判定依据

生命周期	旅游人数及增长率	旅游产品	接待设施	旅游投资
探索阶段	旅游人数少	自然风光	基本没有	无
参与阶段	旅游人数开始增多,中低速增长	少量景点	简陋、仅餐饮服务	公共投资
发展阶段	旅游人数继续增多,高速增长	景点规模、利用程度加大	设施完善,基本能满足游客需求	公共+外来投资
稳固阶段	旅游人数保持稳定或略有增长	成规模风格的旅游产品和休闲商业,知名度大	设施完备,并形成产业链	投资机制完善

---

① 韩磊等:《恩施州旅游扶贫村居民的旅游影响感知差异》,《资源科学》2019年第2期。
② 陆林:《山岳型旅游地生命周期研究——安徽黄山、九华山实证分析》,《地理科学》1997年第1期。
③ 汪德根等:《乡村居民旅游支持度影响模型及机理——基于不同生命周期阶段的苏州乡村旅游地比较》,《地理学报》2011年第10期。

续表

生命周期	旅游人数及增长率	旅游产品	接待设施	旅游投资
停滞阶段	人数达到峰值，基本没有增长	和成熟阶段类似的产品，但知名度逐渐降低	设施完善	投资开始撤出
衰落或复兴阶段	人数达到峰值后逐渐减少	景点陈旧没有新的项目/引进新的创意类项目	设施逐渐变得陈旧	投资撤出/新资本进入

资料来源：王安琦等：《贫困山区不同生命周期旅游扶贫村居民绩效感知的比较研究——以恩施州旅游扶贫村为例》，《山地学报》2020年第2期。

（二）旅游扶贫村生命周期的判断结果

根据判定标准，各扶贫村的生命周期阶段划分如表4-20所示。

表4-20　　　　旅游扶贫村生命周期阶段的判定结果

生命周期阶段	村落名称	居民样本数（个）
探索阶段	宣恩县椒园镇洗草坝村、沙道沟镇两河口村；咸丰县中堡镇板桥村；鹤峰县五里乡南村村；来凤县漫水乡鱼塘村	126
参与阶段	宣恩县椒园镇水田坝村、椒园镇庆阳坝村、晓关侗族乡野椒园村；鹤峰县走马镇升子村、燕子镇董家河村、中营镇大路坪村；来凤县百福司镇舍米湖村	168
发展阶段	宣恩县万寨乡伍家台村；咸丰县高乐山镇白地坪村；来凤县三胡乡黄柏村、三胡乡石桥村；鹤峰县容美镇屏山村	136
稳固阶段	咸丰县坪坝营镇坪坝营村；来凤县翔凤镇仙佛寺村；咸丰县黄金洞乡麻柳溪村	63

注：此处仅研究了20个扶贫村，由于数据的支撑度不足，个别扶贫村未纳入统计分析。

资料来源：王安琦等：《贫困山区不同生命周期旅游扶贫村居民绩效感知的比较研究——以恩施州旅游扶贫村为例》，《山地学报》2020年第2期。

1. 探索阶段

判定宣恩县椒园镇洗草坝村、沙道沟镇两河口村,咸丰县中堡镇板桥村,鹤峰县五里乡南村村,来凤县漫水乡鱼塘村共计 5 个村处于探索阶段。

这些扶贫村旅游资源禀赋一般,政府规划和市场营销尚在起步,未形成规模化的旅游投资,也尚未形成稳定的旅游客源。

图 4-2 宣恩县洗草坝村游乐项目的指示牌

资料来源:课题组 2017 年摄。

2. 参与阶段

判定宣恩县椒园镇水田坝村、椒园镇庆阳坝村、晓关侗族乡野椒园村,鹤峰县走马镇升子村、燕子镇董家河村、中营镇大路坪村,来凤县百福司镇舍米湖村共计 7 个村处于参与阶段。

这些扶贫村拥有较好的旅游资源禀赋,甚至有一些高级别的旅游资源,例如庆阳坝村、野椒园村因其独特的村落风貌被列入中国传统村落名录。政府的宣传推广、旅游投资和旅游资源开发工作正在逐步展开,村民参与旅游的热情较高,但起步迟缓。

图 4-3　鹤峰县董家河村的风雨桥

资料来源：课题组 2017 年摄。

3. 发展阶段

判定宣恩县万寨乡伍家台村，咸丰县高乐山镇白地坪村，来凤县三胡乡黄柏村、三胡乡石桥村，鹤峰县容美镇屏山村共计 5 个村处于发展阶段。

这些村落已经是典型的乡村旅游地，其中伍家台村已建成了国家 4A 级旅游景区，有的村正按照相关标准进行建设。在推行旅游扶贫政策前，它们已经分别依托喀斯特地貌、茶叶、水果等特色景观或农产品进行了一定的旅游规划、基础设施建设和市场积累，并有意识地通过筹办一些旅游节庆活动加大宣传和融资的力度。

图 4-4　宣恩县伍家台景区

资料来源：课题组 2021 年摄。

4. 稳固阶段

判定咸丰县坪坝营镇坪坝营村、来凤县翔凤镇仙佛寺村、咸丰县黄金洞乡麻柳溪村共计3个村处于稳固阶段。

这些村落依托国家级文旅资源（仙佛寺村为全国重点文物保护单位，坪坝营村为国家森林公园）较早进行了旅游规划和开发，配套建设了一批具有较高等级的旅游接待设施，并形成了辐射范围广的稳定客源。

图4-5 咸丰县坪坝营景区

资料来源：课题组2017年摄。

二 不同生命周期阶段的旅游扶贫政策绩效评价

基于9个旅游扶贫绩效感知维度，对处于4个不同生命周期阶段的旅游扶贫村居民进行方差分析，结果显示，除社会成本感知外，不同生命周期旅游扶贫村居民其他8个维度的感知差异均具有统计学意义。

表4-21　　　　　　　均值及方差分析结果

绩效感知维度	均值					F	P
	总体样本	探索阶段	参与阶段	发展阶段	稳固阶段		
政策执行力度感知	2.73	2.52	2.70	2.86	2.93	6.13**	0.000
微观政策覆盖感知	3.10	2.84	3.05	3.30	3.36	13.78**	0.000
宏观政策覆盖感知	3.47	3.27	3.49	3.50	3.70	4.87**	0.002

续表

绩效感知维度	均值					F	P
	总体样本	探索阶段	参与阶段	发展阶段	稳固阶段		
经济效益感知	3.26	3.04	3.12	3.58	3.38	14.39**	0.000
素质提升感知	3.01	2.88	3.03	3.16	2.91	3.46*	0.016
环境成本感知	2.43	2.39	2.31	2.54	2.54	4.93**	0.002
环境效益感知	3.58	3.45	3.57	3.66	3.69	2.83*	0.038
社会成本感知	2.06	2.09	1.97	2.13	2.09	1.71	0.164
经济成本感知	2.59	2.53	2.47	2.65	2.91	4.52**	0.004

注：*表示在0.05的显著性水平下显著，**表示在0.01的显著性水平下显著。

资料来源：王安琦等：《贫困山区不同生命周期旅游扶贫村居民绩效感知的比较研究——以恩施州旅游扶贫村为例》，《山地学报》2020年第2期。

（一）旅游扶贫政策执行感知比较

比较旅游扶贫政策执行感知的各维度后发现，各生命周期阶段扶贫村居民的政策执行力度感知均居中，并随旅游发展而逐步提升，在稳固阶段达到最高（均值2.93）。稳固阶段的政策执行感知显著高于探索阶段（$p<0.01$）和参与阶段（$p<0.05$），且居民对旅游服务培训和招商引资的政策执行力度感知高于探索阶段和参与阶段，说明稳固阶段的扶贫村加大力度开展了旅游服务培训和招商引资等工作。此外，参与阶段和发展阶段的政策执行感知也显著高于探索阶段（$p<0.01$）。

与政策执行力度感知类似，各生命周期阶段扶贫村居民的微观政策覆盖感知也均居中，并随着旅游业的发展在稳固阶段达到最高（均值3.36）。稳固阶段扶贫村居民微观政策覆盖的感知也显著高于探索阶段（$p<0.01$）和参与阶段（$p<0.01$），参与阶段和发展阶段微观政策覆盖感知也显著高于探索阶段（$p<0.01$）。稳固阶段扶贫村居民对旅游服务培训和旅游开发指导的政策覆盖感知显著高于参与阶段和探索阶段，说明稳固阶段的扶贫村开展了大量的指导旅游开发、旅游服务培训工作。

各阶段扶贫村居民对宏观政策覆盖的感知基本达赞成水平，其中，稳固阶段的感知水平最高（均值3.70），探索阶段最低（均值3.27），且分别在0.01或0.05的统计水平下低于参与、发展、稳固阶段，具有统计学意义。进一步分析表明，探索阶段扶贫村居民对投资进行旅游宣传的政策覆盖感知显著低于其他阶段,探索阶段的扶贫村需加强旅游宣传推广方面的投资。

表4-22　　　　　　　　具有显著差异维度的比较结果

生命周期阶段(i-j)		政策执行力度感知	微观政策覆盖感知	宏观政策覆盖感知	素质提升感知	经济效益感知	经济成本感知	环境成本感知	环境效益感知
探索阶段	参与阶段	-0.19*	-0.21**	-0.22*	-0.15	-0.08	0.06	0.08	-0.13
	发展阶段	-0.34**	-0.47**	-0.23*	-0.28**	-0.54**	-0.12	-0.15*	-0.22*
	稳固阶段	-0.42**	-0.52**	-0.43**	-0.03	-0.34**	-0.38**	-0.15	-0.25*
参与阶段	发展阶段	-0.15	-0.25	-0.01	-0.14	-0.46**	-0.18	-0.23**	-0.09
	稳固阶段	-0.23*	-0.31*	-0.21	0.11	-0.26*	-0.44**	-0.23*	-0.12
发展阶段	稳固阶段	-0.08	-0.06	-0.19	0.25*	0.19	-0.26*	-0.01	-0.03

注:*表示在0.05的显著性水平下显著,**表示在0.01的显著性水平下显著。

资料来源:王安琦等:《贫困山区不同生命周期旅游扶贫村居民绩效感知的比较研究——以恩施州旅游扶贫村为例》,《山地学报》2020年第2期。

(二) 旅游扶贫政策效果感知比较

在经济效益感知方面,发展阶段和稳固阶段旅游扶贫村居民的经济效益感知较高,均值分别为3.58和3.38,且显著高于探索阶段($p<0.01$)和参与阶段($p<0.05$)。具体分析不同生命周期阶段扶贫村居民对经济效益感知的各题项可见,发展阶段和稳固阶段扶贫村居民对4个题项的感知多高于探索阶段和参与阶段,且具有统计学意义。这表明,发展、稳固阶段扶贫村的旅游发展不仅带动了村落经济的发展,而且通过促进居民个人收入、就业机会增长等措施增强了居民的获得感,同时表明这些旅游业发展较好的村旅游扶贫作用也较强。

在素质提升感知方面,探索阶段的居民感知水平最低(均值2.88),发展阶段最高(均值3.16),且发展阶段分别在0.01或0.05的显著性水平下显著高于探索阶段和稳固阶段。具体而言,发展阶段扶贫村居民对参与当地发展决策和参加旅游服务技能培训的感知显著高于探索阶段,对关注和参与当地发展决策的感知显著高于稳固阶段。可见,发展阶段扶贫村的居民更热衷于旅游发展的决策和培训,但到了稳固阶段,扶贫村居民对地方发展决策的态度较为冷漠。

在环境效益感知方面，各生命周期阶段环境效益感知均达到赞成水平，且随着旅游发展在稳固阶段达到最高（均值3.69）。发展阶段和稳固阶段均显著高于探索阶段（p<0.05）。进一步分析发现，探索阶段扶贫村居民对促进了垃圾、污水处理设施的建设和生态环境保护的感知显著低于发展阶段，对村民自觉维护周边卫生环境的感知显著低于稳固阶段。可见，旅游发展促进了当地卫生设施的建设和生态环境的保护，也培养了当地居民的环保意识。

在经济成本感知方面，各阶段经济成本感知均居中，稳固阶段最高（均值2.91），且具有统计学意义。具体而言，稳固阶段扶贫村居民对生活用品价格和房租上涨的感知显著高于其他阶段。可见，旅游业的发展也带来了负面的经济影响，旅游地的经济成本不断提高。

在环境成本感知方面，各阶段扶贫村居民感知基本为不赞成，但发展阶段和稳固阶段的居民感知水平相对较高，均为2.54，且发展阶段显著高于探索阶段（p<0.05）和参与阶段（p<0.01），稳固阶段显著高于参与阶段（p<0.01）。具体而言，发展阶段和稳固阶段扶贫村居民对当地噪声增多的感知均高于参与阶段，且具统计学意义。

综上所述，扶贫村的生命周期是影响扶贫绩效感知的因素之一，相关研究的深入开展对于贫困山区实现脱贫目标具有一定意义。本书以位于武陵山集中连片特困地区的恩施州的22个旅游扶贫村为案例地，通过问卷调查和访谈收集数据，运用因子分析法探索居民对旅游扶贫绩效感知的维度，以旅游地生命周期理论为指导判定各村所处的生命周期阶段，运用单因素方差分析法比较不同生命周期阶段扶贫村居民对旅游扶贫绩效感知的差异。

结果表明：①居民对旅游扶贫政策执行的感知包括政策执行力度、微观政策覆盖、宏观政策覆盖三个维度，对旅游扶贫效果的感知包括经济、社会、环境正负效果六个维度；②旅游扶贫村分别处于探索、参与、发展和稳固阶段，且大多数处于探索、参与阶段；③扶贫村居民对政策执行力度和广度的感知水平均随着旅游业发展阶段的提升而不断增强，表明旅游扶贫政策的实施既得到了居民的认可，也促进了旅游业的发展；④发展、稳固阶段扶贫村居民对经济和环境成本的感知水平都显著高于探索或参与阶段，同时，对经济和环境效益以及素质提升的感知水平也显著较高,表明在旅游发展较成熟的扶贫村,旅游发展带来的积极效应和负面影响并存。本书针对处于不同生命周期阶段扶贫村存在的问题提出了相应的发展对策,可以为扶贫村居民脱贫和旅游发展目标的制定提供科学依据。

第五节 旅游扶贫模式与旅游扶贫绩效评价

一 旅游开发模式的判别

根据已有研究成果[①][②],确立 L-I-C 多要素协同框架,该框架由区位、产业、文化三大旅游扶贫资源组成,用于评价扶贫村的旅游开发模式。[③] 其中,L 为区位(Location),包括地理优势、自然资源禀赋和交通条件等要素;I 为产业(Industry),指支撑旅游发展的相关产业,如农业、住宿业等;C 为文化(Culture),指旅游发展极度依赖的文化资源。

在乡村旅游扶贫的实践过程中,L、I、C 三要素相互影响、相互作用,共同构成一个协同整体。具体表现为:①L-I 的依附制约,即区位影响产业布局,产业形成区域聚集效应;②L-C 的碰撞交流,即不同地域文化之间的交流与碰撞,区域自然资源是区域文化衍生发展的本底,文化表征和符号则赋予不同区域特色和个性;③I-C 的融合发展,即文化本身是一种重要产业,同时也为其他产业发展赋能,推动其发展,而产业发展反过来推动文化发展,二者相融相交。不同区域,由于相互作用和影响的三个要素中的优势要素及其组合不同,而形成不同的旅游扶贫模式,如区位依托模式(LIC)、产业依托模式(ILC)、文化依托模式(CIL)等。优势资源要素是扶贫村旅游发展所依赖的最基础和重要的要素,能够有效转化为旅游竞争优势,最终带动旅游扶贫村的社会发展和脱贫致富。

---

① Lihong Yu, et al., "A Scientometric Review of Pro-poor Tourism Research: Visualization and Analysi", *Tourism Management Perspectives*, Vol. 30, April 2019.
② 陶慧等:《基于 H-I-S 视角下传统村落分类与发展模式研究——以邯郸市为例》,《旅游学刊》2019 年第 11 期。
③ 谢双玉等:《恩施州乡村旅游扶贫模式及其效应差异研究》,《人文地理》2021 年第 5 期。

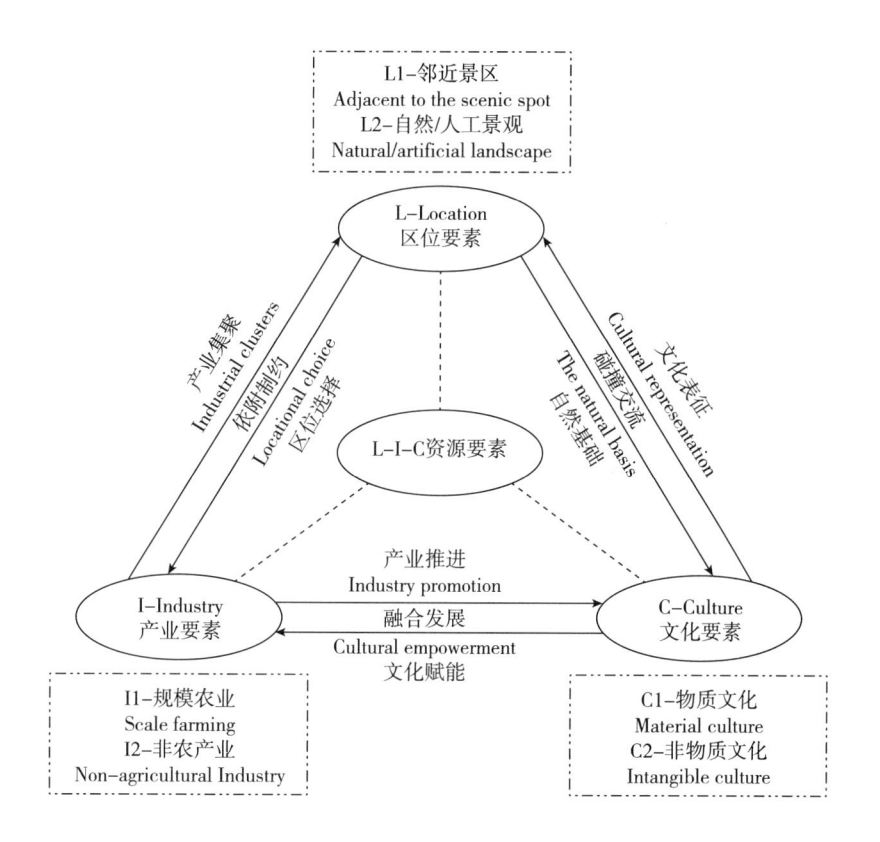

第四章 扶贫绩效与经验总结：旅游扶贫开发的影响

```
                    ┌─────────────────────────┐
                    │ L1-邻近景区               │
                    │ Adjacent to the scenic spot│
                    │ L2-自然/人工景观           │
                    │ Natural/artificial landscape│
                    └─────────────────────────┘
                              │
                         ╱ L-Location ╲
                        （   区位要素   ）
                       ╱               ╲
                      ╱                 ╲
         产业集聚   ╱                     ╲  文化表征
     Industrial   ╱                       ╲ Cultural representation
      clusters   ╱      L-I-C资源要素       ╲  碰撞交流
       依附制约 ╱                           ╲ The natural basis
     Locational                              自然基础
       choice
      区位选择
          ╱                                   ╲
    ╱ I-Industry ╲      产业推进        ╱ C-Culture ╲
   （  产业要素  ）←  Industry promotion →（ 文化要素 ）
    ╲           ╱      融合发展         ╲           ╱
                   Cultural empowerment
                      文化赋能

    ┌─────────────────────┐        ┌─────────────────────┐
    │ I1-规模农业           │        │ C1-物质文化           │
    │ Scale farming         │        │ Material culture      │
    │ I2-非农产业           │        │ C2-非物质文化         │
    │ Non-agricultural      │        │ Intangible culture    │
    │ Industry              │        │                       │
    └─────────────────────┘        └─────────────────────┘
```

图 4-6　乡村旅游扶贫模式判别的 L-I-C 多要素协同框架

资料来源：谢双玉等：《恩施州乡村旅游的扶贫模式及其效应差异研究》，《人文地理》2021 年第 5 期。

以 L-I-C 多要素协同框架为理论指导，基于 2017 年的半结构化访谈数据（见附录），梳理出各旅游扶贫村的区位要素、产业要素和文化要素，并确定各扶贫村的优势资源要素，在此基础上综合其要素组合特征，将 22 个调查村划分为 4 种类型，分别为优势景区依托型、生态农业依托型、民宿农家乐依托型及民族文化依托型。

二　旅游开发模式的类型划分

（一）模式Ⅰ：优势景区依托型

优势景区依托型旅游扶贫村多拥有优越的区位条件，邻近或位于高等级旅游景区内，依托景区持续、稳定的旅游客源，扶贫村可以承担景区的部分服务功能，从而带动贫困户通过参与旅游增加收入，实现旅游减贫的效果。

根据来凤县旅游局提供的资料，来凤县自2012年投资8亿多元建设了仙佛寺、杨梅古寨、百福司古镇、喳西泰水城四个景区，完善了游客中心、旅游厕所等配套设施，作为推动旅游产业扶贫的重要基础。仙佛寺景区恢复重建后，带动了周边4个村以及相邻的宣恩县李家乡、龙山县石羔山镇的发展，建成了香火一条街，100多户村民通过销售香纸、蜡烛等旅游商品和农产品、开办农家乐等方式实现了脱贫致富。杨梅古寨景区内的农家乐从2013年建设之初的2家发展到35家，其中年营业收入30万元以上的有10家，同时还带动了周边村民的务工就业和杨梅、藤茶、葡萄、贡米、土鸡、腊肉等农产品的销售，仅杨梅鲜果一项产品的销售每年可实现增收600万元以上。

调研村中采取该发展模式的扶贫村有8个，分别是鹤峰县东洲村、屏山村和董家河村，来凤县仙佛寺村、黄柏村和石桥村，以及咸丰县坪坝营村和宣恩县野椒园村，数量较多，在四个县市均有分布，其中以来凤县和鹤峰县最为集中。其中，鹤峰县的东洲村邻近木林子国家级自然保护区，主要为该自然保护区提供旅游配套服务；鹤峰县的屏山村和董家河村，以及宣恩县的野椒园村都具有高质量的自然山水景观、传统建筑和地方文化，虽仍处于开发阶段，但是发展前景良好，且居民已开始积极参与旅游；坪坝营村、仙佛寺村、黄柏村和石桥村分别位于4A级旅游景区坪坝营原始生态旅游区、仙佛寺景区、杨梅古寨景区的核心区或缓冲区内，居民主要通过承接景区的游客接待、景区经营和管理等途径参与旅游发展。

（二）模式Ⅱ：生态农业依托型

生态农业依托型旅游扶贫村主要依托本村的特色农产品及其产业链，通过"农业+旅游"的融合发展开展专业化生产经营，从而带动贫困户脱贫。这类扶贫村多以生态农业为核心业态，居民通过提供生态茶园观光、果蔬采摘等农事活动实现减贫和脱贫。

来凤县按照"一村一品，一村一特色"的原则，根据每个村的生态环境、民风民俗、村庄院落等要素进行统筹规划。通过"农业+旅游"的方式发展特色农业，实现农业与旅游的产业融合，既解决了农产品的销售，又丰富了旅游产品的内容，使游客体验到农耕的乐趣。全

图 4-7 宣恩县野椒园村古侗寨

资料来源：课题组 2017 年摄。

县已发展葡萄园、桃园、茶园、草莓园等 100 多处，实现了月月有果、季季有花、处处有人。

调研村中采取该发展模式的有 4 个扶贫村，分别为鹤峰县升子村、咸丰县白地坪村，以及宣恩县伍家台村和板桥村，主要集中在鹤峰县、咸丰县和宣恩县。其中，升子村盛产茶叶等经济作物，以茶叶产业及生态旅游为主要特色，拥有木耳山万亩茶叶基地，村民以此为依托开设了少量农家乐，但旅游基础设施不健全；白地坪村的主要产业是各类花卉和苗木的种植与销售，以及葡萄和猕猴桃等水果的种植与采摘，对旅游市场的吸引力较大，加上该村毗邻县城、交通便利，旅游发展情况较好，截至 2017 年调研时共有农家乐 12 家，数量多且经营相对规范，部分农家乐的餐饮、住宿及娱乐设施完备；伍家台村盛产茶叶，乾隆皇帝曾御赐"皇恩宠锡"牌匾，并入选了第二批"中国少数民族特色村寨"，目前以茶叶种植、加工和销售为主导产业，同时发展茶园观光休闲、采茶制茶体验等；板桥村的优势产业是花卉苗圃、烟叶的种植和销售，以及箬叶的采摘、加工，旅游发展相对滞后，全村仅有 1 家农家乐。

图 4-8　宣恩县伍家台村的生态有机茶园

资料来源：课题组 2021 年摄。

（三）模式Ⅲ：民宿农家乐依托型

民宿农家乐依托型旅游扶贫村缺乏富集的山水景观或文化资源，主要凭借浓郁的田园风光、丰富的乡村休闲资源和完善的休闲娱乐设施发展特色民宿和餐饮。这些扶贫村大多有宜人的气候条件和环境资源，通过发展农家乐、民宿和休闲娱乐项目实现脱贫致富。

采取该发展模式的有 4 个扶贫村，分别为鹤峰县大路坪村、来凤县鱼塘村，以及宣恩县水田坝村和洗草坝村。其中，大路坪村依托土家族吊脚楼及河流资源发展旅游，目前建设了 13 家农家乐，并修建了滚水坝天然浴场、河心岛垂钓等娱乐项目；鱼塘村虽紧邻阿塔峡旅游景区，但旅游发展才刚刚起步，有 2 家游船和 5 家农家乐；水田坝村依托较小规模的茶园和"千户土家"特色民居发展了 30 户土家族风格的特色民宿；洗草坝村依托河滩湿地景观发展了草地骑马、射击等休闲娱乐项目，配套发展了 1 家农家乐。

（四）模式Ⅳ：民族文化依托型

民族文化依托型旅游扶贫村主要以少数民族村寨为空间载体，以物质、非物质文化资源为核心吸引物，将服饰、饮食、建筑、传统礼仪等民族文化要素渗透到旅游节庆、演艺节目等旅游活动中，居民通过参与

第四章 扶贫绩效与经验总结：旅游扶贫开发的影响

图 4-9　宣恩县洗草坝村的跑马场

资料来源：课题组 2017 年摄。

少数民族文化展演、制作和销售手工艺品、提供旅游服务等途径获取经济收益，实现脱贫目标。

采取该发展模式的有 6 个扶贫村，分别为鹤峰县的南村村和岩门村、来凤县的舍米湖村、咸丰县的麻柳溪村、宣恩县的庆阳坝村和两河口村。其中，南村村的南府土司遗址、岩门村的孝文化、舍米湖村的摆手堂和摆手舞、麻柳溪村的羌族吊脚楼群、庆阳坝村的凉亭古街、两河口村的彭家寨土家族吊脚楼群等资源极具地域特征和民族特色，具有较强社会文化价值和旅游吸引力。庆阳坝村和水田坝村还于 2012 年被纳入第一批中国传统村落名录。各扶贫村凭借上述文化资源，在挖掘文化主线的基础上，配套发展了农家乐、传统手工艺品的制作和销售等。

三　不同旅游开发模式下的旅游扶贫政策效应评价

基于已有旅游扶贫政策效果感知的量表[①]，提取 6 个公因子作为政策效果评价的 6 个维度，分别命名为经济效益感知、素质提升感知、环境效益感知、经济成本感知、社会成本感知、环境成本感知。其中前三项公因子为正面效应，反映旅游政策对经济、社会和环境的积极影响；后三项为负面效应，反映旅游政策对经济、社会和环境的消极影响。

---

① 谢双玉等：《贫困与非贫困户旅游扶贫政策绩效感知差异研究——以恩施为例》，《旅游学刊》2020 年第 2 期。

图 4-10　宣恩县庆阳坝村的凉亭古街

资料来源：课题组 2017 年摄。

计算每个样本各题项的均值作为政策效应感知差异分析的基础数据，由此得到不同旅游扶贫模式村居民在政策效果感知各维度得分的均值，在不同发展模式的扶贫村中，各维度的正面效应感知均大于负面效应感知。

运用方差分析法检验不同旅游开发模式扶贫村居民的感知差异，结果表明受访者对经济收益、经济成本、环境成本和社会成本的感知差异都具有显著性，而对环境效益和素质提升的感知差异没有显著性。

表 4-23　　不同旅游扶贫模式村居民对旅游扶贫效应感知的方差分析结果

效应感知维度	均值					F	Sig
	总体	模式 I	模式 II	模式 III	模式 IV		
经济收益感知	3.31	3.47	3.32	3.31	3.09	5.53**	0.001
经济成本感知	2.67	2.77	2.80	2.61	2.46	4.48**	0.004
环境效益感知	3.63	3.74	3.58	3.62	3.53	2.34	0.072
环境成本感知	2.49	2.67	2.55	2.29	2.35	7.38**	0.000
社会成本感知	2.09	2.20	2.13	1.97	2.00	3.35*	0.019
素质提升感知	3.08	3.14	3.02	3.18	2.97	1.65	0.178

注：* 表示在 0.05 的显著性水平下显著，** 表示在 0.01 的显著性水平下显著。

继续对具有显著性的效应感知维度进行两两相较，并通过对各题项的方差分析探究造成差异显著性的具体因子。

表 4-24　　具有显著差异的效应感知维度的两两比较结果

模式类型		经济收益感知		经济成本感知		环境成本感知		社会成本感知	
I	J	I-J	Sig.	I-J	Sig.	I-J	Sig.	I-J	Sig.
模式Ⅰ	模式Ⅱ	0.15	0.149	-0.03	0.805	0.12	0.201	0.07	0.445
	模式Ⅲ	0.17	0.117	0.17	0.129	0.38**	0.000	0.23**	0.009
	模式Ⅳ	0.39**	0.000	0.32**	0.001	0.32**	0.000	0.20*	0.012
模式Ⅱ	模式Ⅲ	0.01	0.889	0.03	0.121	0.26*	0.017	0.17	0.101
	模式Ⅳ	0.23*	0.032	0.19**	0.003	0.20*	0.048	0.14	0.145
模式Ⅲ	模式Ⅳ	0.22	0.052	0.15	0.203	-0.06	0.535	-0.03	0.750

注：*表示在0.05的显著性水平下显著，**表示在0.01的显著性水平下显著。

表 4-25　　不同模式旅游扶贫村居民各效应维度题项感知的方差分析结果

感知维度	调查项目	均值					F	Sig
		总体	模式Ⅰ	模式Ⅱ	模式Ⅲ	模式Ⅳ		
经济收益感知	促进了地方经济发展	3.54	3.68	3.36	3.60	3.42	3.21*	0.023
	增加了就业机会	3.29	3.53	3.27	3.31	2.97	8.13**	0.000
	增加了居民个人收入	3.35	3.55	3.31	3.28	3.15	3.88**	0.009
	农产品比以前好卖了	3.07	3.13	3.35	3.02	2.81	5.40**	0.001
环境成本感知	破坏了当地森林、河流生态环境	2.47	2.65	2.51	2.20	2.38	5.61**	0.001
	使当地噪声增多了	2.56	2.73	2.64	2.37	2.40	4.43**	0.004
	引起村里垃圾、污水污染加重	2.45	2.63	2.50	2.28	2.27	4.84**	0.002
社会成本感知	增加了黄赌毒等现象	2.08	2.19	2.09	2.01	1.99	2.46	0.062
	使本地治安状况恶化	2.11	2.22	2.18	1.93	2.01	3.69*	0.012
经济成本感知	造成了生活用品价格上涨	2.75	2.83	2.91	2.71	2.55	3.34*	0.019
	造成了房租价格上涨	2.58	2.72	2.69	2.51	2.37	4.52**	0.004

注：*表示在0.05的显著下水平下显著，**表示在0.01的显著性水平下显著。

（一）经济收益感知差异：模式Ⅰ和模式Ⅱ高于模式Ⅳ

模式Ⅰ优势景区依托型扶贫村、模式Ⅱ生态农业依托型扶贫村与模式Ⅳ民族文化依托型扶贫村之间的经济收益感知分别在0.01、0.05的显著性水平下显著，表明优势景区依托型扶贫村（均值3.47）、生态农业依托型扶贫村（均值3.32）居民的经济收益感知高于民族文化依托型扶贫村（均值3.09）。

优势景区依托型扶贫村和生态农业依托型扶贫村为当地带来了可观的经济效益，但民族文化依托型扶贫村的旅游发展基本上处于起步状态，只有麻柳溪村虽曾经有所发展，但很快衰落了。两两比较后发现，这些差异主要来源于优势景区依托型扶贫村和与民族文化依托型扶贫村的4个题项间（对4个题项的感知差异都显著）、生态农业依托型扶贫村与民族文化依托型扶贫村的题项E2增加了就业机会和E4农产品比以前好卖了、优势景区依托型扶贫村和生态农业依托型扶贫村的E1促进了地方经济发展和E2增加了就业机会，以及生态农业依托型扶贫村与民族文化依托型扶贫村的E2增加了就业机会。

（二）经济成本感知差异：模式Ⅰ和模式Ⅱ高于模式Ⅳ

优势景区依托型扶贫村、生态农业依托型扶贫村与民族文化依托型扶贫村之间的经济收益感知均在0.01的显著性水平下显著，说明优势景区依托型扶贫村（均值2.77）、生态农业依托型扶贫村（均值2.80）居民的经济成本感知高于民族文化依托型扶贫村（均值2.46），且具有统计学意义。模式Ⅰ、Ⅱ与Ⅳ之间的经济成本感知差异也都为正，且均在0.01的显著性水平下显著，表明优势景区依托型扶贫村（2.77）、生态农业依托型扶贫村（2.80）居民的经济成本感知显著高于民族文化依托型扶贫村（2.46），前两种开发模式扶贫村的旅游业发展已经带来了消极的经济影响。

进一步研究发现，不同旅游开发模式扶贫村居民对经济成本维度的2个题项的感知差异分别在0.05和0.01的显著性水平下显著。两两比较后发现，其差异都来源于3个模式的2个题项之间，表明与民族文化依托型扶贫村相比，优势景区依托型扶贫村和生态农业依托型扶贫村的旅游发展带来了生活用品、房屋价格的大幅上涨。

（三）环境成本感知差异：模式Ⅰ和模式Ⅱ高于模式Ⅲ和模式Ⅳ

4类扶贫村居民对环境成本的感知差异均为正，且均在0.01或0.05的显著性水平下显著，说明优势景区依托型扶贫村（均值2.67）和生态农业依托型扶贫村（均值2.55）居民的环境成本感知高于民宿农家乐依托型扶贫村（均值2.29）和民族文化依托型扶贫村（均值2.35），且具有统计学意义，旅游开发已经带来了严重的环境问题，前两种扶贫村面临的问题更严重。

进一步研究发现，不同旅游开发模式的扶贫村居民对环境成本感知维度的3个题项均在0.01的显著性水平下显著。两两比较后发现，其差异基本来自优势景区依托型扶贫村、生态农业依托型扶贫村和民宿农家乐依托型扶贫村。与民宿农家乐依托型扶贫村和民族文化依托型扶贫村相比，优势景区依托型扶贫村居民更认可旅游发展已经破坏了当地的森林、河流等生态环境，增加了当地的噪声污染，并加重了村里的垃圾、污水污染。

（四）社会成本感知差异：模式Ⅰ高于模式Ⅲ和模式Ⅳ

优势景区依托型扶贫村、民宿农家乐依托型扶贫村与民族文化依托型扶贫村之间的社会成本感知均在0.01和0.05的显著性水平下显著，说明优势景区依托型扶贫村居民的社会成本感知（2.20）高于民宿农家乐依托型扶贫村（1.97）和民族文化依托型扶贫村（2.00），该结论具有统计学意义，模式Ⅰ的扶贫村在旅游开发中已经产生了更消极的社会影响。

进一步研究发现，不同旅游开发模式扶贫村居民对社会成本维度中的题项S7使本地治安状况恶化的感知在0.05的显著性水平下显著，两两比较后发现，其差异主要来源于模式Ⅰ与模式Ⅲ、模式Ⅳ之间，以及模式Ⅱ与模式Ⅲ之间。

综上所述，本书提出由区位—产业—文化组成的旅游扶贫资源多要素协同框架，以此为标准判定了恩施州22个旅游扶贫重点村的旅游扶贫模式，并运用方差分析法比较不同旅游扶贫模式重点村居民的旅游扶贫效应感知差异。主要研究结论如下：

第一，L-I-C旅游扶贫资源多要素协同框架不仅能作为旅游扶贫模式划分的理论依据，也适用于一般旅游发展模式的探讨和划分，有助于克服旅游扶贫模式划分的主观、混乱问题。

第二，与已有研究相比，恩施州的民宿农家乐依托模式具有一定的区域特殊性，因为鄂西武陵山区夏季气温低，避暑游客较多，以乡村休闲避暑为主的民宿农家乐较受市场欢迎，已经形成一定规模。同时，研究结果也印证了"资源—能力—市场"相互作用和相互影响的典型关系。

第三，方差分析结果表明，不同旅游扶贫模式村居民对经济收益、经济成本、环境成本和社会成本的感知都具有显著差异，这为已有研究提出的旅游扶贫模式是影响旅游扶贫效应的因素这一理论命题提供了实证依据。而且，差异主要表现为，与民宿农家乐和民族文化依托模式村相比，优势景区、生态农业依托模式村旅游扶贫的经济效益更优，但同时经济、环境或社会成本也更高，这表明旅游扶贫在带来经济效益的同时，也带来了相对较高的经济、环境和社会成本。因此，如何实现旅游扶贫的经济、环境和社会效益共赢而成本最小是旅游扶贫以及区域旅游可持续发展面临的挑战和需要解决的矛盾。

受经费与条件限制，本书局限于固定时段的旅游扶贫效应差异分析，较难把握其动态变化特征；居民的旅游扶贫效应感知受多种因素的影响，如居民贫困与否及其能力和权利、村落旅游发展所处阶段等，因此，后期研究有必要综合考虑这些因素的共同作用和影响；最后，同类旅游扶贫模式村可能因为管理、文化等方面的差异而产生不同的效应，因此有必要进一步比较分析同类模式下不同研究对象的旅游扶贫效应。

第六节　旅游扶贫的经验与启示

一　旅游扶贫政策实施的成果

近年来，恩施州围绕建设鄂西生态文化旅游圈的核心板块和全国知名的生态文化旅游目的地，充分利用乡村旅游资源优势开展旅游扶贫工作，在促进农民增收、助推国家全域旅游示范区建设、践行乡村振兴战略等方面发挥了独特的作用，在经济效益、社会效益、生态效益和人口素质提升等方面都取得了一定成效。

（一）加快了地方经济发展

近年来，恩施州紧盯脱贫攻坚目标任务，基于本州资源禀赋优势率先创新"旅游+"扶贫模式，通过景区带动、自主组织、产城融合等方式，带动10万户、40万贫困人口走上了富裕道路。旅游扶贫也带动了地方经济的发展，如咸丰县近年来共开办了325家农家乐，其中185家为星级农家乐，带动了当地1822人就业。调研也表明，分别有68.01%、57.04%的村民认为旅游发展促进了地方经济的发展、增加了就业机会，而且，在面临风险时，超过一半的农户选择通过打工、种地等方式开展自救，其中，33.57%的农户选择从事旅游经营以开始新生活，可见，旅游业作为产业扶贫的重要形式正被农户所接受。

（二）提升了地区旅游形象

恩施州旅游业高速发展，"恩施旅游"品牌已走出武陵山区，亮相国内外旅游市场，形成了由1处世界文化遗产、2家5A级旅游景区和18家4A级旅游景区组成的高等级旅游产品集群，已成为全国首批、全省唯一的国家全域旅游示范区创建州。2017年，恩施州旅游接待人次达到5132.89万人次，比上年增长17.6%；实现旅游综合收入367.46亿元，增长22.3%。根据中国旅游研究院武汉分院的调查评价，2017年恩施州旅游发展水平指数在全省排第五，尤其旅游发展环境全省排名第一。调研表明，有84.28%的村民认为旅游发展提高了本村的知名度。

（三）保护了自然生态环境

调研显示，旅游扶贫对地方生态环境保护起到了积极作用。通过乡村旅游开发和发展，改善了穷乡僻壤的公共基础和服务设施，很多村修建了公路或游步道，白地坪、舍米湖村修建了蓄水池、污水处理池，石桥村修建了卫生厕所等。而且，分别有65.45%、78.61%的被调查居民认为旅游发展促进了村垃圾和污水处理设施建设、促进了森林等自然环境的保护，这些都说明旅游发展促进了当地的环境保护和生态建设；同时，82.45%的村民认为，发展旅游使他们更加自觉地维护周边卫生环境，表明旅游发展促进了村民生态环境意识和行为以及乡土情怀的培育，保护了地方生态文化。

(四) 改善了农户生活水平

恩施州旅游扶贫政策实施已使当地农户在多方面受益。调研表明,无论是优势景区依托型扶贫村,还是生态农业依托型扶贫村或民族文化依托型扶贫村,受访者都认为旅游发展促进了当地经济发展、增加了居民的个人收入、改善了村里的基础设施,旅游扶贫开发切实改善了地方居民的生活。

二 旅游扶贫政策实施的经验

恩施州旅游扶贫取得了突出的成效,主要经验如下:

(一) 创新体制机制,推动利益共享

恩施州各级地方政府为旅游扶贫提供了一系列政策支持,发挥企业、农户、村委等多方积极性,创新旅游扶贫的体制机制,实现各利益相关者共享旅游红利。例如,麻柳溪村在发展旅游后成立工作专班推动旅游扶贫工作,聚集各方力量合力建设麻柳溪,通过基础设施配套、产业示范园建设、特色民宿评选等工作推动招商引资。村委还引导农户与旅游公司构建利益联动机制,通过"公司+基地+农户"模式实现利益共享,风险共担,确保村民增收。咸丰县为推动旅游产业发展,在发展规划、重点景区建设、旅游产品优化等方面提出指导性意见,并对景区和旅行社创A、宾馆和农家乐创星等工作出台了具体的奖励政策,仅2016年投资的旅游产业发展经费已增至1000万元,有效促进了旅游产业发展和农民增收。

(二) 依托优势景区,带动区域发展

恩施州依托坪坝营景区、仙佛寺景区、杨梅古寨景区等优质旅游资源开发旅游产品,以景区带动周边村庄参与旅游,推动区域经济发展。2007年开始,咸丰县先后引进武汉三特索道集团、湖北省鄂西生态文化旅游圈投资有限公司等企业对坪坝营景区进行深度开发,改善交通、通信、饮水等基础设施建设,并充分利用当地的野生保健药材资源,优化产业结构,带动村民修建土家风格的农家乐、生产土苗特色手工艺品,实现从传统农业向休闲农业、观光农业转变,拓宽了农户的致富渠道。

(三) 贯彻"绿水青山就是金山银山"理论,坚持生态保护红线

恩施州旅游扶贫切实贯彻了"绿水青山就是金山银山",坚持旅游

发展与环境保护双管齐下。在大力发展旅游业的同时，加强旅游扶贫村环境卫生设施的建设，严抓景区的流量管控，持续推进对居民、游客和旅游经营户的环境教育，规范垃圾、污水的无害化处理，最大限度地减少旅游发展带来的环境成本。宣恩县、咸丰县是重要的茶叶生产基地，为了保护生态环境，农户普遍采取太阳能杀虫灯、信息素板等物理方式消除病虫害，严格创建有机茶园，保护生态环境的观念已经深入人心。咸丰县麻柳溪村成为首个全国有机农业（茶叶）示范建设基地，有机茶基地1650亩，人均茶叶面积1.3亩，人均纯收入5000元以上，基本形成了"一村一品"茶叶专业村。

（四）促进文旅融合，创新旅游发展模式

恩施州在旅游扶贫过程中大力推动文化与旅游的全面融合，实现"旅游搭台、文化唱戏"，将资源优势转变为旅游扶贫能力和市场竞争优势。充分挖掘优质民族文化的内涵和价值，着力挖掘民族特色文化资源，壮大民间艺术文化表演队伍，实现了"土家哭嫁歌""唢呐双龙抱柱""敬酒歌""摆手舞""草把龙"等民间艺术文化的传承，丰富了群众文化生活。此外，还重点发展极具地方特色的民族文化产业，并借此打造参与度高、体验性强的文化旅游产品，建设特色村寨，保护、传承并活化民族文化，推动有条件的村落探索民族文化依托型的旅游发展模式。

三 旅游扶贫政策实施的不足

（一）同质化竞争阻碍旅游可持续发展

虽然恩施州已经形成了具有一定规模的旅游产业集群，但是由于资源类型、环境条件相近，各旅游扶贫村存在产品雷同、产业相近、项目类似、档次相当的问题，遍处皆山水观光、民族村寨、农家乐和民宿，使村镇之间、县市之间的同质化竞争较严重，各村寨旅游产品的市场辐射力十分有限，可持续性较弱。而且，由于行政壁垒的存在，致使县市之间协调困难。

（二）贫困人口较难获取旅游扶贫福利

旅游扶贫的目的是带动贫困人口脱贫。但调研显示，贫困人口受教育程度低，素质不高，难以在关键决策中拥有话语权，同时，贫困人口的经济基础薄弱，缺少参与旅游发展的资本和能力，从而难以享受到旅游扶贫的福利。旅游扶贫的受益者主要是有能力参与旅游发展的地方"精英",而大部分村民尤其贫困户的参与和受益都十分有限。如两河口村、水田坝村、白地坪村、大路坪村分别有13家、30家、12家、13家农家乐或民宿,但只有1家、4家、2家、0家由贫困户开办;而贫困户主要做农家乐帮工、在景区务工、为农家乐供给蔬菜或提供旅游服务,月工资只有2000元左右或者日工资100元左右。而且,调研也表明,贫困户对旅游发展带来经济效益的感知均值低于非贫困户,而对经济成本的感知均值高于非贫困户。部分产业带动农户稳定增收的利益联结效果不佳,部分农户通过土地出租或务工只能实现基本生活保障,无法充分获取旅游产业发展的红利,难以达到产业扶贫重在使贫困户受益的目的。

(三) 生计方式匮乏影响长效脱贫效果

扶贫村中高素质人才缺乏成为制约旅游产品开发、旅游服务提升的"瓶颈",使技术扶贫、创业扶贫实施难度加大,无法在旅游扶贫中做到"授之以渔",难以建立旅游脱贫的长效机制。尤其对于易地搬迁的贫困户而言,如何在短期改善其住宿条件的基础上,丰富其生计方式,是亟待解决的问题,否则,易地搬迁地可能成为新的贫民窟。此外,目前恩施州对贫困户的帮扶措施仍然停留在单纯地给钱给物"慰问式"帮扶或政策性扶贫层面,对帮助贫困户发展产业增收致富、实现稳定脱贫的办法不多,缺乏家庭劳动力、没有稳定产业支撑、没有稳定就业渠道的困难群体很容易因病因灾返贫。

(四) 无序发展带来的旅游规范化困境

虽然全州普遍开展了旅游扶贫,但尚未摸索出可供全域推广的旅游扶贫经验和固定模式,存在盲目招商引资、投入的现象,从而对居民和游客带来的负面影响往往大于正面影响。由于缺少规范管理与监督机制,缺乏规范的市场准则和市场引导,部分地区存在欺客宰客现象,容易引发村民之间,村民与游客、企业、政府之间的矛盾,长此以往损坏旅游目的地形象。恩施州虽有较多新型经营主体,但大型龙头企业不多,由于疫情的影响,产业发展受到不同程度的冲击。同时,由于部分经营主体产业链条不长,品牌化建设滞后,订单式产业比率较小,导致抗市场风险的能力不足,旅游长效减贫任重道远。

四 旅游扶贫开发的建议

为解决和克服旅游扶贫开发中出现的问题和困难，充分发挥旅游扶贫的长效机制，针对恩施州的旅游扶贫工作提出以下建议。

（一）突出"乡村价值"理念，促进活态乡村的形成

从传统扶贫理念中的"乡村缺少什么"转变为"乡村有什么"，由"乡村不能发展什么"转变为"乡村能做些什么"，避免以工业文明的眼光来评判传统的乡村生产生活方式。不必亦步亦趋地按照西方"农业文明—工业文明—生态文明"的逻辑顺序来推进乡村扶贫。尤其对现在还比较"落后"但生态环境和生活方式保持良好的传统乡村，发展路径完全可以跳过工业时代而直接进入到生态文明时代。将贫困户放在乡村环境下加以考察，把村落作为整体单元全面分析，有助于精准分析贫困原因，促进新的活态乡村的形成，探索适合乡村情势的旅游精准扶贫模式和途径，实现可持续脱贫的目的。

（二）培养农户的乡村价值发现能力，扩大旅游扶贫受益面

在旅游扶贫中，乡村价值在唤醒村民对乡村、家乡和土地的感情等方面发挥了重要作用。农户是扶贫开发的主体，需要培养和提升村民的乡村价值发现能力。在发现和开发乡村价值方面，仅仅靠贫困村民的自觉认识是十分困难的，只有在外来者的启发、引导下，村民才能打破"熟悉的麻木"，理解和发现乡村价值。因此，应重视"第一书记"、新乡贤、志愿者等群体的作用，选派真正能够发现乡村价值并引导村民认知乡村价值的扶贫干部入村；带动贫困户参与旅游业的相关技能培训和经营指导，使其有能力参与到旅游发展的核心工作中。通过培养农户的乡村价值发现能力，使扶贫举措、扶贫资金实现以乡村价值为基础的真正"精准"，扩大旅游扶贫受益面，使旅游业成为社会正义产业。

"授之以鱼，不如授之以渔"，为丰富农户的生计方式、降低农户生计脆弱性，应从多渠道、多途径、多层次、多类型加强对贫困地区农户和旅游从业人员的专业技术培训，使贫困农户有一技之长，以提升农户抗风险能力。具体应坚持以需求为导向，构建旅游培训服务平台，通过实施贫困农户培训、一线员工培训、金牌导游培训、紧缺人才培训、精英人才培训等系列培训项目建立系统化的培训体系和规范化、开放式的培训组织。

(三) 丰富"旅游+"扶贫模式，实现"一村一品"差异化发展

充分挖掘、依托各村的特点打造"一村一品、一村一韵、一村一景"，各村抓住自己的特色，在一点上做精做强，丰富乡村旅游产品特色，扩大市场吸引力和辐射力，延长旅游产业链，带动相关产业发展。以专业化水平较高，且具一定规模的特色农业为依托，发展特色农庄，建设"旅游+农业"组合产品，拓展优势农业在观光、休闲、度假和体验等方面的功能，带动贫困农户就地转移就业；以少数民族文化为依托，扩大"旅游+文化"产品谱系，开发民俗体验、节事活动、工艺传承等系列文化旅游产品，带动贫困农户传承和保护优秀民族文化，并从中受益；以生态资源为依托，构建"旅游+养生运动"产品体系，开发徒步、登山、探险等户外旅游活动，变恩施州的绿水青山为金山银山。

文化是地方的灵魂，传统民族文化是恩施州的灵魂。旅游扶贫在引入大量外来人流、物流和资金的同时，要切实保护本地的传统民族文化不被同化，坚守地方性和民族性。在旅游扶贫过程中应加强对恩施州特色村落、自然山水、传统民居、历史文物、地方民俗、农耕文化等自然资源和文化资源的保护，坚持地方性，坚守乡村味，使生态文化旅游始终体现"看得见山、望得见水、记得住乡愁"。

(四) 加强民族特色小镇建设，打造土苗文化旅游胜地

以特色小镇建设为契机，依托宣恩县的庆阳老街、彭家寨和野椒园侗寨，咸丰县的麻柳溪村和唐崖土司，来凤县的杨梅古寨等传统村落，推进民族特色小镇建设，加大传统村落保护力度；挖掘历史，讲好故事，继承传统，适度、合理开发利用民族工艺、传统民居、名人故居、地方民俗等民族文化资源，实现传统村落活态保护、活态传承、活态发展；坚持地方性，坚守乡村味，使民族文化旅游始终能够"看得见山、望得见水、记得住乡愁"；打造具有鲜明的区域特色和全国知名度的土家、苗族文化旅游胜地。

第五章

返贫阻断与长效脱贫：
构建长效减贫机制

第一节 科学识别返贫风险

返贫现象并不是突然发生的，为了降低返贫率，返贫的事前预防非常关键。通过科学识别返贫风险，构建返贫预警机制是脱贫工作不可回避的重要任务，也是解决贫困问题的必要工程。返贫风险的种类多、变化快，科学识别返贫风险并加以预防是返贫阻断的前提和基础，直接决定了风险应对的成败。

贫困是一个动态化的过程，为切实减少返贫的发生和未来贫困的增加，需要对返贫风险进行识别与估计。返贫风险包括内部压力和外部扰动对农户的影响，直接影响生计脆弱性的程度。通过对返贫风险的动态监测，有效减少返贫风险发生的概率，防止返贫风险演变为致贫因子。

一 自然灾害

虽然自然灾害是客观存在的，但是受访者对四类自然灾害类型的感知存在较大差异，"发生泥石流、滑坡或崩塌"和"发生暴雨或融雪山洪"的众数为4，即"有影响"；"出现极端灾害天气"和"农作物病虫害"的众数为2，即"没有影响"。综合四类自然灾害，认为存在影响（含"有很大影响"和"有影响"）和没有影响（含"完全没影响"和"没影响"）的平均比例分别为51.08%和43.28%。

在四类自然灾害中，"发生泥石流、滑坡或崩塌"对居民的影响最小,"完全没影响"和"没影响"的比例合计占 48.25%;其次为"发生暴雨或融雪山洪"和"出现极端灾害天气",没有影响的比例分别为 44.78% 和 43.40%;"农作物病虫害"对居民的影响最大,57.79% 的居民认为病虫害对家庭"有影响"或"有很大影响"。

以上分析说明恩施州恶劣自然天气对居民生计的影响较小,多数居民仍以务农为主,共 41.30% 的受访居民以农牧业为主要收入来源,所以病虫害的发生较易造成居民生计的困顿。

表5-1　　　　　自然灾害对家庭影响的居民感知　　　　单位:%

序号	自然灾害类型	完全没影响	没影响	不知道	有影响	有很大影响
1	出现极端灾害天气	2.56	40.84	5.68	41.39	9.52
2	发生暴雨或融雪山洪	2.39	42.39	5.32	39.63	10.28
3	发生泥石流、滑坡或崩塌	3.85	44.40	6.06	34.86	10.83
4	农作物病虫害	3.12	33.58	5.50	44.95	12.84
	平均	2.98	40.30	5.64	40.21	10.87

二　家庭变故

相较而言,受访居民对家庭变故影响的认知较为统一。相对于自然灾害,受访居民面临家庭变故的机会较少,各类家庭变故的众数均为4,即"有影响"。综合各类家庭变故,平均 50.28% 的居民认为家庭变故对家庭"有影响",25.92% 的居民认为家庭变故"有很大影响",15.85% 的居民认为家庭变故对家庭"没有影响",只有 3.95% 的居民认为家庭变故对家庭"完全没有影响"。

在四类家庭变故中,"孩子上大学"对贫困人口的影响程度最小,"完全没影响"和"没影响"的比例合计占 27.76%;其次为"发生流行性传染病"和"劳动力丧失劳动能力","完全没影响"和"没影响"的比例分别为 20.58% 和 17.83%。"家里有人生大病"对居民的影响最大,84.38% 的居民认为大病对家庭生计有不同程度的影响,13.05% 的居民认为大病对家庭"没影响"或"完全没影响"。以上结果在一定程度上与我国医疗资源分布不均衡、医疗体制改革滞后有关,在农村持续推广合作医疗制度非常有必要。

表5-2　　　　　　家庭变故对家庭影响的居民感知　　　　　　单位：%

序号	家庭变故类型	完全没影响	没影响	不知道	有影响	有很大影响
1	家里有人生大病	2.39	10.66	2.57	53.31	31.07
2	发生流行性传染病	4.04	16.54	3.68	54.96	20.77
3	孩子上大学	4.41	23.35	6.25	46.32	19.67
4	劳动力丧失劳动能力	4.96	12.87	3.49	46.51	32.17
	平均	3.95	15.85	4.00	50.28	25.92

三　生态风险

受访居民对生态风险的认知也出现了两极分化的现象，"旅游资源被破坏"的众数为4，即"有影响"；"环境污染严重"的众数为2，即"没影响"。综合各类生态风险，有41.27%的居民认为生态风险没有影响，46.14%的居民感知到了生态风险的影响，其中，有12.22%的居民认为生态风险对家庭"有很大影响"。

在两类生态风险中，"环境污染严重"对贫困人口的影响程度最大，"有很大影响"和"有影响"的比例合计占50.00%，"没影响"或"完全没影响"的比例合计占38.97%；认为"旅游资源被破坏"对家庭"有很大影响"和"有影响"的比例合计占42.28%，"没影响"或"完全没影响"的比例合计占43.57%。

相较于旅游资源，环境污染与居民的日常生活关系更为密切，因此也受到更多关注。上述数据说明恩施州旅游业的发展对生态环境和旅游资源已经造成了不同程度的负面影响，生态风险应引起足够重视。

表5-3　　　　　　生态风险对家庭影响的居民感知　　　　　　单位：%

序号	生态风险类型	完全没影响	没影响	不知道	有影响	有很大影响
1	环境污染严重	2.21	36.76	11.03	39.34	10.66
2	旅游资源被破坏	4.23	39.34	14.15	28.49	13.79
	平均	3.22	38.05	12.59	33.92	12.22

四　市场风险

基于受访居民的感知，"本村参与旅游经营的人越来越多""邻村旅游业快速发展""游客过多，产生拥挤现象"等市场风险的众数均为2，即"没影响"。综合各类市场风险，平均有43.60%的居民认为市场风险对家庭"有影响"或"有很大影响"，47.29%的居民认为市场风险"没影响"或"完全没影响"，认知存在差异。

在三类市场风险中，受访者认为影响最小的是"游客过多，产生拥挤现象"，有4.98%的居民认为"完全没影响"，43.91%的受访者认为"没影响"。受访居民认为"本村参与旅游经营的人越来越多"的影响最大，分别有37.82%和7.93%的受访者认为"有影响"和"有很大影响"。"邻村旅游业快速发展"对居民"有影响"和"有很大影响"的比例分别为35.98%和6.83%。

在调研中还发现，受访者对市场风险其实更多抱有乐观的态度，大量受访者基于朴素的市场理念，在交谈中表示，游客数量多只会扩大旅游市场规模，为本村带来更多收入，因此并非坏事。

表5-4　　　　　市场风险对家庭影响的居民感知　　　　　单位：%

序号	市场风险类型	完全没影响	没影响	不知道	有影响	有很大影响
1	本村参与旅游经营的人越来越多	2.21	43.73	8.30	37.82	7.93
2	邻村旅游业快速发展	2.77	44.28	10.15	35.98	6.83
3	游客过多，产生拥挤现象	4.98	43.91	8.86	33.39	8.86
	平均	3.32	43.97	9.10	35.73	7.87

五　政策风险

基于受访居民的感知，"非旅游扶贫政策终止""旅游扶贫政策终止"等政策风险的众数均为4，即"有影响"。多数受访者认为，非旅游扶贫政策和旅游扶贫政策的终止将对家庭造成很大影响。综合各类政策风险，有65.07%的居民认为政策风险对家庭"有影响"或"有很大影响"，29.50%的居民认为政策风险"没影响"或"完全没影响"。

在两类政策风险中，受访者认为影响最大的是"旅游扶贫政策终止"，认为"旅游扶贫政策终止"对居民"有很大影响"和"有影响"的比例分别为9.38%和56.07%。有5.88%的居民认为"非旅游扶贫政策终止"对家庭"有很大影响",58.82%的受访者认为"有影响"。上述数据说明当地扶贫政策在一定程度上已经产生了减贫脱贫的效果,大多数居民感知到了扶贫政策,尤其是旅游扶贫政策的实惠。

表5-5 政策风险对家庭影响的居民感知 单位:%

序号	政策风险类型	完全没影响	没影响	不知道	有影响	有很大影响
1	非旅游扶贫政策终止	7.90	22.06	5.33	58.82	5.88
2	旅游扶贫政策终止	7.72	21.32	5.51	56.07	9.38
	平均	7.81	21.69	5.42	57.44	7.63

此外,综合各类风险对受访者所在社区造成的损失,受访居民认为市场风险带来的负面影响最小,213人次的受访者认为市场风险目前对社区没有影响,其次为政策风险、自然灾害和环境风险,分别为208人次、203人次和138人次。这说明,现阶段恩施州的旅游市场环境和扶贫政策环境都较为稳定。

在所有风险对社区造成的实际损失中,程度最大的是"贫困人口增加",共有490人次的受访者表示自然灾害、环境风险、市场风险和政策风险等因素会对社区造成损失,其中高达187人次的受访者认为政策风险会导致当地贫困人口增加,从侧面说明扶贫政策已惠及了当地百姓;其次为"农作物歉收",自然灾害风险对其影响最大,共有271人次的受访者认为自然灾害的出现会使农作物歉收,而政策风险对农作物的影响最小;此外,市场风险和环境风险对"旅游经营艰难"和"旅游从业者减少"的影响较大,环境风险对"游客减少"的风险较大。

表5-6 不同风险造成的社区损失 单位:人次

感知	损失类别	自然灾害	环境风险	市场风险	政策风险	合计
无影响	—	203	138	213	208	762
有影响	农作物歉收	271	84	48	44	447
	贫困人口增加	121	99	83	187	490
	游客减少	49	112	37	43	241
	旅游经营艰难	27	110	114	64	315

续表

感知	损失类别	自然灾害	环境风险	市场风险	政策风险	合计
有影响	旅游从业者减少	12	48	56	55	171
	旅游投资商撤走	13	20	20	21	74
	其他	31	61	43	14	149
	小计	524	534	401	428	—
	合计	727	672	614	636	—

综合上述数据，各类风险最容易造成贫困人口的增加，或者可以理解为扶贫效果不好或返贫率增加；相对应，旅游投资商撤走受以上风险的影响最小，反映了当地的投资环境较好。其他数据也可以印证这一观点，41.07%的受访者表示政府在招商引资发展旅游方面投入力度较大或很大，且有6.96%的居民认为该工作已经惠及了自己及家庭。

综合各类风险对受访者家庭造成的损失，受访居民认为政策风险和市场风险带来的家庭损失最小，分别为254人次和253人次，同样说明恩施州扶贫政策和旅游市场环境较优；其次为自然灾害和环境风险，分别有209人次和167人次的受访者认为上述两种风险对家庭没有影响。与此相对应，高达854人次的受访者认为家庭变故对自己的家庭造成了损失，其中损失最大的是收入减少。

在所有风险对家庭造成的实际损失中，程度最大的是"收入减少"，高达717人次的受访者表示自然灾害、环境风险、市场风险和政策风险等因素会导致家庭收入减少，其中377人次的受访者表示家庭变故会直接导致收入减少；其次的损失为"农作物歉收"，共有639人次的受访者表示自然灾害、环境风险、市场风险和政策风险等因素会对家庭造成损失，其中，分别有263人次和233人次的受访者认为家庭变故和自然灾害会带来家庭劳动力短缺、农作物成长环境恶化，从而导致农作物歉收；而只有99人次的受访者表示各类风险会使家庭生活变得困难，上述风险较少会导致生活举步维艰。

综上所述，通过对风险感知的分析可见，自扶贫开发以来，政府补贴覆盖面有所扩大，政策兜底作用初显；旅游业成为灾后自我救助的重要备选方案，贫困居民生计方式得以丰富。近年来，恩施州根据"社会

表 5-7　　　　　　　　不同风险造成的家庭损失　　　　　单位：人次

感知	损失类别	自然灾害	家庭变故	环境风险	市场风险	政策风险	合计
无影响		209	87	167	253	254	970
有影响	农作物歉收	233	263	66	39	38	639
	房屋被毁	72	202	128	92	112	606
	收入减少	178	377	75	49	38	717
	旅游收入减少	31	3	129	106	139	408
	生活变得困难	87	9	1	0	2	99
	其他	7	0	47	29	13	96
	小计	608	854	446	315	342	—
	合计	817	941	613	568	596	—

"保障兜底一批"项目要求，恩施州民政部门每年提供 6.7 亿元农村低保政策资金，着眼"2020 年前低保与扶贫两项合一"的政策安排，计划对 30.5 万户低保、五保及低保扶贫对象实行全部或部分保障兜底，对 10.75 万户因病因残致贫的家庭实行大病救助。根据"发展教育脱贫一批"项目要求，重点保障 13.79 万户贫困家庭中 19.3 万贫困学生完成学业。根据调研结果，贫困补助、病残补贴、教育补贴等政策扶持政策的覆盖面有所扩大，更多的贫困居民享受到了扶贫政策的直接实惠，社会保障和教育脱贫的政策兜底作用初显。

恩施州充分发挥绿色生态资源和民族文化资源优势，率先创新"旅游+"扶贫模式，初步形成了景区带动型、乡村旅游型、养生度假型、创业就业型、产业融合型等方式，带动 10 万户、40 万贫困人口走上富裕道路，目前，各县市以片区开发促进乡村旅游扶贫试点，推进州域全域旅游发展的态势正在逐步形成。调研表明，在面临风险时，超过一半的居民选择通过打工、种地等方式开展自救，其中，33.57% 的农户选择从事旅游经营以开始新生活，旅游业作为产业扶贫的重要形式也正被农户所接受。

第二节　有效构建预警机制

除识别返贫风险外，还应通过完善组织机构、优化信息管理、加强外部评估等措施全方位保障返贫预警机制的实施,为返贫风险识别和预警机制构建提供组织、制度等方面的保障,真正实现阻断贫困的目的。

一 明确预警要素

返贫预警大体上可以包括干预主体、干预客体、干预手段、风险数据库和预警标准五大核心要素。①

干预主体是返贫风险的主要干预者,包括负责扶贫工作的各类政府部门及部分民间组织;干预客体是返贫预警工作关注的对象,主要包括各类脱贫人口和深度困难群体;干预手段具有多元化特征,是指防止返贫的各项帮扶措施;风险数据库是依托建档立卡工作而搭建的关于各类脱贫人口和深度困难群体的基本信息和风险状况的大型数据库;预警标准是对干预客体进行一系列动态监测的依据,也是判断返贫状态的主要标准。

二 完善预警程序

上述五类要素在预警系统中相互配合完成返贫问题的动态监测和预警。风险数据库在现行标准下实时监控干预客体的返贫风险的类别和程度,当监测结果临近最低标准时,数据库会发出干预警报,并根据干预客体和返贫风险的具体情况将监测结果和处理建议反馈给干预主体;干预主体根据风险数据库提供的信息,采取相应的干预措施。

三 提供预警保障

有效的返贫预警还需要相应的保障措施,通过完善组织机构、坚持常态防控、科学管理风险、优化信息管理、吸纳外部评估等措施,实现预警系统的高效运行。

第一,完善组织机构。整合脱贫攻坚时期的组织结构,建立返贫预警工作机制,避免另设机构所引起的机构重叠等问题,保持脱贫攻坚和返贫阻断工作的协调性和连贯性。

第二,坚持常态防控。完善困难群体的动态监测和风险预警机制,成立"州—市(县)—乡(镇)—村"四级联动的返贫风险长效防控工作小组。以建档立卡的"三类"重点人群为主要监测对象,定期或

---

① 包国宪、杨瑚:《我国返贫问题及其预警机制研究》,《兰州大学学报》(社会科学版) 2018 年第 6 期。

不定期进行入户调查,关注长期发展状态,并对名单进行动态更新。

第三,科学管理风险。将返贫风险进行分类管理,如泥石流、病虫害等可预见的自然灾害风险,采取"群众发现、专家诊断、政府执行"的风险防控方法,在危害村民生命财产安全之前消解或规避风险。建立科学的风险等级评估体系,以及对应等级的风险应急预案。在风险发生时,尽力阻止风险的继续恶化,尽快恢复基本的社会功能,保障人民的生命安全。

第四,优化信息管理。风险数据库是返贫预警工作的重要凭借,必须保证数据信息的真实性和准确性。与气象信息等信息类型不同,风险数据库中的相关信息几乎全部需要工作人员人工采集和录入,在此过程中应切实做到客观、公正,力求在最大限度上降低误差。

第五,加强外部评估。除以上内部的保障措施外,还应引入外部评估,提供内外兼顾的双重保障条件。外部评估主要指除干预主体和干预客体之外的第三方评估主体,例如邀请科研院所的相关专家学者对贫困户和深度困难群体进行抽样调查,从而评估返贫治理工作的科学性,确保返贫预警机制健康、高效运转。

第三节 全面实现风险阻断

在后脱贫时代,实现返贫阻断是保持长效减贫和推动乡村振兴战略的关键一环。针对返贫工作中的难点和重点问题,主要通过推动社会全面参与、加强多部门协调、增强困难群体风险防范意识等方面切实有效阻断返贫。

一 推动社会全面参与,形成多方助力局面

推动形成政府主导、市场主体、社会参与的多方助力新局面。政府要保证现有易地搬迁式扶贫、兜底保障等扶贫政策的稳定性,同时通过产业扶贫、金融扶贫等产业扶贫措施扩大市场主体,吸引社会力量参与。充分利用东西部扶贫协作机制的优势,获取东部经济发达地区扶贫支持,承接东部产业转移,形成新的经济增长点。鼓励具有社会责任感的企业和社会机构投资鄂西山区基础设施建设、农业、现代服务业等,给予税收和政策倾斜。支持脱贫农户自主创业,将短期"输血"解围

与长期"造血"脱贫有机衔接，确保脱贫户长效稳定脱贫，有效遏制脱贫户返贫和新增贫困户现象。

二 加强多部门工作协调，提高返贫风险管理能力

返贫阻断涉及生态、教育、医疗、人力、文化和旅游等多个领域，需要政府多个职能部门的通力合作、多学科专家的科学建议，以及社会各界的大力支持。建立常态化的多部门联席会议机制，集中解决乡村振兴中的突出问题。支持相关领域的专家通过线上会议、线下培训等方式，提升职能部门工作人员的返贫风险认知水平，提高返贫风险管理能力。吸引高素质人才投身于返贫阻断和乡村振兴工作。

三 树立风险防范意识，强化个体内生动力

继续用群众喜闻乐见的形式宣传脱贫致富典型，加强对脱贫业内志智方面的教育，发挥他们的主体作用，引导他们"自己的事情自己办"，坚决克服"等、靠、要"思想，最大限度地调动其积极性。加强村民对自然灾害风险、市场风险等风险知识的教育，增强村民对风险的认知和应对能力。通过农业科技知识和创业技能的培训积极引导农户学习专业技能知识，增强自我发展能力，使他们既有心志稳脱贫，又有能力致富。支持各村修订完善村规民约，建设村民文化广场、百姓大舞台和村民阅览室等文化基础设施，组织举办富有土家族、苗族等少数民族特色的文化活动，树立文明乡风，丰富村民的业余生活，提高村民的精神状态。开通"扶贫心理健康咨询"等村民免费直通项目，对精神障碍以及其他有需要的村民进行心理治疗和辅导。提倡健康生活和安全出行。

第六章

研究结论与研究展望：未来研究方向

第一节 研究结论

基于我国后脱贫时代的现实背景，以鄂西山区为研究区域，运用人地关系理论与方法，深入剖析贫困、旅游扶贫的理论内涵，系统梳理鄂西地区旅游扶贫政策发展历程，全面评价贫困户和非贫困户、不同生命周期阶段、不同扶贫开发模式扶贫村的旅游扶贫绩效，多维呈现了鄂西山区旅游扶贫开发所取得的成效及独特经验，并基于多维贫困理论和可持续生计框架提出返贫风险阻断策略，以实现旅游长效减贫。主要研究结论如下：

第一，旅游扶贫绩效的评价不应只关注事后的效果，还应重视政策执行的成效。本研究从政策执行和效果两方面入手构建旅游扶贫绩效评价体系，较全面地评价旅游扶贫政策绩效，在一定程度上弥补已有研究的缺失。基于居民感知视角的旅游扶贫绩效评价分为政策执行感知和政策效果感知两个方面，其中，政策执行感知可细化为政策执行力度感知、微观政策覆盖感知和宏观政策覆盖感知3个维度，政策效果感知可细化为经济效益感知、素质提升感知、环境成本感知、环境效益感知、社会成本感知和经济成本感知6个维度。从政策执行感知来看，受访者对宏观政策覆盖的认可程度较高，一些微观政策覆盖范围和政策执行力度需要进一步加强。从政策效果感知来看，受访者认同旅游开发对当地生态环境、经济发展和人口素质的带动作用，但由于案例地的旅游发展尚处于初期阶段，所以居民的认可度并不高。

第二，根据旅游扶贫绩效感知的差异可以将扶贫村居民分为旅游发展认可者、经济成本关注者、谨慎观望者、扶贫效益认可者和环境成本关注者五类。其中，旅游发展认可者对旅游发展及其积极影响的感知水平都较高，而对旅游发展的环境和经济成本的感知都较弱；经济成本关注者认为旅游发展带来了经济方面的负面影响，但不认可旅游发展及其扶贫效益、素质提升和环境成本；谨慎观望者认为旅游发展既未产生扶贫效益，也未带来经济成本；扶贫效益认可者对旅游发展的扶贫效益感知最为深刻，而对其他方面的感知都很弱；环境成本关注者对旅游发展的认可度最高，但同时非常认同旅游发展带来了环境成本。基于感知的居民分类有助于更精准地掌握居民对旅游扶贫政策的态度，便于制定更具有针对性的政策措施。

第三，相对于非贫困户，贫困户对补助政策执行力度和经济成本的感知力度更强。独立样本 t 检验的结果表明，贫困户更认可扶贫补助政策的执行力度和旅游开发所带来的经济成本的加重，更不赞同旅游对地方经济发展和个人收入增加的积极作用，也不认可旅游对居民素质的提升作用。这一研究结果验证了旅游扶贫中所存在的"扶富不扶贫"的现象[1][2]，有必要通过更合理的制度设计降低农户的相对剥夺感，防止制度贫困的发生。

第四，以旅游地生命周期理论为理论指导，提出旅游扶贫村生命周期阶段的划分依据，并据此将调研村划分为探索、参与、发展和稳固四个阶段。其中探索和参与阶段的扶贫村占60%，验证了已有研究中关于研究区域"多处于初级阶段"[3]的论断。研究不同生命周期扶贫村居民的政策执行感知后发现，政策执行力度和微观政策覆盖的感知水平随

---

[1] 马耀峰等：《我国旅游扶贫对象、主体、规划、指向和效益的审视》，《陕西师范大学学报》（自然科学版）2016年第6期。
[2] 李燕琴：《反思旅游扶贫：本质、可能陷阱与关键问题》，《中南民族大学学报》2018年第2期。
[3] 韩磊等：《恩施州旅游扶贫村居民的旅游影响感知差异》，《资源科学》2019年第2期。

着旅游地生命周期的发展而不断增强,案例地的旅游扶贫政策得到了居民的认可,并推动了旅游业的发展进程。研究其政策效果感知后发现,随着旅游业的发展,居民更认可旅游所带来的经济效益、环境效益和人口素质的提升。

第五,构建由区位、产业、文化三大旅游扶贫资源组成的L-I-C多要素协同框架,用于评定扶贫村的旅游开发模式。根据各扶贫村的优势资源组合状况最终确定了四种旅游开发类型,分别是优势景区依托型、生态农业依托型、民宿农家乐依托型和民族文化依托型,这些不同开发模式的扶贫村分别依托高级别旅游景区、生态农业资源、休闲娱乐设施和特色民族文化发展旅游。不同旅游开发模式的扶贫村居民对经济收益、经济成本、社会成本和环境成本的感知差异都具有显著性。生态农业依托型扶贫村的经济效益更好,但经济成本、社会成本和环境成本也更高,说明旅游开发确实推动了旅游地的经济发展,但是也需要付出不可忽视的代价。在实践中,如何实现旅游减贫的同时降低其对自然环境和社会文化的负面影响,值得深思。

第六,通过实施风险识别、风险预警策略有利于实现返贫阻断。返贫风险具有多样性、不完全性和非确知性等特征,鄂西山区旅游地的返贫风险涵盖了社会、自然、家庭、个人等多维度,具体包括自然风险、家庭变故、生态风险、市场风险、政策风险等方面。为构建返贫风险的长效防控机制,应通过风险识别和风险预警,系统维护脱贫攻坚成果。

第二节 研究展望

本书研究基于恩施州的调研数据,构建了包含政策全过程的旅游扶贫绩效评价体系,系统探讨了鄂西山区旅游扶贫政策的绩效,并基于后脱贫时代的现实背景,提出了返贫阻断的政策建议。由于经验和条件的限制,仍留下了些许遗憾,未来还应该在以下方面进一步拓展:

首先,本书研究仅剖析了特定时间节点恩施州旅游扶贫政策的绩效,未能全面展现旅游扶贫的动态变化过程,未来应将调研区域囊括鄂西山区的八个县市,并进行多年度的持续跟踪调查,使研究数据更具全面性和动态性。

其次，旅游扶贫的绩效感知受居民的贫困程度、能力和权力，以及村落的旅游发展阶段等多种因素的共同影响，本书研究只考察了贫困户与非贫困户、扶贫村的生命周期阶段和旅游开发模式三类因素对旅游扶贫绩效感知的影响。未来可进一步检验这些因素对旅游扶贫绩效的叠加作用，并检验农户自身的素质和权利、村干部的管理水平、扶贫工作者的工作能力等因素对绩效感知的影响。

最后，本书研究只考察了基于居民感知的旅游扶贫绩效，居民作为直接利益相关者，会不会基于自身利益的考量提供与真实情况不符的信息，影响调研数据的真实性，从而影响研究结论的科学性，这一问题值得考量。为了保证基础数据的真实性和准确性，有必要在调研时补充搜集第三方的观点，例如调查旅游者、旅游地附近村民等群体的政策绩效感知。

附　录

恩施州旅游扶贫调查问卷

亲爱的村民：

您好！我们正在进行旅游扶贫相关的研究。为了全面掌握旅游扶贫的现实状况，特开展此次问卷调查。本次调查以不记名的方式进行，答案无对错之分，而且，数据仅用于研究，绝不做任何他用，请您放心如实填写。您的宝贵意见将有助于我们更好地开展研究，非常感谢您的大力支持！

旅游扶贫研究课题组

请您在横线"＿＿＿＿"上填写相关信息，并在选项前的字母上打"√"。

一　关于您的基本情况

1. 您的居住地：＿＿县＿＿镇（乡）＿＿村；您是＿＿民族。
2. 您家里（小家）有＿＿个人，其中女性＿＿人；您的性别为：A. 男　B. 女
3. 您的年龄为：A. 18 岁及以下　B. 19—25 岁　C. 26—40 岁　D. 41—60 岁　E. 61 岁及以上
4. 您的文化程度为：A. 小学及以下　B. 初中　C. 高中/中专　D. 大专　F. 本科及以上
5. 您的家庭中，需要抚养的有几人？A. 无　B. 1—2 人　C. 3—4 人　D. 5 人及以上

其中：高中以下学生____人；高中生____人；大学生____人；老人____人；残障____人；其他____人。

6. 您家有____亩土地，其中：农作物____亩，茶叶____亩，林地____亩，果树____亩，烟叶____亩，蔬菜____亩，荒地____亩，其他____亩。

7. 您家庭收入的主要来源是：A. 开餐馆 B. 做导游 C. 做景区管理 D. 开家庭旅馆 E. 摆摊 F. 做建筑 G. 跑运输 H. 做农牧业（具体为_____） I. 经营商铺 J. 事业单位上班 K. 在本地就业 L. 外出务工 M. 低保养老金等 N. 亲友接济 O. 其他_____

8. 您的家庭年收入约为_____元；其中，从事旅游相关经营的收入约为_____元。

9. 您的家庭有负债吗？A. 没有 B. 有；其中，银行贷款____元，其他贷款____元，向亲朋借____元。

10. 您家有这些财产吗？A. 自有住房 B. 家用汽车 C. 农用机械 D. 摩托车 E. 大牲畜 F. 其他_____

11. 您家的房子建于_____年，材料是：A. 混凝土 B. 木头 C. 砖 D. 石材 E. 泥巴 F. 其他_____

12. 您的亲友中有人做干部吗？A. 没有 B. 有（村、乡镇、县及以上）

13. 您的家庭最近从政府领取了哪些生活补贴：A. 无 B. 贫困户补助 C. 低保户补助 D. 特困户补助 E. 五保户补助 F. 其他_____

14. 您的家庭以前从政府领取过哪些生活补贴：A. 无 B. 贫困户补助 C. 低保户补助 D. 特困户补助 E. 五保户补助 F. 其他_____

二　当地政府开展扶贫工作的情况

15. 您了解政府的扶贫政策吗？A. 很了解 B. 听说过，但不知详情 C. 不知道 D. 不了解 E. 很不了解

16. 您认为政府在你们村开展了以下工作吗？

16.1	扶持生产和就业	A. 开展得很好	B. 开展了	C. 不知道	D. 没开展	E. 完全没开展
16.2	移民搬迁安置	A. 开展得很好	B. 开展了	C. 不知道	D. 没开展	E. 完全没开展
16.3	落实低保政策	A. 开展得很好	B. 开展了	C. 不知道	D. 没开展	E. 完全没开展

续表

16.4	开展医疗救助扶持	A. 开展得很好	B. 开展了	C. 不知道	D. 没开展	E. 完全没开展
16.5	开展助学启智活动	A. 开展得很好	B. 开展了	C. 不知道	D. 没开展	E. 完全没开展
16.6	投入财政扶贫资金	A. 开展得很好	B. 开展了	C. 不知道	D. 没开展	E. 完全没开展
16.7	对口帮扶	A. 开展得很好	B. 开展了	C. 不知道	D. 没开展	E. 完全没开展
16.8	进行生态补偿	A. 开展得很好	B. 开展了	C. 不知道	D. 没开展	E. 完全没开展
16.9	整村推进规划	A. 开展得很好	B. 开展了	C. 不知道	D. 没开展	E. 完全没开展
16.10	制订旅游发展规划	A. 开展得很好	B. 开展了	C. 不知道	D. 没开展	E. 完全没开展
16.11	投资进行旅游宣传等	A. 开展得很好	B. 开展了	C. 不知道	D. 没开展	E. 完全没开展
16.12	指导旅游开发	A. 开展得很好	B. 开展了	C. 不知道	D. 没开展	E. 完全没开展
16.13	补助旅游服务项目	A. 开展得很好	B. 开展了	C. 不知道	D. 没开展	E. 完全没开展
16.14	开展旅游服务培训	A. 开展得很好	B. 开展了	C. 不知道	D. 没开展	E. 完全没开展
16.15	招商引资发展旅游	A. 开展得很好	B. 开展了	C. 不知道	D. 没开展	E. 完全没开展

17. 您认为政府在你们村开展下列工作的力度大吗?

17.1	扶持生产和就业	A. 力度很大	B. 力度大	C. 不知道	D. 力度不大	E. 没有任何举措
17.2	移民搬迁安置	A. 力度很大	B. 力度大	C. 不知道	D. 力度不大	E. 没有任何举措
17.3	落实低保政策	A. 力度很大	B. 力度大	C. 不知道	D. 力度不大	E. 没有任何举措
17.4	开展医疗救助扶持	A. 力度很大	B. 力度大	C. 不知道	D. 力度不大	E. 没有任何举措
17.5	开展助学启智活动	A. 力度很大	B. 力度大	C. 不知道	D. 力度不大	E. 没有任何举措
17.6	投入财政扶贫资金	A. 力度很大	B. 力度大	C. 不知道	D. 力度不大	E. 没有任何举措
17.7	对口帮扶	A. 力度很大	B. 力度大	C. 不知道	D. 力度不大	E. 没有任何举措
17.8	进行生态补偿	A. 力度很大	B. 力度大	C. 不知道	D. 力度不大	E. 没有任何举措
17.9	整村推进规划	A. 力度很大	B. 力度大	C. 不知道	D. 力度不大	E. 没有任何举措
17.10	制订旅游发展规划	A. 力度很大	B. 力度大	C. 不知道	D. 力度不大	E. 没有任何举措
17.11	投资进行旅游宣传	A. 力度很大	B. 力度大	C. 不知道	D. 力度不大	E. 没有任何举措
17.12	指导旅游开发	A. 力度很大	B. 力度大	C. 不知道	D. 力度不大	E. 没有任何举措
17.13	补助旅游服务项目	A. 力度很大	B. 力度大	C. 不知道	D. 力度不大	E. 没有任何举措
17.14	开展旅游服务培训	A. 力度很大	B. 力度大	C. 不知道	D. 力度不大	E. 没有任何举措
17.15	招商引资发展旅游	A. 力度很大	B. 力度大	C. 不知道	D. 力度不大	E. 没有任何举措

18. 您认为政府的下列工作惠及您和您的家庭了吗?

18.1	扶持生产和就业	A. 非常有帮助	B. 有帮助	C. 不知道	D. 没帮助	E. 完全没帮助
18.2	移民搬迁安置	A. 非常有帮助	B. 有帮助	C. 不知道	D. 没帮助	E. 完全没帮助
18.3	落实低保政策	A. 非常有帮助	B. 有帮助	C. 不知道	D. 没帮助	E. 完全没帮助
18.4	开展医疗救助扶持	A. 非常有帮助	B. 有帮助	C. 不知道	D. 没帮助	E. 完全没帮助
18.5	开展助学启智活动	A. 非常有帮助	B. 有帮助	C. 不知道	D. 没帮助	E. 完全没帮助
18.6	投入财政扶贫资金	A. 非常有帮助	B. 有帮助	C. 不知道	D. 没帮助	E. 完全没帮助
18.7	对口帮扶	A. 非常有帮助	B. 有帮助	C. 不知道	D. 没帮助	E. 完全没帮助
18.8	进行生态补偿	A. 非常有帮助	B. 有帮助	C. 不知道	D. 没帮助	E. 完全没帮助
18.9	整村推进规划	A. 非常有帮助	B. 有帮助	C. 不知道	D. 没帮助	E. 完全没帮助
18.10	制订旅游发展规划	A. 非常有帮助	B. 有帮助	C. 不知道	D. 没帮助	E. 完全没帮助
18.11	投资进行旅游宣传	A. 非常有帮助	B. 有帮助	C. 不知道	D. 没帮助	E. 完全没帮助
18.12	指导旅游开发	A. 非常有帮助	B. 有帮助	C. 不知道	D. 没帮助	E. 完全没帮助
18.13	补助旅游服务项目	A. 非常有帮助	B. 有帮助	C. 不知道	D. 没帮助	E. 完全没帮助
18.14	开展旅游服务培训	A. 非常有帮助	B. 有帮助	C. 不知道	D. 没帮助	E. 完全没帮助
18.15	招商引资发展旅游	A. 非常有帮助	B. 有帮助	C. 不知道	D. 没帮助	E. 完全没帮助

三 关于当地旅游发展的情况

19. 您同意下列关于您所在村近几年旅游发展情况的说法吗？

19.1	本村旅游发展比邻村快	A. 非常同意	B. 同意	C. 不知道	D. 不同意	E. 完全不同意
19.2	来本村的游客越来越多	A. 非常同意	B. 同意	C. 不知道	D. 不同意	E. 完全不同意
19.3	游客在本村的停留时间越来越长	A. 非常同意	B. 同意	C. 不知道	D. 不同意	E. 完全不同意
19.4	游客在本村花的钱越来越多	A. 非常同意	B. 同意	C. 不知道	D. 不同意	E. 完全不同意
19.5	越来越多村民参与旅游发展了	A. 非常同意	B. 同意	C. 不知道	D. 不同意	E. 完全不同意

四 关于当地旅游发展带来的影响

20. 关于旅游发展对当地经济的影响，您同意以下说法吗？

20.1	促进了地方经济发展	A. 非常同意	B. 同意	C. 不知道	D. 不同意	E. 完全不同意
20.2	增加了就业机会	A. 非常同意	B. 同意	C. 不知道	D. 不同意	E. 完全不同意
20.3	增加了居民个人收入	A. 非常同意	B. 同意	C. 不知道	D. 不同意	E. 完全不同意

续表

20.4	农产品比以前好卖了	A. 非常同意	B. 同意	C. 不知道	D. 不同意	E. 完全不同意
20.5	造成了生活用品价格的上涨	A. 非常同意	B. 同意	C. 不知道	D. 不同意	E. 完全不同意
20.6	造成了房租（含商品）价格的上涨	A. 非常同意	B. 同意	C. 不知道	D. 不同意	E. 完全不同意

21. 关于旅游发展对当地社会环境的影响，您同意以下说法吗？

21.1	改善了基础设施（饮水、道路等）	A. 非常同意	B. 同意	C. 不知道	D. 不同意	E. 完全不同意
21.2	提高了本村的知名度	A. 非常同意	B. 同意	C. 不知道	D. 不同意	E. 完全不同意
21.3	促进了村民与外界的交流	A. 非常同意	B. 同意	C. 不知道	D. 不同意	E. 完全不同意
21.4	保护了地方传统文化（风俗习惯）	A. 非常同意	B. 同意	C. 不知道	D. 不同意	E. 完全不同意
21.5	加强了邻里间的联系和和谐关系	A. 非常同意	B. 同意	C. 不知道	D. 不同意	E. 完全不同意
21.6	增加了黄、赌、毒等现象	A. 非常同意	B. 同意	C. 不知道	D. 不同意	E. 完全不同意
21.7	使本地治安状况恶化	A. 非常同意	B. 同意	C. 不知道	D. 不同意	E. 完全不同意

22. 关于旅游发展对当地人口素质的影响，您同意以下说法吗？

22.1	提高了居民素质	A. 非常同意	B. 同意	C. 不知道	D. 不同意	E. 完全不同意
22.2	促进了从业者诚信经营	A. 非常同意	B. 同意	C. 不知道	D. 不同意	E. 完全不同意
22.3	使村民更多关注当地发展决策了	A. 非常同意	B. 同意	C. 不知道	D. 不同意	E. 完全不同意
22.4	使更多村民参与当地发展决策了	A. 非常同意	B. 同意	C. 不知道	D. 不同意	E. 完全不同意
22.5	使更多村民参加了旅游服务技能培训	A. 非常同意	B. 同意	C. 不知道	D. 不同意	E. 完全不同意

23. 关于旅游发展对当地生态环境的影响，您同意以下说法吗？

23.1	使村民自觉维护周边卫生环境了	A. 非常同意	B. 同意	C. 不知道	D. 不同意	E. 完全不同意
23.2	促进了垃圾、污水处理设施的建设	A. 非常同意	B. 同意	C. 不知道	D. 不同意	E. 完全不同意
23.3	促进了森林等自然生态环境的保护	A. 非常同意	B. 同意	C. 不知道	D. 不同意	E. 完全不同意
23.4	破坏了当地的森林、河流等生态环境	A. 非常同意	B. 同意	C. 不知道	D. 不同意	E. 完全不同意
23.5	使当地噪声增多了	A. 非常同意	B. 同意	C. 不知道	D. 不同意	E. 完全不同意
23.6	引起村里垃圾、污水等环境污染加重	A. 非常同意	B. 同意	C. 不知道	D. 不同意	E. 完全不同意

24. 您支持村里发展旅游业吗？ A. 非常支持　B. 支持　C. 不知道　D. 反对　E. 非常反对

五　关于可能遭遇的灾害/变故及其影响

25. 下列自然灾害发生的话，会给您的家庭带来影响吗？

25.1	出现极端灾害天气	A. 有很大影响	B. 有影响	C. 不知道	D. 没影响	E. 完全没影响
25.2	发生暴雨或融雪山洪	A. 有很大影响	B. 有影响	C. 不知道	D. 没影响	E. 完全没影响
25.3	发生泥石流、滑坡或崩塌	A. 有很大影响	B. 有影响	C. 不知道	D. 没影响	E. 完全没影响
25.4	农作物病虫害	A. 有很大影响	B. 有影响	C. 不知道	D. 没影响	E. 完全没影响
25.5	整体经济衰退	A. 有很大影响	B. 有影响	C. 不知道	D. 没影响	E. 完全没影响

26. 25题所列灾害给你们村带来的影响主要是（标出2—3项的顺序）：A. 粮食歉收　B. 贫困人口增加　C. 游客减少　D. 旅游经营艰难　E. 旅游从业者减少　F. 旅游投资商撤走　G. 其他_____

27. 上述灾害给您和您的家庭带来的影响主要是（标出2—3项的顺序）：A. 粮食歉收　B. 房屋被毁　C. 收入减少　D. 旅游收入减少　E. 生活变得困难　F. 其他_____

28. 受到上述灾害影响的话，您会选择（标出2—3项的顺序）：

A. 从事旅游经营　B. 打工　C. 种地　D. 靠存款维持生活　E. 找亲友接济　F. 等政府给予补贴　G. 不知道　H. 其他_____

29. 下列家庭变故发生的话，会给您的家庭带来影响吗？

29.1	家里有人生大病	A. 有很大影响	B. 有影响	C. 不知道	D. 没影响	E. 完全没影响
29.2	发生流行性传染病	A. 有很大影响	B. 有影响	C. 不知道	D. 没影响	E. 完全没影响
29.3	孩子上大学	A. 有很大影响	B. 有影响	C. 不知道	D. 没影响	E. 完全没影响
29.4	劳动力丧失劳动能力	A. 有很大影响	B. 有影响	C. 不知道	D. 没影响	E. 完全没影响

30. 29题所列家庭变故给您和您的家庭带来的影响主要是（标出2—3项的顺序）：A. 收入减少　B. 没有了收入来源　C. 生活变得困难　D. 其他_____

31. 受到上述家庭变故影响的话，您会选择（标出2—3项的顺序）：A. 从事旅游经营　B. 打工　C. 种地　D. 靠存款维持生活　E. 找亲友接济　F. 等政府给予补贴　G. 不知道　H. 其他_____

32. 下列环境变化发生的话，会给您的家庭带来影响吗？

32.1	环境污染（污水、垃圾）严重	A. 有很大影响	B. 有影响	C. 不知道	D. 没影响	E. 完全没影响
32.2	社会治安变差	A. 有很大影响	B. 有影响	C. 不知道	D. 没影响	E. 完全没影响
32.3	旅游资源被破坏	A. 有很大影响	B. 有影响	C. 不知道	D. 没影响	E. 完全没影响

33. 32题所列环境变化给你们村带来的影响主要是（标出2—3项的顺序）：A. 粮食歉收　B. 贫困人口增加　C. 游客减少　D. 旅游经营艰难　E. 旅游从业者减少　F. 旅游投资商撤走　G. 其他_____

34. 上述环境变化给您和您的家庭带来的影响主要是（标出2—3项的顺序）：A. 粮食歉收　B. 收入减少　C. 旅游收入减少　D. 生活变得困难　E. 其他_____

35. 受到上述环境变化影响的话，您会选择（标出2—3项的顺序）：

A. 从事旅游经营　B. 打工　C. 种地　D. 靠存款维持生活　E. 找亲友接济　F. 等政府给予补贴　G. 不知道　H. 其他＿＿＿＿＿＿

36. 下列竞争环境变化的话，会给您的家庭带来影响吗？

36.1	本村参与旅游经营的人越来越多	A. 有很大影响	B. 有影响	C. 不知道	D. 没影响	E. 完全没影响
36.2	邻村旅游业快速发展，如开发新项目	A. 有很大影响	B. 有影响	C. 不知道	D. 没影响	E. 完全没影响
36.3	游客过多，产生拥挤现象	A. 有很大影响	B. 有影响	C. 不知道	D. 没影响	E. 完全没影响

37. 36题所列竞争环境变化给你们村带来的影响主要是（标出2—3项的顺序）：A. 粮食歉收　B. 贫困人口增加　C. 游客减少　D. 旅游经营艰难　E. 旅游从业者减少　F. 旅游投资商撤走　G. 其他＿＿＿＿＿＿

38. 上述竞争环境变化给您和您的家庭带来的影响主要是（标出2—3项的顺序）：A. 粮食歉收　B. 收入减少　C. 旅游收入减少　D. 生活变得困难　E. 其他＿＿＿＿＿＿

39. 受到上述竞争环境变化影响的话，您会选择（标出2—3项的顺序）：A. 从事旅游经营　B. 打工　C. 种地　D. 靠存款维持生活　E. 找亲友接济　F. 等政府给予补贴　G. 不知道　H. 其他＿＿＿＿＿＿

40. 下列政策变化的话，会给您的家庭带来影响吗？

40.1	扶贫政策终止	A. 有很大影响	B. 有影响	C. 不知道	D. 没影响	E. 完全没影响
40.2	旅游扶贫政策终止	A. 有很大影响	B. 有影响	C. 不知道	D. 没影响	E. 完全没影响

41. 40题所列政策变化给你们村带来的影响主要是（标出2—3项的顺序）：A. 粮食歉收　B. 贫困人口增加　C. 游客减少　D. 旅游经营艰难　E. 旅游从业者减少　F. 旅游投资商撤走　G. 其他＿＿＿＿＿＿

42. 上述政策变化给您和您的家庭带来的影响主要是（标出2—3项的顺序）：A. 粮食歉收　B. 收入减少　C. 旅游收入减少　D. 生活

变得困难　E. 其他_____

　　43. 受到上述政策变化影响的话，您会选择（标出2—3项的顺序）：A. 从事旅游经营　B. 打工　C. 种地　D. 靠存款维持生活　E. 找亲友接济　F. 等政府给予补贴　G. 不知道　H. 其他_____

恩施州旅游扶贫访谈提纲

_____相关领导：

因项目研究需要，敬请贵单位提供旅游扶贫的相关资料并介绍相关情况，具体包括：

1. 近 5 年本地制定、实施的旅游扶贫政策；
2. 近 5 年本地重点旅游扶贫对象、具体措施；
3. 近 5 年来建档立卡贫困户的贫困原因、脱贫和返贫情况；
4. 近 5 年本地旅游扶贫在经济增长、社会文化、素质提升和生态环境等方面取得的成效；
5. 旅游扶贫的典型案例地；
6. 当地在旅游扶贫中遇到的困难及尚存在的相关问题。

旅游扶贫研究课题组
2017 年 4 月 1 日

恩施州旅游扶贫概况

为了更加客观、全面地反映恩施州旅游扶贫情况，本书在对农户进行问卷调查之外，还针对旅游主管部门官员、村镇干部等关键利益相关群体进行了深度访谈，以深入了解案例地旅游扶贫情况。访谈涵盖了恩施州 6 个县市的 25 个村，3 个县市级旅游局，8 个乡镇政府，1 个乡镇级扶贫办，共计访谈 43 人次。其中，访谈村干部 24 人次，县市级旅游主管部门工作人员 5 人次，乡镇政府工作人员 9 人次，旅游企业工作人员 3 人次，村民 2 人次。①

恩施州旅游扶贫研究访谈基本信息表

序号	访谈时间	访谈地点	访谈对象人数
1	2017 年 6 月 29 日	宣恩县旅游局	2
2	2017 年 6 月 29 日	宣恩县万寨乡乡政府	1
3	2017 年 6 月 29 日	宣恩县万寨乡伍家台村	1
4	2017 年 6 月 30 日	宣恩县椒园镇镇政府	1
5	2017 年 6 月 30 日	宣恩县椒园镇水田坝村	1
6	2017 年 6 月 30 日	宣恩县椒园镇庆阳坝村	1
7	2017 年 7 月 1 日	宣恩县椒园镇洗草坝村	1
8	2017 年 7 月 1 日	宣恩县晓关侗族乡野椒园村	1
9	2017 年 7 月 8 日	宣恩县沙道沟镇镇政府	1
10	2017 年 7 月 8 日	宣恩县沙道沟镇两河口村	1
11	2017 年 7 月 2 日	咸丰县黄金洞乡乡政府	1
12	2017 年 7 月 2 日	咸丰县黄金洞乡麻柳溪村	1
13	2017 年 7 月 3 日	咸丰县旅游局	2
14	2017 年 7 月 3 日	咸丰县中堡镇板桥村	1
15	2017 年 7 月 3 日	咸丰县高乐山镇白地坪村	1
16	2017 年 7 月 4 日	咸丰县坪坝营镇镇政府	1

---

① 除特别说明外，文中描述的情况均为 2017 年 7 月实地调研的结果。另为保护访谈对象隐私，文中只列出了关于旅游扶贫的访谈结果，未描述访谈对象信息。

续表

序号	访谈时间	访谈地点	访谈对象人数
17	2017年7月4日	咸丰县坪坝营镇坪坝营村	1
18	2017年7月5日	鹤峰县容美镇屏山村	2
19	2017年7月6日	鹤峰县走马镇升子村	1
20	2017年7月6日	鹤峰县走马镇木耳山	1
21	2017年7月6日	鹤峰县五里乡南村村	1
22	2017年7月6日	鹤峰县五里乡政府	1
23	2017年7月7日	鹤峰县中营镇大路坪村	1
24	2017年7月7日	鹤峰县中营镇镇政府	1
25	2017年7月7日	鹤峰县燕子镇董家河村	1
26	2017年7月7日	鹤峰县燕子镇镇政府	1
27	2017年7月11日	来凤县旅游局	1
28	2017年7月9日	来凤县三胡乡黄柏村	2
29	2017年7月11日	来凤县三胡乡石桥村	1
30	2017年7月1日	来凤县百福司镇舍米湖村	1
31	2017年7月1日	来凤县漫水乡乡政府	1
32	2017年7月1日	来凤县漫水乡鱼塘村	1
33	2017年7月11日	来凤县翔凤镇仙佛寺村	2
34	2017年4月21日	恩施市沐抚办事处营上村	1
35	2017年4月22日	恩施市龙凤镇龙马村	1
36	2017年4月23日	恩施市盛家坝乡二官寨村	1
37	2017年4月24日	恩施市芭蕉侗族乡高拱桥村	1
38	2017年4月25日	建始县花坪镇小西湖村	1
合计			43

现结合访谈数据和受访者提供的资料，简要汇总案例地各县市、村镇的旅游扶贫情况。下文仅代表受访者的个人观点，不涉及课题组的立场。

一 宣恩县

(一) 宣恩县旅游扶贫概况

1. 基本情况

宣恩县地处湖北省西南边陲，东接鹤峰，西邻咸丰，东北、西北及北部与恩施市交界，西南同来凤毗连，东南与湖南省龙山、桑植等县接壤。宣恩县辖3个镇、6个乡，总面积2740平方公里。截至2020年年末，宣恩县总人口35.71万人。

2. 旅游发展概况

2016年宣恩县接待游客141.02万人次，实现旅游收入6.2497亿元。2017年，宣恩县旅游发展呈现"井喷式"增长，至2017年5月游客接待量达到65.35万人次，实现旅游收入2.6亿元，仅清明节接待游客量就达到11.4万人次，同比增长425%，实现旅游收入3546.16万元，同比增长172%。

2017年宣恩县发展旅游的主要工作任务是：①生态立县，创建国家级全域旅游示范区，计划三年（2017—2019年）完成。②建立推进服务机制、联席会议和融资机制，找有实力、有信用的企业担保。③在高A级旅游景区建设方面，提出"1+4"的发展目标，即1个5A级旅游景区和4个4A级旅游景区。1个5A级旅游景区为彭家寨土家吊脚楼群，将在保护的基础上开发，并带动周边9个村寨的发展，这也是目前宣恩县旅游发展的重中之重，此景区的规划费用已达上百万元，2017年6月20日旅游区总体规划通过评审，并推向博览会，引起中国国旅等企业的关注。4个4A级旅游景区包括伍家台景区、"锣圈岩+水田坝+洗草坝"景区群、野椒园和朱仙镇。伍家台景区正在做规划，2016年8月23—25日已通过4A级旅游景区评审，该景区主要是以发展乡村旅游为主，不收门票。在景区建设方面，由政府投资修建基础设施，已投入资金2亿多元。在村里成立了昌臣茶叶公司，并在此基础上，成立湖北伍家台旅游公司，现已转为民营企业。此景区现正在进行资本调整，要通过收门票和停车费等增加其经营性，以便加强管理。锣圈岩、水田坝、洗草坝三个地方整合资源共同建设成一个景区，2014年开始发展旅游，已投入11亿元，也是湖北省重点项目，计划2017年年底开园。野椒园村是一个侗族村寨，以侗族文化为主，如杨家院子、张家院子、侗族大歌等。2016年4月动工，计划投入12亿元，也是2017年的湖北省重点项目，计划年底开园。朱仙镇在县城，也将打造成4A级开放景区。

在旅游宣传方面，宣恩县的旅游宣传口号是"仙山贡水，浪漫宣恩"，主要针对武汉市场投放宣传片。宣恩县2017年的亮点是湖北省农旅文化推广活动，2017年3月30日至4月30日举行了茶文化旅游推广活动,主会场设在人民广场,推广贡茶文化,起到了很好的效果。伍家台茶文化旅游活动的开展带动了周边农民就业、增收,茶收入同比增加30%—40%。

3. 主要扶贫措施

宣恩县已设立了旅游发展专项基金,共计约1亿元,主要用于:①投入建设水、电等基础设施的建设,以及旅游公路、旅游公厕的建设;②为11个贫困村做扶贫规划,如长潭河乡的杨柳池村,高罗乡的清水塘村;③会同公安等部门进行安全等方面的检查;④支持农家乐发展,每年组织一次农家乐培训。宣恩县之前大型农家乐近300家,现只剩下120家,其中,五星级2家、四星级2家、三星级3家。农家乐带动就业约3000人。

宣恩县还引进大量投资以发展旅游。例如,引入联华集团在水田坝村打造了一批民宿,可容纳50—60人住宿,统一建筑风格和服务标准,民宿建好后交当地农户经营,收入由公司和农户按3∶7分成。此外,锣圈岩与洗草坝、玉佛洞一起由绿野开发有限公司开发投资12亿元,伍家台、野椒园都是引进企业投资,彭家寨是以政府投资为主,企业参与。

(二) 宣恩县万寨乡旅游扶贫概况

1. 基本情况

万寨乡位于宣恩县城的东北部,乡政府所在地距县城29千米。东西、东南面与本县的长潭乡和恩施市新塘乡相邻,南面与本县椒园镇、珠山镇相壤,西面与恩施市芭蕉乡相连,北面与恩施市三岔隔江相望。万寨乡辖24个村,面积183平方千米,人口3万人。全乡茶叶企业78家,规模以上企业年产值50多万元,主要为茶叶种植和制茶厂。

2. 旅游发展概况

2012年,万寨乡在美丽乡村建设的带动下开始发展乡村生态旅游,需要改造房屋,整治环境,把房屋统一为飞檐翘角,并进行危房改造。

2013年,结合县的美丽乡村规划建设三坝两寨(谭家坝、大岩坝、盛家坝、万寨、彭家寨),支持万寨19个村发展茶产业,特别是伍家台。伍家台海拔800米,自然环境好,错落有致,云雾缭绕,是产好茶的地方,因此农业部门先推其茶叶,并将伍家台茶文化的内涵提炼为有机、富硒、贡文化。而后，受到国家部委等多方面的关注，提出伍家台要发展乡村生态旅游，调整产业结构，配套基础设施。财政农发办拨资金修建了伍家台游步道，并于2013年建成，总长800多米，对伍家台生态旅游的发展形成倒逼趋势。2013年下半年选址于晒谷岭修建乾坤壶，壶嘴朝向正对北京，壶高17.84米（因为1784年乾隆皇帝御赐了"皇恩宠锡"牌匾），从壶嘴可以出水，形成一个循环；壶内可以摆桌喝茶。至于为何叫乾坤壶，是因为在伍家台五组，族人找到一把壶，上面刻有一首诗，具体内容不详，包含"容纳乾坤"四个字。

2014年10月，伍家台被评为最美乡村，获得"荆楚最佳景观奖"。在水利、国土、民族宗教、交通等部门的支持下，伍家台大力发展以茶为根本、贡文化为魂的生态旅游。

2015年投资100多万元引进索道，并建立微信宣传平台。

2016年，创建全域旅游，基本思路是"一线串5珠"。在教育城—白虎山一线依托城郊接合部发展生态旅游，建设马鞍山茶园；在伍家台—凉风村—椒园一线规划中国贡茶特色小镇，面积约6.5平方千米；在万寨乡镇府大河坝，沿22号省道拓宽为4车道，建设迎宾大道，并将茶树作为景观元素融入其中；在千狮营—石心河一线建旅游码头，利用水上交通便利，结合中武当，开发水上旅游项目，品茶论道。

2017年3月31日至4月由原湖北省旅游委、农业厅主导举办了"茶旅群英会，浪漫宣恩情"。2013年、2014年、2016年和2017年各举行了大型文化活动，前期叫"开园文化节"，2015年在此召开县域经济工作会议。

3. 主要扶贫措施

结合精准扶贫，旅游扶贫工作的基本思路是茶旅融合，茶农同时也是农家乐老板。

第一，政府引导、市场引入，提高伍家台的知名度。

第二，夯实基础，做强品牌。2011年获伍家台贡茶品牌，国家地理标志，中国驰名商标，动车D2259以"伍家台贡茶号"命名。

第三，创新机制，提高效益。采用"公司+基地+农户"的模式，大手牵小手，以企业带动农户；采取"1+X"的模式，一家龙头企业带动若干家小企业。其中的龙头公司是伍家台旅游发展公司，是基于由村集体后转为民营的茶叶公司发展出来的。在发展过程中,村委亲自帮忙包装、示范、找销路、拓市场,提高茶农效益,并申请伍家台贡茶的有机认证。

第四,发展旅游产业,延伸扶贫链条。茶园为"公益公园+景区"的模式,受到游客青睐。开展访茶之旅,努力发展茶叶产业,争取打造为全国名茶,提高区域影响力。通过旅游带动了全乡约1万人的就业,促进了几百人回乡创业,有时还要雇用外地人工作。他们主要是参与农家乐、小吃、交通运输、手工制茶展演(非遗)等。

第五,精准扶贫。易地搬迁安置735户,其中伍家台安置了213户。搬迁户的主要生计是围绕茶叶产业链开展茶叶的种植、加工和销售。通过对困难群体的本地安置扩大当地消费群体。

4. 当前的问题

当地很少有自然灾害,只有少量病虫害。因为发展有机茶,所以要求茶叶不打农药,采用有机杀虫、杀虫灯。对茶叶种植影响比较大的还有冻害,主要是倒春寒,会推迟茶树发芽,造成茶叶减产,但影响不大,因为价格会因为减产而提高,因此对收入影响不大。

(三)宣恩县万寨乡伍家台村旅游扶贫概况

1. 基本情况

宣恩县万寨乡伍家台村历史悠久,人文风貌独特,自然资源丰富,自古为寻幽览胜之地。此地盛产茶叶,多为极品,施南府历代土司皆择此地佳茗入奉宫廷。清乾隆四十八年(1784年),皇帝御赐"皇恩宠锡"牌匾,伍家台"贡茶"因此名扬天下。2017年3月,在国家民族事务委员会发布的《关于命名第二批中国少数民族特色村寨的通知》(民委发〔2017〕34号)中,伍家台村被作为第二批"中国少数民族特色村寨"予以命名挂牌。

2. 旅游发展概况

伍家台村的旅游脱贫现象并不明显,主要是昌臣公司带动农家乐的发展。昌臣公司原来是村集体企业,后来转为民营股份制,在此基础上成立了伍家台旅游发展公司。

昌臣企业的主要作用:一是土地流转;二是临时用工,涉及20—30户,每户收入能达到2万—3万元;三是对典型贫困户(主要是残疾人）的帮扶，长期聘请贫困户看护茶叶基地或从事管理茶叶等工作，年收入可达2万元；四是与一般贫困户签订收茶协议，帮助买化肥、杀虫板，并负责收购茶叶，比市场价每斤高0.2元。

全村共有7户农家乐，每户农家乐招聘1—2名贫困户到公司务工。目前旅游的带动作用主要是：农家乐提供就业岗位大概有10—20人，人均年收入1万—2万元；收购农民蔬菜，大概有40—50户。

该村村干部认为，要促进旅游的发展，还应该加大景区建设，并且景区应该适当收门票，使企业有创收空间，也便于统一管理。

3. 主要扶贫措施

2008年伍家台村建档立卡贫困户有143户，通过产业、技术指导、务工等帮扶措施，2015年已减少到42户。目前的致贫原因主要是因病、因残致贫。之后，通过政府的政策兜底，落实五保、低保政策，现在全村已经没有贫困户，但拿低保补贴的仍有30户，其中精神病人14人，癌症患者7—8人。政府还对进行养殖、种植、购置机械的农户给予贷款，惠及近50户农户，旨在促进当地农业发展。

在旅游扶贫工作上，政府会给予发展农家乐的老板一定的建设补贴。旅游就业合计20—30人，年收入不到2万元，主要的收入来源还是茶叶。全村大约有5000亩茶园，每亩茶叶的年收入超过3000元。还有一半劳动力在附近的县城或乡镇打工，年收入1万—10万元。

4. 当前的问题

全村基本没有发生大的自然灾害，但每年都有冻害等自然灾害发生，受灾面积约占茶叶总种植面积的1/3，茶叶收入减少10万—20万元。

（四）宣恩县椒园镇旅游扶贫概况

1. 基本情况

椒园镇位于宣恩县西北部，1996年成立，素有"宣恩北大门"之称。椒园镇共有10个民族，面积180.17平方公里，6510户，2.45万人，土地64950亩，其中耕地27407亩。2014年年底高速公路通车。其中"三坝一坪一洞一天坑"（水田坝、洗草坝、庆阳坝、黄坪、白玉洞、锣圈岩大天坑），现在已经整合为千户土寨景区。

2. 旅游发展概况

椒园镇的旅游发展模式可以概括为"1+3+1+1+X"。第一个1为集镇，3为水田坝、洗草坝和庆阳坝三个村子，第二个1为锣圈岩，第三个1为集中安置，X为周边的各个村落。

目前，水田坝的旅游工作主要是依托千户土家发展民宿，已投资2000万元用于水田坝民宿的改造；庆阳坝主要进行老街修复，对老街开展保护性开发，目前年接待游客约5000人次；锣圈岩于2017年年底试营业，与玉佛洞邻近，由浙江绿野开发有限公司投资开发，目前三个景区投入12亿元；洗草坝有2000亩江南草原，主要发展骑马、水上游乐、篝火等旅游项目；黄坪村有1800亩黄金梨，每年举办采摘节、梨花节，年收入可达上千万元，人均收入可达5000元，2000多人受益。

目前椒园镇有农家乐80多家，每户农家乐可带动5人就业。证件齐全达二星级农家乐后可获得政府补贴1万元，雇用一位贫困户可一次性补贴2000元，但每户农家乐雇用贫困户的人数不能超过10人。每动工一个旅游景区，旅游局会配备一个专班，对景区进行监督和协调。

3. 主要扶贫措施

椒园镇的主要扶贫措施包括两个方面：一是易地搬迁，主要针对一方水土不能养育一方人的贫困户，集中安置与分散安置相结合，集中安置点主要为椒园集镇，在209工业园区对面，便于解决易地搬迁户的就业问题。二是产业扶持，主要是目前的三个20千米产业，即320工程，积极推动烟、茶、黄金梨等经济作物规模化、专业化发展。

4. 当前的问题

返贫的主要因素是因病致贫。镇政府工作人员认为，目前的扶贫工作有较大压力，主要来自两个方面：一是工作人员有限，州级扶贫工作人员撤走后，帮扶人员越来越少；二是帮扶项目的减少。但是，国家扶贫工作并未结束，应与2018年全县脱贫同步。

(五) 宣恩县椒园镇水田坝村旅游扶贫概况

1. 基本情况

椒园镇水田坝村位于椒园镇中部，距椒园集镇7千米，全村辖10个村民小组，全村总户数696户，总人口2426人。全村面积为10平方千米，耕地面积3096亩，现主要产业为茶叶生产和销售，2013年农民年人均纯收入5469元。水田坝村是全县特色民居示范村，也是"千户土家"的核心区，是集产业、休闲、旅游于一体的美丽乡村。

2. 旅游发展概况

水田坝村目前有民宿30户，由联华公司统一管理，由其提供客源，最后将所得平均分给村民（民宿所有者）。该项目从2016年年底开始进行，2016年一年接待人数约12万人次，这些游客均为联华公司带来，散客到访约5万人次。

目前全村有四五家农家乐，客源较少，每年的春茶采摘时为接待高峰。

水田坝村计划建设一个栈道，长约3千米，由政府投资，预计2017年10月底完成。

3. 主要扶贫措施

水田坝村是畜牧局的对口帮扶村，目前建档立卡贫困户86户，贫困户户均收入4000元左右。

产业扶贫措施主要是种植和加工茶叶。教育扶贫方面，义务教育阶段每学年补助1200元，职业高中每学年补助3000元。已经通过易地搬迁安置了7户，目前仍有4户需要安置。生态补偿方面，每亩耕地的补贴是79.5元。

旅游脱贫方面主要是通过民宿吸纳贫困户就业。联华公司统一管理的30户民宿中，有4户为贫困户，已经实现脱贫。

4. 当前的问题

由于全村合作医疗覆盖范围广，因病返贫的农户较少。全村常会遭受水灾、雪灾等自然灾害的侵袭，但灾害危害不大，对农户影响甚微。水田坝村偶尔会发生火灾等其他灾害，曾经有一户村民因火灾而返贫。

（六）宣恩县椒园镇庆阳坝村旅游扶贫概况

1. 基本情况

庆阳坝村地处宣恩县椒园镇西北部，在籍人口1714人，分为10个小组，459户村民。全村70%以上的人是少数民族。2017年3月，庆阳坝村被纳入第二批"中国少数民族特色村寨"名录。

庆阳坝村的主要经济来源是茶叶生产和外出务工。目前，该村的茶叶共计2260亩，人均1.3亩，平均每亩茶园可实现年收入3500—4000元。全村的茶叶加工厂共计14家，其中一家为宜昌采花集团所属，其余13家为村民私人所有,生产效益较好的加工厂可实现年毛收入30万—50万元。

2. 旅游发展概况

2013年,庆阳老街正式开始发展旅游业,并结合茶园绿色经济带共同发展,2016年全年接待旅游人数约2万—3万人次。

全村共有农家乐4家,多为小型农家乐,尚未形成规模,其中一家农家乐可提供住宿服务。每户农家乐的年均收入1万元左右,经营最好的一家年收入2.5万—3万元。这些农家乐共吸收当地直接从业人数10人左右。

乡镇政府用于旅游方面的投资主要有:①庆阳老街及茶园的投资,迄今为止庆阳老街共计投资1000万元,目前仍有一个200万元的项目处于招标中;②茶园绿色经济带投资主要为道路铺设,目前道路铺设共计投资400万—500万元。③旅游节庆,该村共举办三届节庆活动,本届政府投入约4万元,实现旅游收入约8万元。

3. 主要扶贫措施

贫困户农家乐每户补助1万—2万元,庆阳坝村的4家农家乐无建档立卡贫困户,农家乐每雇用一名贫困户,可获得补助2000元,2万元封顶。

目前的扶贫措施主要有:①易地搬迁。易地搬迁须符合的条件:交通条件较差,房屋条件差且无钱修补。目前庆阳坝村共计易地搬迁户30户,主要安置点为庆阳坝村、工业园、椒园镇集镇、水田坝村。易地搬迁的人均住房是25平方米,其中房型有40平方米的单人间、50平方米的双人间、75平方米的三人间,最大的是125平方米的四人间。易地搬迁一般由本村统计需要易地搬迁的人数和户数,上报上一级政府后,上一级政府根据上报情况进行分批修建。②危房改造。房屋居住条件较差、又未达到易地搬迁标准者可申请危房改造,每户最多补助不超过3万元,最少不少于1万元。③此外,庆阳坝村还实施了教育扶贫、医疗扶贫、大病救助等扶贫政策,帮助贫困农户摆脱贫困,走向小康。

4. 当前的问题

本村可能导致返贫的因素有因病和因灾致贫。目前,本村一户人家因大病卖房导致贫困,后对其进行建档立卡,享受易地搬迁福利政策,并纳入低保；一户农户因火灾导致贫困，享受政府危房改造补贴3万元；另外本村还存在小幅度的山体滑坡，因村中一户人家房屋距离滑坡位置较近，政府对其采取易地搬迁措施。

（七）宣恩县椒园镇洗草坝村旅游扶贫概况

1. 基本情况

洗草坝村共辖5个村民小组，总户数168户，总人口660人，劳动力336人。洗草坝村面积5平方千米，林地2542亩，常用耕地794亩，其中水田89亩，旱地705亩。

2. 旅游发展概况

目前洗草坝村每年接待游客人数约40万人次，清明节、国庆节、五一节等节假日日均可实现千人以上的游客接待量。村民在旅游方面的收入主要为出租帐篷、烧烤架等获得的租金。2008年中秋节，州水利局组织了约上千人到洗草坝村进行越野车比赛，并组织了篝火晚会，这是洗草坝村第一次大规模接待游客。

洗草坝村共有两个旅游业从业"团体"：下坝与上坝。①下坝共19户村民，其中有贫困户10户。通过发展旅游，居民2016年一年收入1万元左右，2017年预计2万—3万元，除去成本，人均仅获得200元左右的纯收入。②上坝共18户，其中12户为帐篷租赁、1户为马场、1户为水上滚球、1户为射击、3户为玩具销售。2005年，有4户外出打工返乡的年轻人首先发起烧烤架、帐篷出租经营，带动其他农户也加入进来。上坝一年可实现收入40万元左右。其经营模式为：参与者以轮班制共同经营，每日2户人家轮班，负责出租、垃圾清理等工作，所得收益所有参与户平分。

来自温州的投资商已于2014年与政府签订了开发合同，但目前洗草坝的开发因土地、利益分配等问题，与村民无法有效协商。目前村委会对于土地问题的解决提出了三个方案：出租、入股或出售，其中出租和入股为优选项。

3. 主要扶贫措施

洗草坝村共有低保户24户，五保户5户，建档立卡贫困户52户，贫困人口144人，2016年人均年收入2760元。其中，2014年脱贫5户，16人，2015年脱贫13户，41人，2016年脱贫34户，87人。贫困户和贫困人口分别占总户数和总人口的 30.9% 和 21.8%。

洗草坝村已经启动了贫困户易地搬迁的工作，需要易地搬迁的农户共计 11 户，已经完成了 4 户农户的搬迁工作，搬迁地址为水田坝村。

洗草坝村容易受到洪水、低温冻害、虫害、病害（红疱）等自然灾害的影响。其中，洪水对农业生产的影响最大，每年的夏茶和秋茶都会受到洪水的影响，严重时，有将近 80 亩茶叶受到影响，减产 80%。其次是低温冻害和虫害的影响，茶叶产量会减少 30% 左右。

4. 当前的问题

目前，旅游经营者之间的竞争环境恶劣：若有新的农户，希望在上坝或下坝进行旅游经营，会受到排挤；上坝与下坝之间存在激烈竞争；村民的旅游经营者与开发商之间，对于如何进行利益分配、土地的归属问题，存在极大分歧，开发商认为土地属于国家资产，村民认为土地属于村民集体所有。

（八）宣恩县晓关侗族乡野椒园村旅游扶贫概况

1. 基本情况

晓关侗族乡位于宣恩县西南部，全乡辖 40 个行政村，441 个村民小组，1.2 万户，总人口 4.3 万人，其中侗族人口约占 75%，全乡国土面积为 429.8 平方千米，常用耕地面积 6.3 万亩，其中，水田 2.5 万亩、旱地 3.8 万亩、林地 34 万亩、水面 0.6 万亩。

野椒园村共辖 9 个村民小组，总户数 197 户，总人口 631 人，外出务工人员 230 人，2016 年人均年收入 8347 元。2014 年入选第三批"中国传统村落"名录。目前野椒园村的主要产业为茶叶，有茶园 937 亩。

2. 旅游发展概况

野椒园村共有 3 家农家乐：2012 年开办了第一家侗族农家乐，2015 年开办了一家生态农庄和第二家侗族农家乐。在开办时 3 家农家乐均领到了政府的 1 万元补助，目前 3 家均处于亏损状态，基本上已经停业。

农历六月初六为侗族春节，野椒园村会举办合拢宴进行庆祝，目前已经举办两届。2017 年，借助山地自行车大赛举办了大型的合拢宴，共设宴席 25 桌，每桌约 12 人，约 300 人参加。

野椒园村计划于 2017 年年底实现 4A 级旅游景区"野椒园旅游景

区"对外开园，该景区于 2016 年 4 月 19 日开始动工建设。

野椒园景区的主要投资公司为湖北茶旅公司，由县政府进行招商引资，共投资 2 亿元，主要用于张家院子和杨家院子的侗寨修葺与维护、游步道铺设、玻璃栈道及风雨桥修建、张家院子至长沙坝 2.2 千米公路的修建等。该景区还制定了旅游规划，计划于 2020 年升为 5A 级旅游景区。景区的主要吸引物是有 300 年历史的侗寨杨家院子和 200 年历史的张家院子。主要特色为"六古"：古寨（张家院子和杨家院子）、古作坊（造纸、鞭炮）、古文化（语言、侗族大歌、侗族服饰等）、古树（古枫香树和鄂西红豆树王）、古鱼（娃娃鱼）、古墓。开园后预计可实现就业人数 200 人。景区规划的主要空间布局为一轴（贡水河）—两翼（张家院子、杨家院子）—三珠（侗寨、水上明珠、休闲娱乐）、四区。景区正在建设"野椒园数字博物馆"，实现不到实地就可以身临其境般观看侗族古寨。

该村设置了两个国家地质灾害监测点。紧邻 223 省道的便利交通条件也是该村发展的一大优势。

3. 主要扶贫措施

2014 年该村共有建档立卡贫困户 71 户，贫困人口 191 人，目前尚有 43 户未脱贫，但根据国家最新的标准，野椒园村实际已经实现全部脱贫。

该村主要的扶贫措施有易地搬迁、教育扶贫和对口帮扶。易地搬迁的住房为天井四合院，由政府投资 1000 万元修建；教育扶贫措施是雨露计划，对就读幼儿园、小学、初中、中专、大专的学生依次补助 500 元、1000 元、1500 元、2000 元、3000 元。乡镇干部还对 71 户建档立卡贫困户进行精准到户的对口帮扶。

4. 当前的问题

山体滑坡是野椒园村主要的自然灾害。

（九）宣恩县沙道沟镇旅游扶贫概况

1. 基本情况

沙道沟镇位于县境东南部，面积 657.79 平方千米，占宣恩县的 1/5。镇政府驻沙道沟。该镇为一类贫困地区，2015 年全镇人均收入 7800 元。全镇共有 49 个村，522 个村民小组。本镇为商贸活跃的边贸小镇，商贸流通业比较发达，但是加工产业链较差，旅游服务处于刚刚起步阶段。目前，该镇主要收入来源是务工，白酒、药材、烟叶等尚未形成产业，机械化程度也比较低。

2. 旅游发展概况

沙道沟镇现有自然旅游资源包括：两个国家级自然保护区，即七姊妹山自然保护区和八大公山自然保护区，均位于两者的缓冲区内，为可开发区域；"八百里清江，九百里酉水"，沙道沟镇是酉水的发源地，酉水是土家族的母亲河，该河最终汇入湖南洞庭湖以及龙潭河。

沙道沟镇的人文旅游资源有：第七批国家级重点文物保护单位彭家寨；县级重点开发项目两河口苏维埃旧址，但目前损毁较为严重。

彭家寨目前的发展由县政府着手整改，不仅只发展彭家寨，同时共同规划了周边9个寨子，以延长旅游线路，如龙潭河、木笼寨、白水村，可使游览时间延长至3—4天。

彭家寨在开发中的问题：核心区之内不允许开发，但核心区域（线内）享受水、电等基础设施的便利条件，核心区外什么都没有，一线之隔存在差距，会引发村民的不平衡。经过十多年的发展，彭家寨变化并不大。

旅游业发展以避暑养生为主，目前有床位40个，客源较为固定。本镇重点项目为木笼寨和白水村。

3. 主要扶贫措施

目前全镇共有贫困户7000人，2017年6个村庄将实现整体脱贫，2018年将实现14个村庄脱贫，至2018年将实现全镇脱贫。

易地搬迁、教育扶贫、招商引资以及旅游扶贫是沙道沟镇的主要扶贫措施。

（1）全镇易地搬迁2727户，本镇的搬迁户数等于整个来凤县的搬迁户数，目前全镇共有集中搬迁安置点11个，已经全部启动。集中安置点主要有松坪集镇点，该集镇点将安置1500户贫困户，另一个集中安置点主要为上洞安置点，该安置点将安置贫困户1000户，目前两个安置点正在进行建设。对于集中安置点贫困户的就业问题，主要通过招商引资，建设商贸综合体的方式解决，集中安置点将引入一家白酒加工企业、一家电子加工企业、三家连锁超市，可解决一部分人的就业问题。

（2）教育扶贫主要执行国家的雨露计划。

（3）招商引资方面，主要培植达到一定规模的线上商贸企业，以增加就业，目前本镇有两家。

（4）旅游扶贫方面：①木笼寨的贡米由袁隆平题字"天然好米"，曾在粮食展销会上得奖，准备打造为农旅结合的田园综合体，旅游规划的方案初步通过评审会，规划费用8万元，该田园综合体可解决20—30户搬迁户的就业问题。目前木笼寨的"贡米"已经由一家国企经营。②白水村为重点贫困村，准备打造酉水桃园，可解决20—30户搬迁户的就业问题。木笼村、百水村可以结合易地搬迁，带动40户左右村民参与旅游。③龙潭、两河口村等其他地区，主要依靠各村自己的发展来解决旅游扶贫问题。

政府投入：国土整治方面，投入约200万元将农田间道路改为步游道，共改造步游道1000多米；在"绿满荆楚"的实际运作中，将旅游规划与扶贫规划相结合，建设田园综合体。

生态补偿：可获得国家级自然保护区的生态补偿，但本镇不在核心区，每亩补助较低，约为7元，沙坝、龙潭村得到的补助较多；退耕还林及粮食直补，每亩100元左右。

4. 当前的问题

目前，产业发展是该镇在扶贫工作中面临的重要问题。各村集体要实现每年收入5万元以上，需要产业、店铺门面等方面的支持。

全镇主要自然灾害为地质灾害，较少发生其他类型的自然灾害，目前已在沙坝、茶园设有地质灾害监测点。该镇农户返贫的主要原因是疾病，虽然有大病救助等政策，但是条件相对苛刻，对个别农户来说实用性不强。

（十）宣恩县两河口村旅游扶贫概况

1. 基本情况

两河口村共有8个村民小组，1503人，404户，耕地面积1995亩，可利用的非耕地（荒地）2010亩，总面积8.2平方千米。两河口村主要的产业为白柚、药材（百合和柏树）及基本的农作物。人年均收入5760元，其中白柚和药材占30%，外出务工占70%。

两河口村发展旅游的主要是第8村民小组彭家寨,以及第6村民小组的一部分,其中8组有45户,220人,6组有60户,260人。

2. 旅游发展概况

两河口村最早于2003年出现农家乐,但当时的农家乐属于无证经营,从2003年、2004年陆续有游客前来,2006年、2007年游客逐渐增多,当时大概每年有5000人次左右,2016年一年到访游客1.5万—2万人次,节庆日期间单日可达上千人次。两河口村于2007年正式开始经营农家乐,目前全村有农家乐13家,彭家寨共有9家,年收入较优的约20万元,较差的3万—5万元。每户农家乐平均雇用服务人员2—3个,游客较多时会雇用临时服务人员,每天发放劳务约100元。农家乐厨师每月的工资为3000—4000元,服务员每月的工资为2000元,目前共有70—80人从事旅游业。每户农家乐均有住宿,户均提供10个床位。

政府对农家乐进行补助,目前验收合格并获得补助的农家乐有5—6家。人社部门对农家乐组织了技工培训,如参加培训可申请三年期的贴息贷款,为5万—10万元;2016年组织农家乐经营户参观了枫香坡、小西湖村等,参观人数50—60人次。

彭家寨提供的旅游活动主要是漂流。漂流目前有几十人参与经营,都是两河口村村民,员工由公司自己培训,并购买保险。漂流共有几十艘皮划艇,其运营实行股份制。

目前彭家寨累计投入4000万—5000万元用于文物修复及基建(水、电、路、排污、沟渠整治等),由县里进行统筹规划。2014年起成立文物管理所,景区管理委员会由专人负责,目前有2名工作人员,常年值班,包括文管所工作人员1名和两河口村村干部1名,村干部兼副职,该岗位年收入2万元。已由华中科技大学李教授进行规划,规划费一共200多万元。

彭家寨于2015年举办灯会、首届彭家寨文化艺术节等活动,并在村干部论坛上进行宣传。2016年投入约几十万元拍摄了纪录片《春分有雨》,是"三万"题材。目前对彭家寨的宣传费用,已经累计上百万元。

在招商引资方面进展不顺利,需要大投资,小企业资金不够。

3. 主要扶贫措施

2014年两河口村建档立卡贫困户93户，273人，2016年建档立卡贫困户98户，实际上2016年完全未脱贫贫困户6户，均为新增贫困户，多为因病、因灾致贫，其中，房屋垮塌、滑坡各一户。

扶贫措施包括：①扶持生产，白柚种植、药材种植等给予一定的补贴；②生态补偿；③政策兜底；④易地搬迁，目前两河口村计划易地搬迁户64户，由镇上统一安排。

在旅游扶贫方面，鼓励贫困户积极参与旅游业。一是参与旅游餐饮经营，有1户贫困户在彭家寨经营农家乐，有30—50户的农户供应农家乐经营所需的食材，主要是出售蔬菜、土鸡等农产品，每年收入在5000—8000元。农家乐还吸纳了近30位村民就业。二是参与旅游活动经营，有3—5名贫困户参与皮划艇项目。

二 咸丰县

（一）咸丰县旅游扶贫概况

1. 基本情况

咸丰县地处武陵山东部、鄂西南边陲，位于鄂、湘、黔、渝四省（市）交界处。县名取"咸庆丰年"之意，古有"荆南雄镇""楚蜀屏翰"之誉。咸丰县国土总面积2550平方千米，其中耕地面积4.4万公顷。2017年下辖10个乡镇一个区，263个村，总人口42万人，有土家族、苗族、朝鲜族、东乡族、蒙古族、畲族等少数民族，其中土家族、苗族人口占总人口的85%。

目前主要的旅游景区为：世界文化遗产唐崖土司城、国家4A级旅游景区坪坝营原生态休闲旅游区、国家4A级旅游景区唐崖河景区（含黄金洞），同时也是全国绿化先进县、湖北旅游强县（2010年获评）、中国休闲农业与乡村旅游示范县，拥有国家森林公园1处、国家地质公园1处、自然保护区2处（二仙岩亚高山湿地、小村乡南河）。

2. 旅游发展概况

2016年全县接待旅游人数523万人次，实现旅游收入44.4亿元，排名全省第四位；旅游综合收入增幅20%，排名全省第五位。目前全市共有旅行社3家，门市部及服务网点7家；拥有酒店154家，其中规模以上宾馆19家（其中三星级3家，二星级2家），共计4851个床位；

农家乐有325家，其中，星级农家乐185家，从业人员1822人。

恩施市、利川市、咸丰县到达黄金洞景区均需要2小时，地理位置比较尴尬。黄金洞曾经有土家族表演，后因为入不敷出而取消。目前黄金洞规划与麻柳溪村建游步道，以延长游览时间。黄金洞目前有27个宾馆，都是简易招待所，共计374个床位。目前利成高速正在建设，该高速会通过黄金洞，利弊均有。一方面会促进游客的可达性，另一方面会缩短游客停留时间。唐崖有42个床位，唐崖河与唐崖土司城于2017年5月已经签署联合营销协议。麻柳溪目前住宿发展条件较差，预备建造木屋，进展如何尚不详。坪坝营海拔1300米，2017年开办月季园，月季园面积约600亩，同时也架构了高空索道。坪坝营住宿设施较多，受限于鸡公山索道的每日最大接待量，目前坪坝营最多每日可接待3000人左右。坪坝营景区建了一个"巴菲小镇"温泉度假酒店，属旅游房地产，一期开发的30套房已经全部售罄。目前坪坝营每年营销预算300万—400万元，黄金洞营销工作做得较差。

咸丰县9大乡村旅游区在以咸丰县城为中心，距离较近的区域，包括：①高乐山镇绿沃园位于咸丰城郊，占地1000多亩，主要是花卉。②高乐山苗林老寨（老寨村）为乡村旅游景点，通过招商引资修建了斗牛场，村中有七八家精准扶贫户，需要易地搬迁，但因为发展旅游业，不再搬迁。③丁寨乡春沟村建设了川洞田园发展乡村旅游，预计8月19日开园，交通条件较差。④黄金洞大沙坝以茶为支柱产业，计划申报3A级旅游景区，5月19日大沙坝开园，由湖南贸泰公司开发，开发特色名居、瀑布冒险等产品。⑤坪坝营村4组开发了月季园。⑥黄金洞和麻柳溪村主要围绕羌族民族文化开发旅游产品。⑦坪坝营镇水车坪村2015年开始种植红心猕猴桃，主要进行猕猴桃采摘，2016年8月举办红心猕猴桃开园活动，猕猴桃价格13元/斤。⑧忠堡镇板桥村作为农业产业园打造，目前规划了乡村游、中医药养生谷，由企业进行打造，但目前企业的经济实力较为薄弱。⑨高乐山镇小模村村民自发开展了葡萄采摘活动。

3. 主要扶贫措施

咸丰县主要通过茶叶产业扶贫和旅游扶贫来推动脱贫攻坚工作的展开。按照政府引导、企业执行的原则施行具体的脱贫攻坚工作，具体工作方法如下：一是规划先行：目前已对 12 个村做了旅游规划，随后会对剩余的村做旅游规划。二是产业支持：如坪坝营景区。三是旅游配套：以美丽乡村为基础，实施六小工程，包括旅游商店、旅游公厕、卫生室、垃圾处理、接待中心、标识标牌系统。四是多方合作：以市场为主体，村委会加入，政府引导。扶贫资金中，有 5000 万元资金用于旅游扶贫项目，重点扶贫 3—5 个村的水、电、路等基础设施建设。

4. 当前的问题

（1）同质化严重。同一个县，可以对各个村的旅游发展进行规划，但是在更大空间尺度上，如恩施州，各县市间协调较为难，会导致一定的同质化问题。某一个村子发展旅游业，开始比较好，但是游客的新鲜期很短，如果没有独特的吸引物，该村子的旅游业发展会下降得很快。

（2）缺少规范化。主要包括资金投入、招商引资、管理等方面的规范化，如对本村或景区核心村民以及周边参与旅游业的村民的管理，同时也存在规划打水漂或者盲目上马了一些不切实际的项目。

（3）亟须均等化。贫困户多内生动力不强，缺技术、缺决心，留在农村的多为妇女、儿童和老人。在旅游扶贫过程中，存在两极分化现象，村中发展较快的，往往不是贫困户，而贫困户可能只从事一些普通的岗位，获得的收入较少，会产生不平衡、不公平的现象。

（4）难以持续化。一方面，旅游客源多为周边地区的旅游者，无法保证持续化；另一方面，对易地搬迁的贫困户来说，如何能够获得持续化的发展是个问题，否则，易地搬迁地区就会变成贫民窟。

（二）咸丰县黄金洞乡麻柳溪村旅游扶贫概况

1. 基本情况

黄金洞乡位于咸丰县西北部，地处咸丰、利川、恩施三县（市）的交界处，是出湘鄂、入川渝的必经之路。面积 215 平方千米，人口 2.5 万人。

2. 旅游发展概况

麻柳溪由鄂旅投投资、管理，是黄金洞"洞穴""地心漂流""茶海羌寨"中的重要一部分，目前旅游业发展的主要参与方式是农家乐及农产品。麻柳溪村是全恩施唯一一个羌族村寨，羌族与土家族、苗寨差别较大，以"羊"为标志，此外，该村姜氏姓较多，其房屋特色突出，堂屋无门且无楼板。除农家乐之外，麻柳溪村也会在农闲时出售绣花鞋，该村还成立了妇女代表联合会。黄金洞乡的另一个主要旅游景点是大沙坝，大沙坝于 2017 年由企业、政府和村委共同打造，开园当日旅游人数达到上万人。

2016 年麻柳溪村共有 9 家农家乐，现在有 5 家。全村的主要产业为茶叶。村里几乎没有自然灾害和病虫害，对生产生活产生的影响较少。村里曾组织房屋修缮和穿衣戴帽工程，均由国家出钱。

3. 主要扶贫措施

目前主要执行"五个一批"工程等中央及省、市的扶贫政策。

黄金洞乡有 3 个易地搬迁点。①大沙坝易地搬迁点。共计 16 户，设计的房屋为小院联排，目前一期已经全部入住。同时依托大沙坝的休闲旅游业可解决搬迁户的生计问题，搬迁户也可参与茶叶生产活动，获取一定的收入。②五谷坪易地搬迁点。五谷坪有上百亩莼菜和烟叶，搬迁户可通过参与莼菜及烟叶的生产获得报酬。目前一期已经全部搬迁入住。③巴西坝易地搬迁点。此处为乡村旅游扶贫点，目前尚未大规模发展旅游业，主要依托水库、高山草甸、红豆杉开发农耕体验产品。

茶叶加工、生产是黄金洞乡的主要产业，乡财政收入主要为烟叶税收。目前，该乡的垃圾处理厂正在建设中。

4. 当前的问题

倒春寒、洪水是该乡主要的自然灾害。2014 年唐崖河曾发生一次较大的洪水，茶叶产量受到影响。

(三) 咸丰县中堡镇板桥村旅游扶贫概况

1. 基本情况

板桥村面积约 10 平方千米，其中耕地面积 300 亩，林地面积 70000 亩。全村共计 470 户，1565 人，5 个村民小组，分为 8 个网格。

该村的主要产业为花卉苗圃种植产业，全村共种植花卉苗圃 1000 亩，家家户户都有种植，较为分散，而且收入并不高，只占村民收入的 1/4。其次是烟叶种植，面积为 600—700 亩，主要为大户种植，目前有烟叶种植大户 10 户，拥有两个合作社，可带动周边农户务工，每户每年可发放劳务费 4 万—5 万元，每位工人平均每天工资 80 元。此外，该村还种植了 600 亩黄金梨和 300 亩蔬菜。目前，全村有 2—3 户蔬菜专业户，每年收入为 4 万—5 万元；核桃种植 300 亩。

村民的主要收入来源为烟叶和务工。该村主要种植油茶，但不适合种植绿茶。此外，很多村民也从事箬叶采摘的工作，平均每日可挣 200 元左右，平均每张箬叶 1.5 元，户均可收入 4000—5000 元，村民一年通过箬叶采摘可获得共计 30 万元的收入，中堡镇有箬叶加工工厂前来收购。这项劳作可以从端午前夕持续到冬月，冬月箬叶品质较差，一般用于提炼香精，由村里一家作坊统一加工，每年可加工 40—50 吨原叶，年产值 4 万元左右。

在基础设施方面，对一条道路进行了拓宽，两条进行了硬化，2014 年建成了中心水厂，并进行了电网改造，实现光纤到各组。目前已实现组组通路、户户通自来水。目前板桥村正准备筹建一个物流仓库。

板桥村共有 3 个农村合作社，分别为丰桥花卉合作社（村民所有）、金桂种植合作社（村委会所有）、盆景园。村里正在开展盆景园的招商引资工作，主要参与农户 7—8 户，已经有若干家企业有意向参与。

在建的咸凤高速公路联结 28 省道，是板桥村发展的一个重要机遇。板桥村目前的很多规划均在等待该高速公路的建成完工。由于咸凤高速在本村的具体工程建设暂时还不确定，所以很多项目都还处在待启动状态。

2. 旅游发展概况

板桥村自然资源较差，有关贺龙的红色旅游资源丰富，此外还有一处关帝庙和一棵百年桂花树。全村农家乐 2016 年共 9 家，现在有 5 家。2016 年年初开办第一家农家乐，年收入 10 多万元。在经营过程中，带动了周边 3 户贫困户的发展。

该村利用高速公路便利的交通条件，并结合易地扶贫搬迁发展民宿和现代观光农业。该村将易地搬迁后的 60 多间房屋进行重修，并流转为村集体房屋，用来发展民宿。该村现有一个 50 亩的桂花种植基地，但基本未对其进行旅游宣传。

3. 主要扶贫措施

板桥村 2013 年建档立卡贫困户 401 户，1100 人；2017 年建档立卡贫困户 59 户，113 人，主要为低保户、残疾户、五保户等。

板桥村主要的扶贫措施：一是产业扶贫，通过合作社及务工实施。二是教育扶贫，如雨露计划、寄宿生补贴等（小学每学期500元，初中1200元）。目前，咸丰县正在推动集中教学，使教育资源向县集中，2/3的学生都在县城上学。三是易地搬迁。四是大病救助。五是生态林补偿，但涉及面较少，全村公益林仅有11.75亩。此外，该村曾组织村民2次到先进地区进行参观，村民对村里的扶贫工作也非常支持。

4. 当前的问题

板桥村基本没有自然灾害发生，但是重大疾病是导致农户返贫的重要原因，政府也针对此类用户开启了绿色通道。该村偶尔会发生一些意外事故，如大树突然倒塌压垮农户房子。村里曾组织房屋修缮，还有政府的穿衣戴帽工程均为国家财政支持。

全村的主要产业为茶叶，自然灾害和病虫害几乎没有，对生产生活产生的影响较少。

（四）咸丰县高乐山镇白地坪村旅游扶贫概况

1. 基本情况

高乐山镇白地坪村距县城3千米，村域面积7.3平方千米，耕地面积2400亩，林地9050亩。全村有7个村民小组，250户，798人。

白地坪村致力于打造宜居宜业宜游的"县城后花园"，大力改善基础设施，先后筹集资金800余万元，整修村办公室，建设标准化村卫生室、村级文化广场，硬化通村公路和户联路20千米，新建1座大型蓄水池，并搭建了村级电商平台。此外，还大力整治村庄环境，新修污水处理池1处、人工湿地1处，铺设污水管网2800米，新修垃圾收集池、焚烧池7个，配备垃圾清运车1辆，全村垃圾实现无害化处理。通过实施特色民居改造，发动群众净化、美化庭院，人居环境得到改善。

2. 旅游发展概况

白地坪村抢抓湖北省旅游扶贫试点村机遇，按照"一村一品"的思路，大力发展生态农业、休闲农业、观光农业，建成高标准红心猕猴桃科技园500亩、花卉苗木游览展销园500亩、白帝紫玉葡萄园500亩、农事体验园200亩。同时，依托地处城郊的区位优势发展农家乐12家，带动400余人实现村内就业，实现旅游收入400万元。2016年村集体收入达到11万元，农民人均纯收入达到8798元。

交通区位较好是白地坪村发展旅游业的优势。农家乐客源主要来自恩施、重庆等地，共计年收入在几十万元以上。全村农家乐共雇用服务人员约300人，每月工资1400元左右。政府每年会组织2次针对农家乐服务人员的培训，村里在组织开园节时会通过微信等方式进行宣传。

该村有一家水上娱乐公司——九岩泉公司，每年旅游人数达到上万人次，每人收费20元。该公司解决全村就业岗位40个左右，其中卫生清洁人员每月收入可达到1200元，同时也会雇用暑期临时工。

农业采摘方面，全村每年猕猴桃采摘可达2000斤，平均每斤6元钱。

星级农家乐补助根据县里规定执行，目前有2家农家乐领取了1万元的补助，本村要求必须为2013年之后建档立卡的贫困户才能领取到1万元补助。

3. 主要扶贫措施

近年来，村"两委"班子带领群众抢抓精准扶贫历史机遇，扎实苦干，2013年全村建档立卡贫困户98户，2017年降至28户。

为了促进全村种植业发展，政府投资100万元用于购置苗圃，发放给村民。全村有约56户种植葡萄，政府为其提供葡萄苗、铁丝，每亩补贴2000元，并在次年进行验收。

政府在特色村寨建设、国土政治、水管铺设、道路建设等方面分别投资了200万元、100万元、150万元和200万元，全面提升白地坪村的整体环境。在旅游方面，计划投资159万元用于旅游栈道建设。在生产就业方面，村里对泥瓦工进行了培训，本村村民可以优先受雇于村中的建设项目。

4. 当前的问题

政府在公共服务方面的投入不足，卫生环境维护也需要一定的成本。目前，村庄环境整治基本为村民自发的、义务的工作。

该村水土流失、洪水、滑坡等自然灾害发生的概率比较低，且影响较小。重大疾病是造成该村农户返贫的重要因素，也有少部分农户因学返贫。

（五）咸丰县坪坝营镇坪坝营村旅游扶贫概况

坪坝营镇位于咸丰县西南部，面积345平方千米，2012年总人口

5.7万人。坪坝营镇辖41个行政村，420个村民小组。景点有国家4A级旅游景区坪坝营生态旅游公园。

坪坝营镇为旅游大镇，依托国家级森林公园发展原生态旅游，目前正在打造文明旅游村，但当前距离全域旅游还有一定的距离。此外，正围绕坪坝营村对周边的5个村进行旅游规划，每个村均配备一定的资金。全镇旅游参与人数约为2000人，人均收入上万元，主要分布在农家乐、民宿以及景区。

政府为促进旅游业发展所做的工作如下：①打造全域旅游，沿公路等交通沿线大力发展农家乐旅游带，并为5个重点贫困村制订旅游规划；②产业布局上向旅游业倾斜；③积极培育三七、茶叶（藤茶）、油茶、药材、天麻等地方特色农产品。

坪坝营景区主要由鄂旅投及三特公司进行开发管理，坪坝营村是坪坝营景区的核心区域，由景区带动该村及周边村庄就业1000人左右，农家乐户均收入10万元左右。自驾散客主要来自北京、武汉、重庆等一线城市，但是坪坝营镇还没有自驾车营地，政府已经在考虑自驾车营地的选址与建设。

1. 基本情况

坪坝营村共有140户，392人，劳动力200人，其中外出务工20—30人。

目前，全村的主要产业为旅游业，村里务农较少，耕地1000亩左右，多数已经退耕还林，现有耕地以蔬菜种植为主。

2. 旅游发展概况

坪坝营村发展旅游业之前，全村人均年收入千元以下。旅游业于2000年起步，最初农家乐仅1—2家，目前本村共有农家乐40户左右，全村人均年收入约万元，拥有私家车的家户已达到40户。农家乐从业人数约120人，有10家民宿可接待游客200—300人。其中有10户左右的农家乐在开办时领取到了1万元的政府补助。该村农家乐也带动了百家河村、金竹村等周边村的发展。农家乐在经营中会从本村或周边村庄雇用工作人员，以田书记家为例，共雇用了10多名服务人员，其中本村服务人员仅3人，平均工资1500—1800元。政府对农家乐平均每年会培训一次，如免费厨师培训，农家乐经营户参与率比较高。

目前，全村有商店4—5家，摆摊十几家，其中摆摊户最高日收入可达上万元，年收入可达2万—3万元。

月季园于2017年5月20日开园，共有十几名工作人员，平均工资2500元/月。月季园门票60元，淡季门票40元，旅行社团票30元。月季园开园至今共接待旅游者1000人次左右。

坪坝营村旅游业的发展与企业的发展并无冲突，当前三特公司在景区内也开办了树上宾馆。

当前旅游业发展速度不快，政府投入不大，主要是公司投入较多。由于景点较少，所以本村自己创办了月季园，月季的花期较长，每年的5—10月都可观赏。

3. 主要扶贫措施

2013年坪坝营村建档立卡贫困户230人，经过近几年的发展，目前建档立卡贫困户110人。旅游扶贫、产业扶贫、易地搬迁是该村的主要脱贫方式。2019年实现整村脱贫是全村的主要目标之一。

在旅游扶贫方面：一是参与坪坝营景区管理工作，目前有40人左右参加，人均年收入约2万元。二是开办农家乐，目前全村共有农家乐40家左右，也有部分农户将自己的房屋出租给他人经营，每年收取租金3万—5万元。三是开办月季园，通过专业合作社的方式开展农业观光，目前共有30户左右参与，或以资金或土地入股，已经投入了1000万元左右。

在产业扶贫方面，政府对从事蜜蜂、牛、羊等养殖活动的农户提供小额贷款。

在易地搬迁方面，本村需要易地搬迁户30户左右，搬迁点在本村，目前正在进行规划。

在生态补偿方面，本村公益林的收入最多可达1万元，每亩林地补贴12元，最多的农户有800亩林地。

4. 当前的问题

返贫的主要影响因素是大病大灾，重大自然灾害较少。

三　鹤峰县

鹤峰县位于湖北省西南部，恩施州的东南部，与湖南省毗邻。古称拓溪、容米、容阳，曾是容美土司治所，1735年改土归流后先后设置为鹤峰州、鹤峰县。鹤峰县辖6乡，3镇，总面积2892平方千米，2016年总人口27万人。

（一）鹤峰县容美镇屏山村旅游扶贫概况

1. 基本情况

屏山村共有365户，1408人，10个小组。目前，本村主导产业为烟叶，同时村民参与旅游业的热情很高。

2. 旅游发展概况

鹤峰县旅游业刚发展不久，宝通旅游开发公司获得了屏山的开发权，核心景区面积23平方千米，目前是待开发状态。该公司进行了土地性质的转化工作，将村周边的山由私人性质转变为国有性质。此外，还计划挖掘屏山的土司文化、红色文化、生态环境、民俗文化，打造一个大文化园，同时以探险、攀岩等旅游产品作为补充。公司通过旅游开发获取相关政策支持，以提升周边环境、改善交通条件。

村民参与旅游热情很高，但也存在一定的抵触情绪。因为周边的村子都在搞旅游，但是屏山村拥有很好的旅游资源，却仍然以保护为主，没有进行开发。2016年自驾游游客达到万人以上，村民对旅游业的参与方式主要为农家乐，此外，村里还有十几个人专门跑运输，把客人接到景区。2014年第一家农家乐开办，目前全村共有二十几家农家乐，其中有两户农家乐投资上百万元，标准化农家乐若干家，大概有十几户为贫困户，户均收入几万元至几十万元不等。2016年10月2日一天，有一家农家乐通过提供餐饮和游船收入3.7万元。全村共有17户农家乐在开办后领到了1万元补助。每年由社保局及旅游局共同出资对农家乐的服务人员进行培训，每个农家乐要求5人去培训，并根据工作岗位进行分类培训。农家乐所用的蔬菜几乎全为本村自己的蔬菜，由几十户（基本为贫困户）村民供应蔬菜。此外，村里还为村民争取了农家乐指标。

皮划艇项目是屏山景区的重要收入来源，每位游客游行15分钟收费100元，该旅游项目主要是在核心景区之外，并不在核心景区内。目前共有十几位开船的师傅，每人每天1500元的劳务费。农家乐中有两户农家乐拥有七八条皮划艇。旺季时，一条皮划艇一天可以跑几十趟。

全村每年出售土特产可收入上百万元，同时村中年轻人创办电子商务用于出售土特产品,村里也考虑培养民营企业搞土特产加工。

3. 主要扶贫措施

2013年屏山村建档立卡贫困户95户,323人,2017年共有贫困户3户,7人。扶贫措施主要是产业扶贫以及精准扶贫两个方面。

产业扶贫主要是扶持第三产业发展,因为第一产业烟叶、茶叶、箬叶等发展空间已经很小,且工业对环境的破坏较大,而第三产业相较于前两者优势突出。

当前政府已经成立了旅游产业招商引资引导小组,组长为常委副县长,并进行了一些基础设施的建设,如2019年神农架—张家界高速公路通车,至陕西安康的铁路也在紧锣密鼓地建设中,预计近两年会通车。但是,政府为屏山旅游发展所做的工作较少,尤其是招商引资问题。现在,屏山景区试营业期间面临基础设施和安全两大问题,在基础设施建设中受益的不只是旅游企业,对于整个鹤峰县的发展和扶贫工作都有较大帮助,建议政府大力推动交通等基础设施的建设。

精准扶贫主要为执行国家"五个一批"工程等脱贫政策,其中景区内易地搬迁户55户,土司城遗址计划搬迁至民俗风情街(共90亩),目前已经投入预算,前期投入2000万元。

4. 当前的问题

屏山村的自然灾害较少,返贫风险主要来自两个方面:一是重大疾病,二是产业发展难以为继。

(二)鹤峰县走马镇升子村旅游扶贫概况

1. 基本情况

升子村位于走马镇东南部,目前全村有455户,1608人,其中木耳山有农户68户,338人,3个村民小组。

升子村盛产茶叶等经济作物,拥有木耳山万亩茶叶基地,建立了木耳山茶叶专业合作社,农民人均纯收入达6900多元。2006年村干部开始带领村民发展茶叶,主要的茶叶品种为龙井43号、平阳特早。在发展之初通过招商引资的方式联系到了龙福茶厂,3组的村民小组先行尝试,通过卖茶苗等获得了一定的收入,其他村民小组看到后也纷纷效仿。升子村以茶叶产业及生态旅游为特色,实施"村企共建",引进外来资金成立源峰生物科技有限公司,大力发展有机茶叶产业,每年为农民提供现金收入 800 万元，同时为当地农民提供了 300 余个就业岗位。

木耳山原为升子村的一座荒山，其所有权归升子村 1、2、6 组，新农公司签订租赁合同后改种植茶叶。租赁合同曾几次修订，目前最终版的合同于 2009 年签订，租赁时期至 2039 年，共租赁 50 年，价格为每亩每年 20 元，每年租赁费用约 6 万元。

从 1995 年开始木耳山茶叶开始有收成，由于收茶需要大量劳动力，所以分别于 1995 年、1998 年、2002 年易地搬迁移民 68 户，338 人。主要移民的地区为三不通地区：不通水、不通路、不通电。其中，仅一户为升子村村民，此外还有湖南、四川外省的村民移民至此。移民后，新农公司分配给每户村民 5 亩左右茶园。村民所居住的第一批房子为简易房，由新农公司出资修建，后村民通过种植茶叶获得收入后，自己进行翻修。村民在 9 月之后，可以外出打工。木耳山的村民在户籍上不归升子村，但在实际管理中，木耳山与升子村的许多事务经常放在一起，木耳山的主要负责人为第三批搬迁户。

木耳山目前暂无污水处理设施，水、电、路等设施由政府投资修建。2016 年开展了茶叶采摘活动，游客采摘后以每斤鲜叶 20 元的价格成交。

目前，村中有了电视、电话，道路也已经翻修了两次。"走大公路"已经规划好，但是现在有两户钉子户尚未谈妥，所以一直没有开始修。全村长期外出务工人员 150 人左右，短期（农闲）务工人员 100 人左右。年收入中，茶叶收入占 3/5，外出务工收入占 2/5。学生一般都到走马镇上学，村里没有小学。村中只有一趟公交车，主要是接送 17 户家庭的孩子从村里到走马镇小学上学。

2. 旅游发展概况

木耳山茶园被评为全球最美 30 座茶园之一，号称万亩茶园，实际面积 8700 亩。2013 年 5 月 25 日，中小学免费午餐发起人前往木耳山茶园组织露营活动，对木耳山的旅游发展起了很大的宣传作用。但是，木耳山茶园的基础设施条件较差，餐饮、住宿、露营基地、公共厕所等服务设施和基础设施尚待完善。木耳山 2016 年接待旅游人数 3 万人次，主要以观光为主，旅游形式单一，缺乏体验型的旅游产品。

在旅游购物方面，现仅有小卖部一个，土特产出售也没有形成规模，计划建设网店，积极探索线上商贸的发展模式。

目前，政府积极支持旅游业的发展，主要资金投入在村民房屋的修缮以及道路的加宽等方面。此外，社会资本与村民也积极参与旅游的发展建设，村干部自掏腰包对木耳山的一段道路进行修缮，使旅游大巴可以直接驶入木耳山。

3. 主要扶贫措施

2017 年升子村有低保户 31 户，45 人，2016 年 45 户，74 人。本村建档立卡贫困户 155 户，455 人，目前仍有 1 户未脱贫，未脱贫户为尿毒症晚期，目前有低保、医保、大病救助及大病保险，医疗费用的主体部分几乎由国家承担。

升子村的主要扶贫措施如下：①产业扶贫。全村的茶叶主要由龙福公司收购，该公司会以每公斤高于市场 1 元的价格收购贫困户的茶叶，同时对贫困户及规模以上的农户免费发放有机肥料和培训。人社中心、新农公司组织两次猪、羊、蜜蜂养殖方面的培训，主要针对 45 岁以下的贫困户。②易地搬迁。目前易地搬迁 9 户，搬迁至公路边上，搬迁位置距离原来房屋位置很近，为 400—500 米，且搬迁点由村民自己选择。

4. 当前的问题

升子村容易受到倒春寒、洪水等自然灾害的影响。2014 年唐崖河曾发生一次较大的洪水，茶叶产量受到影响。无智无能、老弱病残等特殊群体的返贫风险较大，主要靠政府政策兜底。

（三）鹤峰县五里乡南村村旅游扶贫概况

五里乡位于鹤峰县东南部，总面积 378.8 平方千米，人口 2 万多人。

五里乡文化资源突出，有南村村的茶马古道、红军老街，也有五龙山、红颜脑等自然资源。目前招商较多，但多数旅游资源仍处于未开发状态，因为交通、餐饮、住宿、购物、旅游服务等基础设施跟不上。在全域旅游背景下，需要县里统筹规划、安排，目前，县里对发展旅游业的态度是"不限制、不推广"。五里乡政府出资 300 万元用于公共基础设施建设，计划将红色老街、南村茶马古道和五龙山打造成特色文化名镇，红色老街的修复和搬迁工作均已完成。

1. 基本情况

南村村位于五里乡西部，总面积21523亩。该村地形为坐东向西的陡坡，海拔落差800余米，地域广阔，山大人稀，其中有林地18077亩，耕地面积1214亩，荒坡岩灌1500亩。南村村80%的耕地面积为坡耕地，以种植粮食、茶叶、烟叶为主。

目前全村有265户，822人，8个村民小组，全部为土家族。2017年本村人均收入9200元，主要收入来源为茶叶、箬叶、务工，其所占比例分别为50%、20%、30%。目前，外出务工人员200人左右，短期务工人员100人左右。2013年建档立卡贫困户有132户，431人，目前贫困户21户，70人。

南村村有老茶园2000亩，新茶园1800亩，于2007年、2008年开辟，目前该村培育的茶叶品种鲜叶每斤10元左右。本村有6户开办了茶叶加工厂，除自己家里的茶叶外，也会收购其他村民的鲜叶。通过向游客出售鲜叶，农户每年收入可达1万元左右。除了茶叶，目前全村约200多户进行箬叶出售，每天可收入200元。

乡里有污水处理厂一个，垃圾处理方式主要为填埋，村里会给每户发垃圾桶，然后整体填埋。目前，沼气池在全村的普及率已经达到80%，县政府为每户村民投资3000元用于沼气池的建造。

2. 旅游发展概况

南村村森林覆盖率较高，达到90%，旅游资源主要以土司文化、红色文化等文化资源为主。全村有古石桥6座，麻僚土司、南（角）府、马王寨等正在挖掘。在万里茶马古道申遗的背景下，为保护土司遗址，将会对40户村民进行易地搬迁。"杀人坑""贺龙剿匪"等为国家级红色教育基地。

2015年接待游客2万人次，2016年接待了1万人次。目前全村共有3家农家乐，仅提供餐饮，每家农家乐每年的收入在5万—15万元。全村有30多户农户家里可提供民宿，共计床位100个，每日向游客收取60元，包住宿和三餐。人社局针对农家乐经营者开办过三次培训班。

申遗开幕式曾在本地举行，2016年举办了2000人规模的帐篷节，都起到了一定的宣传作用。目前，村里的接待能力有待提高，曾经有武汉、北京等地方的旅游团要过来，但是因为接待能力有限而取消了行程。

3. 主要扶贫措施

脱贫的主要措施为"五个一批"工程。全村目前易地搬迁户34户，搬迁点分散安置，投入280万元。农家乐雇用了10多名贫困人口，每人每月收入大约1000元；同时向约30户贫困户购买蔬菜，每户年收入千元左右。

(四) 鹤峰县中营镇大路坪村旅游扶贫概况

中营镇位于鹤峰县西北部，面积415.3平方千米，2010年常住人口19754人。目前，已经开发了生态茶园观光走廊，正在开发的旅游资源包括红四军一条街、烈士陵园、蒙古村。

1. 基本情况

大路坪村海拔920米，面积7004亩，耕地面积1200亩，森林覆盖率79%。全村共63户，462人，3个村民小组，外出务工82人。全村茶叶种植面积810亩，人均2亩，亩产5000—6000元，是翠泉茶业公司的茶叶种植基地。全村以土家族、苗族为主，有30%的蒙古族。目前全村的主要产业为茶叶，2016年人均年收入8500元。垃圾由全村统一收取，目前污水处理欠缺。

大路坪先后获"湖北省新农村建设示范村""湖北省宜居村庄""湖北省特色村寨""湖北省省级卫生村""州级文明村""先进基层组织""茶叶十强村""科普示范单位"等荣誉称号，并且入围了"2013年青年眼中最美乡村"。

2. 旅游发展概况

大路坪村从2013年开始打造"土家民俗第一村"。在基础设施投入、修建停车场以及河心岛修建上有政策扶持。目前该村旅游资源主要是一个5级阶梯式天然浴场，可容纳上千人。

目前全村在建农家乐13家，已经运营的农家乐4家，全为土家族风格，无贫困户参与。已运营的农家乐中仅2家全年运营，其余2家只在农闲时运营。这4家农家乐年接待旅游人数共计2万人次左右，其中住宿的占10%，每年收入数百万元。

在旅游旺季，村民会在河道两旁摆摊，主要进行零食售卖、游泳设备租赁、皮划艇租赁等经营活动。目前，摆摊的农户有4家，旺季收入约有 1 万元。

3. 主要扶贫措施

2013 年全村建档立卡贫困户 56 户，169 人，2017 年全村贫困户 15 户，25 人，脱贫政策主要为"五个一批"工程，其中易地搬迁 9 户，危房改造 12 户，两项工作已经基本完成。

政府对达到三星级标准的星级农家乐进行补贴，其中新建补贴 5 万元，改造补贴 3 万元。已经有 7 家通过验收，每户可同时容纳 5 桌，床位每户不能低于 3—5 个房间，拥有 5—10 个停车位。人社局对农家乐参与户进行了技能培训，并组织数十人到枫香坡参观。村里要求每家农家乐至少雇用 1 名贫困户村民，正在运营的 4 家农家乐共雇用贫困户 20 人左右。

4. 当前的问题

该村返贫风险主要是重大疾病，偶有因自然灾害而导致返贫的现象，如 2017 年有一农户因泥石流冲垮房子而陷入贫困。目前，政府已经对其进行了易地搬迁的救助。

（五）鹤峰县燕子镇董家河村旅游扶贫概况

燕子镇地处鹤峰县之东，素称"鹤峰东大门"，面积 358 平方千米，平均海拔 1200 米。该镇为全国特色小镇，受资金制约，目前，旅游资源处于保护状态。目前进入的企业主要有恩施馨源茶叶有限公司，政府修建厂房后租赁给公司使用。镇政府通过招商引资开发观光农业，如三七茶园、古茶树，已投入 2000 万元用于土地流转、雇用工作人员等。

2017 年为燕子镇的脱贫初年，脱贫的措施主要为"五个一批"工程，其中产业扶贫主要是发展高山烟叶和低山茶叶。在尊重当地村民意愿的基础上，采取集中、分散相结合的易地搬迁方式，在搬迁选址上尽量靠近公路、水电、适合发展产业的地方。目前，实施易地搬迁 1000 多户，计划于 2017 年 10 月完成全部易地搬迁工作。燕子镇由于落差较大，低山村存在地质滑坡风险，且频率较高，一般政府都会对其进行移民安置。

1. 基本情况

董家河村共有村民 203 户，658 人，7 个村民小组，全村耕地面积

2300亩，林地面积18989亩，森林覆盖率90%，海拔1330米。本村为长寿之乡，60岁以上老人有七八十人。

本村支柱产业为烟叶，目前烟叶面积1700亩，烟叶已经成为夕阳产业。约10户村民养殖中华蜜蜂200筒，每筒收入可达4万元。本村有反季节蔬菜种植和药材共计600亩，并计划打造50亩葡萄基地作为旅游观光带，同时培育花卉、苗圃形成花海观光园，目前该项目已经起步。本村文化广场已经建好，同时举办了趣味运动会、拾金不昧颁奖晚会等群众活动。

目前，全村有药材、山羊、林果、烟叶等种养殖合作社若干个，合作社在农忙时会雇用村民，惠及了近10户贫困户，每人每日收入200元。

2. 旅游发展概况

董家河村实行青山绿水保护多年，旅游人数逐年增加，政府当前对旅游资源仍以保护为主。在全域旅游背景下，主要的旅游景点有村口的田园风光、3000亩自然草原、红中岩、白鹤洞、万亩林园、水杉、溶洞群等。

目前，村里存在游客压力与基础设施之间的矛盾。政府从2007年开始共投入约2000万元用于风雨桥、文化广场的基础设施建设，以及道路的提档升级，同时本村还计划在居民小区打造3000平方千米的停车场。2008年开始有游客前来，目前年接待游客约3万人次，不收取门票，原先有游船，但因为安全问题被取消。

村民通过经营农家乐、销售土特产等方式参与旅游。全村有农家乐3家，可同时接纳700人，且档次较高，均有住宿设施，年收入约30万—40万元。每户农家乐雇用长期工2—5人，临时工10—15人，其中有贫困户3—4人。长期工主厨每月收入4000—5000元，服务员每月收入1800—2000元，临时工日工资100元。有一家二星级农家乐领取了1万元补助，农家乐培训主要是由食检所负责的食品安全培训。该村还计划搭建农副产品购销电商平台，目前有3—4户村民自己在做。

3. 主要扶贫措施

2015年董家河村有贫困户33户，2016年全村建档立卡贫困户41户，其中35户已经实现脱贫，主要脱贫措施为"五个一批"工程。

村里的精准扶贫已取得了突破性进展，县烟草局为本村的帮扶单位，2015年进入本村，到2020年结束。

通过产业脱贫的有7户左右，主要是对口帮扶，进行烟草种植或者通过前期扶持投入、免费发放药材等方式实现产业脱贫，产业脱贫最高补助金额为6000—7000元。此外，政府还对家里有小孩的农户发放寄宿生补贴等，进行教育扶贫。

全村易地搬迁户集中安置7户，20人，已经全部入住，并打造为花园小区，分散安置9户，18人，目前有2户还未入住，为智障人口，无法正确使用开门锁，需要对门锁重新更换。

4. 当前的问题

董家河村偶尔会发生洪水等自然灾害，洪水发生时，河岸两边的土地会被淹没，但损失较小，真正容易导致农户返贫的因素还是重大疾病。

四 来凤县

（一）来凤县旅游扶贫概况

1. 基本情况

来凤县位于湖北省西南部，面积1342.05平方千米，2016年总人口40万人，有18个少数民族，占全县总人口的60%以上，以土家族、苗族为主。

2. 旅游发展概况

来凤县旅游发展起步较晚，主要受到交通条件的约束。2014年12月16日恩来高速通车，使来凤县至张家界缩短至2小时，来凤至吉首缩短至2小时。

来凤县旅游发展速度较快，旅游人数及旅游收入增幅位列全州前两位，2016年实现旅游人数186万人次，旅游收入8.26亿元。目前来凤县有2个4A级旅游景区（仙佛寺、杨梅古寨）、1家四星级酒店（金源国际酒店）、2家三星级酒店、2家二星级酒店、1个3A级旅游景区（卯洞）、1个旅游名镇（百福司镇）、1个旅游名村（黄柏村）。全县有4家旅行社，4家门市部，其中，3A级旅行社1家，最早的一家旅行社成立于2010年左右。

来凤县的小吃和旅游纪念品比较出名，来凤县田二姐油茶汤入选了中国首届金牌小吃，"灵秀湖北"中全州有15件商品，其中有9件来自来凤县。

3. 主要扶贫措施

旅游扶贫模式包括以石桥村为代表的景区带动型，以黄柏村为代表的乡村旅游型，以新拱桥村为代表的创业就业型，以仙佛寺村为代表的商旅文融合型。

目前要做的工作包括：一是做好全县旅游规划；二是于2012年启动各项资金统筹推进工作；三是加强旅游节、杨梅节、运动会等旅游节事活动的营销宣传工作；四是加强公安、交通、海事等安全管理；五是加快组建和培育宣传、导游等旅游人才队伍；六是积极推进"百福司镇"游客集散中心的建设。

2016年成功创建湖北旅游强县，是全州的第六个旅游强县，恩施州准备创建全域旅游示范区，该县计划创建中国人文旅游示范基地，创建1—2个5A级景区（仙佛寺、酉水），4个4A级旅游景区，将百福司镇全镇打造为4A级旅游景区。目前，全县有200万旅游发展基金，宣传资金的投入约9000万元。

全县有国家级旅游扶贫重点村9个，州级旅游扶贫重点村2个。9个旅游扶贫重点村中，有5个村已经做了旅游规划，4个非重点村也已经展开或者完成旅游规划；目前9个村同步进行旅游基础设施配套跟进，三胡乡的两个村发展得比较好。

（二）来凤县三胡乡黄柏村旅游扶贫概况

1. 基本情况

黄柏村位于来凤、咸丰两县交界处，是老虎洞河的源头，村内有朱家垴小集镇，最高海拔1260米，最低海拔660米，全村面积11.5公顷。黄柏村共有村民444户，1748人，14个村民小组，主要为苗族、土家族等少数民族，其中苗族约占总人口的70%。黄柏村于2002年入选第一批全省旅游名村，本村的特色之处在于"三古"：古村、古院落、古道。其中的古道为盐道，是四川至湖南的必经之路。同时本村也是少数民族示范村、全国文明村、全国一村一品示范村。

目前，全村劳动力约1200人，外出务工300人，旅游业发展前，外出务工人员约900人。目前全村人均年收入8240元，2002—2003年人均年收入仅3000元。

黄柏村村民主要从事藤茶种植,目前全村有藤茶1200亩,由一家公司租地种植,每年每亩租金200元。目前,成立合作社13个,参与人数达700—800人,村民们通过藤茶采摘及土地租金获得收入,目前该公司每年发放劳务100万—200万元。

2004年开始执行退耕还林政策,2009年开始有所收成。全村有1000多亩杨梅,收成好时每亩可收入2万—3万元,目前杨梅的销售面临销路不广的问题。

村里暂无污水、垃圾处理设施,每户都有垃圾池,乡里统一清运,污水主要是排放到田地里。

2. 旅游发展概况

黄柏村主要依托杨梅古寨景区发展旅游,景区内的老山河石林需要收费,挂牌价格50元,实际收费30元,目前进入收费区域的人少。2016年接待游客60万人次,但人均消费较少,且人均停留时间短,主要是农家乐的餐饮消费。公司的主要收入来源是门票销售和商铺租赁。商铺大概200平方米,主要出售土特产、杨梅酒、杨梅汁,一年收入约20万元。

景区内的配套设施均围绕4A级旅游景区进行建设,在景区投资方面,政府投资了1.5亿元,县政府下属的国有企业投资了1亿元,计划建设生态农庄。

3. 主要扶贫措施

2013年黄柏村建档立卡贫困户109户,329人,2016年建档立卡贫困户97户,224人。

村民参与旅游的方式主要是农家乐、景区建设与管理,以及土特产销售。自2008年开办第一家农家乐以来,目前全村共有27家农家乐。其中有3家农家乐效益最好,每年可实现收入70万—80万元。由村委会组织农户进行农家乐经营的相关培训,并组织村民前往咸丰、潜江、麻柳溪等地进行过三次实地参观、考察和学习。政府在基础设施和旅游产业上共计投入了约1亿元对部分道路进行了硬化,并新建了14000米游步道。

村民在景区主要是参与环卫、安保、花海种植等工作。目前村民有

6人做保洁、3人做安保，2016年做保洁的村民有13人、安保14人。因为成本问题公司进行了减员。村民在景区的人均工资为2000元，税后收入1800元。在景区工作的村民不一定必须为贫困户，但会优先考虑家庭情况困难的。黄柏村盛产杨梅，杨梅种植已经外包，主要种植凤血杨梅，盛产杨梅饼、杨梅酒等一系列产品。有村民计划自己办工厂，从村上收购原材料。

参与农家乐及藤茶采摘工作的贫困户有40—50户。

目前，全村计划易地搬迁户23户，集中安置于景区旁边。

4. 当前的问题

主要返贫因素是因病和因学。患大病后会造成较大的经济负担。三胡乡只有小学，上中学还得去外地租房子、陪读，造成劳动力减少。

黄柏村的自然灾害较少，降水会对杨梅造成影响，但是影响不大。

（三）来凤县三胡乡石桥村旅游扶贫概况

1. 基本情况

石桥村地处来凤县三胡乡西南部，是三胡乡的"西伯利亚"村，以十娘子桥、乾隆桥、石磨碾米和石头榨油而闻名。石桥村有很多人文景观、历史遗存。贺龙等革命先烈曾经在黄柏村、石桥村等地参加革命活动，此外还有哑大屋古寨遗址、古杨梅、古桥等历史遗存。2017年3月，石桥村被收录进第二批"中国少数民族特色村寨"名单。

石桥村共有村民1412人，357户，4个村民小组，全村外出务工人员400人左右。人均年收入4000元左右，村民的主要收入来源是种植业和农家乐。目前，村民多种植杨梅和油茶。其中，杨梅种植面积800亩，年产10多万元；油茶种植面积620亩，每亩收入500—600元。

石桥村还是乡村旅游扶贫重点村，由县政府出资实现了路、水、电、网络全通。在污水处理方面，古院落通过污水沟排放，安置小区也有污水池，其他地方没有；在垃圾处理方面，政府安排一个公司清运，村里放了十多个垃圾桶。

2. 旅游发展概况

石桥村和黄柏村类似，依托杨梅古寨景区发展旅游业。目前石桥村有农家乐13家，开办时补贴3万元，以后每年1万元。由于客流量不足，导致其中1家没开业，3家没运营，13家农家乐中有一家四星级农家乐，于2016年评定。13家农家乐中提供住宿设施的农家乐有3家，每个房间都设有独立卫生间。每户农家乐的餐饮接待能力是5—10桌，旅游旺季时会请临时工，每日工资70—100元，长期工每月1500—1700元。每家农家乐的年收入在2万—30万元。农业部门曾经组织了20多人到麻柳溪参观，人社部门每年对开办农家乐的村民培训1次，每次有10多人左右参加。

景区雇用了保安3人，每月工资1500元，其中贫困户2人；雇用清洁工3人，每月工资1300元。忙时景区会雇用临时工，一年会雇用800—1000人次，产生劳务费用7万—8万元，杨梅节期间本村有70—80人去做临时工。

3. 主要扶贫措施

2013年石桥村建档立卡贫困户131户，483人，2014年85户，305人，2016年实现整村脱贫，2017年新增因病致贫贫困户1户，1人。

石桥村的扶贫措施主要体现在产业扶持方面。农户养一只猪可获得补贴100元，全村共有40多户养了104头猪，最多一户9头猪。民政局对口帮扶本村，累计帮扶投入600万元。目前为24户村民修建了厕所，并实现了自来水全覆盖；投入100多万元用于路灯修建和杨梅产业路，方便杨梅种植、上肥料；投入约200万元修建老年人日间照料中心。

石桥村于三年前开始种植油茶，目前全村油茶面积300亩，政府补贴100斤肥料；有70户享受小额贷款优惠，每户可免息贷款5万元。该村还有桃树种植专业合作社，会通过村民享受贷款优惠用于桃树种植。全村易地搬迁户共9户，已经采用了集中安置方式完成搬迁，安置点在村委会附近。

4. 当前的问题

本村无自然灾害，返贫因素主要是因病致贫。

(四) 来凤县百福司镇舍米湖村旅游扶贫概况

1. 基本情况

舍米湖村位于百福司镇西南部，全村面积1.7平方千米，耕地面积870亩。全村共有6个村民小组，190户，702人，其中劳动力356人，外出务工劳动力220人。本村人均年收入4000元，土特产有腊肉、土鸡。2017年3月，舍米湖村被收录进第二批"中国少数民族特色村寨"名单。

舍米湖村在土家族的意思是"阳光照耀的小山坡"，该村文化旅游资源丰富，是土家族摆手舞的发源地，村里的摆手堂已经有300年历史，村里的摆手舞协会经常组织训练，目前有成员40多人。

舍米湖村的主要产业是油茶、优质贡米和西瓜。其中油茶约100亩，每亩收入约7000元；贡米种植面积300亩，并成立了贡米合作社，主要负责贡米的深加工、包装以及电商平台的运营等。

2016年对路基进行了修整，硬化道路投资400万元，拓宽道路投资160万元，修建村级路3500米。污水/垃圾处理投资150万元，用于环境整理、污水管网的铺设，目前污水处理池招标已经完成，尚未开工。

2. 旅游发展概况

2016年舍米湖村旅游接待人数约2万—3万人次。

舍米湖村已获得传统村落保护专项投资150万元，用于房屋修缮，保护村貌原样，以旧换旧，但目前尚未开展。旅游局对农家乐进行指导及评审，并对星级农家乐进行一定的补贴。舍米湖村有三家农家乐，其中一家在2014年评定为二星级，领取了1万元补助。该农家乐在2017年上半年已实现收入4万—5万元。同时农家乐会雇用一定数量的临时工，临时工收入约100元/天，三户农家乐每年要支出1万元的劳务费，其务工人员多为贫困户。同时县里会组织农家乐经营户到彭家寨等地参观，每年都有1—2次机会。

3. 主要扶贫措施

舍米湖村2013年建档立卡108户，304人，2016年91户，未脱贫24户，至2018年将实现整村脱贫。

脱贫采取的措施：产业扶贫主要是养殖蜜蜂、种植油茶和贡米等，准备对耕地进行土地流转，由村民统一种植、统一零售；本村无易地搬迁户；危房改造有40户，每户补贴不超过1万元。

4. 当前的问题

返贫因素主要是因病、因残致贫，此类收入来源为政府兜底。自然灾害较少，偶尔有山洪。本村陪读现象十分普遍，有近百户家庭的孩子都要到镇上陪读，陪读费用较高，需要租房子，同时家庭里也少了一个劳动力。

（五）来凤县漫水乡旅游扶贫概况

1. 基本情况

漫水乡位于来凤县南部，酉水河西岸。全乡人口 21000—22000 人，其中劳动力 10000 人左右，外出务工劳动力 6000—7000 人，主要收入也来自外出务工。漫水乡为特色水乡、风情小镇。主要产业是茶叶，有油茶 1100 亩，藤茶 1000 亩，目前油茶暂无效益。

2. 旅游发展概况

漫水乡的主要旅游资源有卯洞、乌龙山大峡谷、塘口水电站及纳吉滩水电站。此外本乡的百福司集镇也十分有特色，2016 年曾举办龙舟比赛，阿塔峡有小三峡的美称，可以乘船观看酉水三峡（阿塔峡、龙嘴峡、卯洞峡）。

漫水乡在赵家坡村投资 200 万元建设了花卉种植基地，种植山茶花 300 亩，其山茶花品种有 50—60 种，此外还种植了樱花。该花卉基地由当地合作社进行土地流转后，雇用当地村民进行劳务工作，主要游客为本地及湖南龙山县等周边地市的居民。漫水乡新拱桥村有一个玫瑰花种植基地，主要销售玫瑰花，是外出务工人员的返乡创业项目。

村民参与旅游业的方式主要是农家乐和游船。全乡有农家乐 12 家，其中集镇有农家乐 3 家，星级农家乐 5 家，平均年收入 7 万—8 万元，雇用人员较少，多为自己家里人。目前游船共有 4—5 家，每家有游船 1 艘，大船可载客十几人，小船可载客几人，阿塔峡游船每趟 400 元/人。

3. 主要扶贫措施

漫水乡 2013 年建档立卡贫困户 1831 户，7065 人，目前有 78 户贫困户未脱贫。主要脱贫措施是"五个一批"工程。

政府主要进行易地搬迁、产业扶贫和基础设施建设。结合精准扶贫四个安置区的建设，在鱼塘村建设黄牛养殖场、100 亩藤茶基地，并发展乡村旅游，两年已经投入 5000 万元。此外，各村的"村村通"水泥路、电网改造、水管网建设、网络电视已实现全覆盖，目前暂时没有污水/垃圾处理设施，正在筹建污水处理设施，垃圾仍主要依靠焚烧，每村都有垃圾池。

2016年漫水乡完成危房改造300户,每户最高补贴1.5万元。2016年完成易地搬迁户393户,2017年上半年已完成171户,主要安置在公路沿线。其中,油房坳25户,将发展油茶基地,已经在做旅游规划,未来龙凤旅游投资公司会进入,目前已投资40万—50万元;兴隆坳11户;社里坝10户,主要进行藤茶种植。

4. 当前的问题

漫水乡主要存在因学、因病和因灾致贫。由于县城和乡镇的教育资源较为集中,家庭陪读存在压力。主要的自然灾害是暴雨和洪水。

(六)来凤县漫水乡鱼塘村旅游扶贫概况

1. 基本情况

鱼塘村有25个村民小组,6741户,2872人,为典型的库区村(塘口库区),劳动力1400人,其中外出务工1200人左右。全村人均年收入8000元左右。本村主要产业是农业和养殖业。农作物主要是玉米、稻谷。目前有两个土鸡养殖专业合作社,十多户参与。原来养鸡户有200多户,因市场因素,成规模的仅十多户,每户有土鸡近上百只,每只鸡纯收入50—60元,养殖大户毛收入5万—7万元不等。

政府配套了相关基础设施。在沙子田村至庄屋段修建了旅游公路,停车场、旅游厕所等已经在规划,等待建设。污水及垃圾处理设施正在规划,目前每组都有垃圾池,垃圾就近焚烧,已争取了300万资金用于传统村落的环境整治。

2. 旅游发展概况

鱼塘村的旅游资源有阿塔峡的庄屋特色院落和犀牛潭。由于阿塔峡一半的面积都在鱼塘村,所以阿塔峡是目前鱼塘村的重要项目,计划打造为4A级旅游景点。鱼塘村计划投资200万元在庄屋片区进行特色民居改造,涉及村民小组3个,居民70—80户,目前规划已经完成。

犀牛潭占地300—400平方米,是一处革命遗址,目前有一户居民作为看护住在犀牛潭。目前本村一年的游客接待量约7000—8000人次,单日接待量最高可达100人,主要旅游项目为农家乐和垂钓。

此外,兴隆坳盛产金丝楠木、红豆杉等珍稀树种,生物资源独特。酉水小三峡流经翔凤—绿水—漫水—百福司镇沿线,是全域旅游的典型,目前正在招商中。

村民参与旅游的方式主要有：①农家乐：鱼塘村有农家乐5家，可接待300—400人。其中二星级农家乐1家，获得了1万元补助。政府对农家乐的培训一年一次。农家乐中无固定用工，临时用工十几人，均为贫困户，工资每日80—100元。农家乐菜品均为自产自销，村内自己解决，一年买菜大约会花费7万—8万元。本村农家乐户均收入3万—10万元，目前5家农家乐暂不提供住宿服务，因为鱼塘村距离来凤县仅30分钟，所有游客游览完会返回来凤县。②游船：鱼塘村目前有2户村民经营了2艘游船，每艘船一年可收入2万—3万元，小船可载客十几人，大船可载客二十几人。小船为汽艇，每人每趟300元，行程为码头至塘口电站，全程2小时；大船每人每趟250元。目前游船上都有救生设备，但是没有保险。

3. 主要扶贫措施

鱼塘村2013年底建档立卡贫困户236户，978人，目前有24户，76人未脱贫。

脱贫措施主要包括产业扶贫、危房改造、易地搬迁等。除了旅游产业扶贫外，国家对养殖业也有扶持。国家对每头猪苗补助300元，同时发放鸡苗，每只补助1.5元，每户人均可增收1000元左右。鱼塘村2015年完成危房改造20户，2016年完成危房改造26户，2017年计划改造38户，全村60%—70%的农户都进行了改造。2016年实现易地搬迁58户，分散安置259人，2017年集中安置13户，分散安置主要在公路沿线，实行统一修建、统一规划。

4. 当前的问题

目前，鱼塘村已有4户出现因病返贫的现象。该村有州级地质灾害监测点，主要检测滑坡，目前还未发生过滑坡现象，已对危险地区住户实行了搬迁。

（七）来凤县翔凤镇仙佛寺村旅游扶贫概况

1. 基本情况

仙佛寺村共有村民498户，2316人，9个村民小组，劳动力1200人，外出务工506人。全村面积4平方千米，耕地面积1100亩，建设用地较多。

仙佛寺村通过对外租赁水库养鱼的方式获取收益，租金为村集体收入。

全村有100—200亩花木盆景,通过土地流转的方式租用10—20户农民的土地,人均租用1.1亩,每亩租金300元。1、2、3组村民参加劳作、除草等,通过出售鲜花每年收入10万—20万元。

2012—2015年,政府投资400万—500万元实现了全村的道路硬化改造、电网改造。村里每户垃圾由垃圾清运车拉到城里的垃圾处理厂处理,目前暂无污水处理设施,每家有化粪池,但景区有垃圾及污水处理设施。

2. 旅游发展概况

仙佛寺景区面积425亩,2016年旅游人数约20万人次,旅游收入约300万元,主要收入来源为门票,周边四个村子的村民可以免费进入景区。

景区建设主要分为两个阶段:①2003—2004年政府进行征地,2008年进行景区的修建(景区最开始由民委进行管理,门票每人一元),民委共计投入约700万元。②2012年开始,政府举全县之力进行大规模建设,涉及15个县直单位。在基础设施建设上,征地、景区道路、停车场、厕所、新游客接待中心都在建设中。景区计划修建一个斋菜馆,目前正在走建设程序,预计面积700—800平方米,住宿也正在筹建中。2015年3月15日,景区创A成功,5月1日开始运营,两年来游客量增加不大。2015年开始了一系列营销活动,例如仙佛送福、大型灯展、祈福庙会放生、减免门票等。

2012年开始征地至今,仙佛寺景区已经投入1.8亿元。仙佛寺景区在本村征地100多亩,每亩租金43800元,主要是对本村9组(104户,323人)的村民进行了征地。景区内原有10户居民,已搬迁至景区的"香火一条街",本街的店面也优先对9组的村民租用。香火一条街分为两排,第一排为当地原住居民,第二排为增建的40个临时帐篷型商铺,村民通过竞标来确定由谁来经营。

3. 主要扶贫措施

仙佛寺村2013年建档立卡贫困户79户,310人,2014年脱贫11户,45人,2015年脱贫49户,203人,2016年脱贫4户,10人,2017年脱贫5户,23人,2018年需要脱贫10户,29人,由景区管委会实行对口帮扶。

目前,全村有农家乐13家,每户可接待游客40人,收入5万—6万元,不提供住宿,极少数会雇用其他人员。人社部门每年组织两次培训,每家农家乐最少5—6人参加。此外还为农家乐提供桌椅、招牌、消毒柜及服装,目前本村暂无星级农家乐,因此还没有农户领取到农家乐补助。游船由村民自发经营,无相关证件,并且涉及两省三县,管理较难。

景区有门面50间,村里有小卖部20家,其中30%的小卖部采取摆摊的形式。门面采用每年招租的方式,每年收入2万—3万元,其中有10家是自己的房子,不需要付租金,每年收入5万—6万元。景区门面对贫困户有优惠,例如租一年免费赠送一个月。摆摊的村民有40户左右,没有门面,一年收入1万元左右。经营游船的村民大概有20户,年收入2万—3万元,游览长度1千米,每艘船收费30元左右,最多乘坐6人。景区外包的劳务公司雇用了约20名仙佛寺村村民从事保安、保洁等工作。

政府鼓励农户养猪、养鸡,并进行跟踪管理。目前仙佛寺村的养猪户有十多户,若在规定时间段内提供照片证明养猪进展情况,即可争取到每头猪500元的补贴;如果养鸡20只以上,每只鸡可补助5元。

4. 当前的问题

仙佛寺村影响返贫的因素主要是因病致贫。

五 恩施市

恩施市位于湖北省西南部,武陵山北部,总面积3972平方千米,是恩施土家族苗族自治州的州政府所在地,全州政治、经济、文化中心和交通枢纽。2016年常住人口87万人,其中土家族、苗族、侗族等少数民族约占38.49%。辖16个乡镇和街道办事处。恩施市是中国优秀旅游城市,国家园林城市,湖北省九大历史文化名城之一。

(一)恩施市沐抚办事处营上村旅游扶贫概况

1. 基本情况

营上村总人口6420人,1640户。当前有茶叶地4500亩左右。

村委会拥有集体林场一个,村民主要收入来源为茶叶、务工及旅游服务(农家乐、商铺等),其中旅游服务年纯收入5万元以上。

2. 旅游发展概况

2009年恩施大峡谷正式营业，2011年由鄂旅投投资实现本村道路硬化。2016年村民自主成立农家乐协会，动员辖区内人员参与，主要的工作内容有：针对经营需求，鼓励雇用贫困人口；鼓励农家乐向本村及农家乐周边农户预订土鸡、猪肉等农产品，并指导其养殖与种植。

政府对"星级农家乐"进行评定，并给予一定的奖励，二星级农家乐奖励1万元，三星级农家乐奖励2万元，四星级农家乐奖励3万元，五星级农家乐奖励5万元；公路沿线的农家乐由沐抚办事处出资进行民居改造；2016年开展了厨师技能培训，并组织农家乐经营户外出参观两次。

2016年共投入资源共享费360万元，用于景区范围内的民居改造。农户负责自家屋顶、墙面的刷白，打造青瓦白墙的建筑风格，政府验收后可获得相应补贴。2016年共验收了30户左右。

此外还投入500万元旅游资金扶持农民种植黄金梨，开展赏花、采摘活动。由政府提供树苗，鼓励农民在原庄稼地里改种黄花梨，并进行旅游开发，一期约200户村民加入，每户农民提供1—10亩土地。

发展旅游业之前，即2009年恩施大峡谷正式营业之前，该村人均年收入2000元左右，外出务工者较多。2015年营上村旅游供给规模开始扩大，目前农家乐已达60—70家，主要提供住宿或餐饮服务，经营较好者每户可实现年收入50万—60万元；商铺100家左右，所有权归景区所有，租金2000元/年。

3. 主要扶贫措施

该村为国家第一批扶贫试点村，主要扶贫措施包括整村推进和易地搬迁。①推进整村扶贫。2016年共搬迁87户，资金投入约1800万元，其中，约200万元用于基础设施建设，900万元用于产业发展，如购买肥料等，500万元用于旅游扶贫。②移民搬迁。搬迁前，人均收入3000—4000元，搬迁后预计收入可达2万元左右。

(二) 恩施市龙凤镇龙马村旅游扶贫概况

1. 基本情况

龙马村常住人口5281人，户籍人口3038人。主要产业是茶叶和旅游业。2015年龙马村成立了花枝山农业合作社，主要负责指导社员种植茶叶，该社向村民免费提供茶苗及肥料，同时以高于市场价的价格回收茶叶。

2. 旅游发展概况

当前龙马村旅游发展处于起步阶段，未来五年，该村将以"全域旅游"为目标，重点发展自助游。目前，已经修建从龙凤镇至青堡的三条登山徒步线路，并实现了主公路的绿化。

龙马风情小镇的商业街已进入招商阶段，文创园项目已经基本敲定。土家族生态风情园将种植辣木、樱花、紫薇花，预计2017年完成，主要租用了50多户村民的土地。龙马村成立了李八姑旅游合作社，主要开展旅游宣传、民宿改造等工作，目前已经有30户村民加入。此外该村符合要求的农家乐也享受相关的奖励政策和免费培训机会。

3. 主要扶贫措施

（1）以工代赈。如由联投出资新建了九年制义务教育学校，80%的用工需求来自本地农民；投资500万元建设了新卫生院，本地用工占20%；滨河路、停车场、商业街、景观工程、拦河坝、河道治理等项目的本地用工占70%。

（2）企业代建。除商业街外其他建设和设施由企业代建，后期由政府归还，该模式在龙凤镇进行了先行先试。

（3）资金投入。到目前为止，龙马村的旅游投资共计7000万—8000万元，其中茶园投入3000万元，村庄基本风貌投入1000万—2000万元。

（三）恩施市盛家坝乡二官寨村旅游扶贫概况

1. 基本情况

二官寨村位于盛家坝乡西北部，人口3015人，816户，种植茶叶2000亩。

2. 旅游发展概况

二官寨村小溪组自2015年开始发展农家乐，目前有20家农家乐，50多家民宿，旅游从业人数占小组总人数的80%左右。发展旅游业前，该小组人均年收入2000元左右；旅游业开展之后，人均年收入增至5000元，农家乐每户年均收入5万元以上。

3. 主要扶贫措施

主要扶贫措施是：基础设施方面，近年由乡政府出资实现由小溪组至旧铺组的公路硬化35千米，由政府出资70%实施民房改造项目；产业扶贫方面，由乡政府提供茶苗、两万棵桃树及樱桃树树苗，以及油菜及油茶树的种子及肥料，还发展了土蜂蜜培育产业。

旅游扶贫方面，由市旅游局、市妇联、市党校共同组织农家乐经营户进行服务培训，一年参加一次考察学习；对符合星级农家乐标准的经营者进行奖励：一星5000元，二星1万元，三星2万元，四星3万元，五星4万元，目前该村有1家四星级农家乐、4家三星级农家乐；乡政府对每个床位补贴500元。

（四）恩施市芭蕉侗族乡高拱桥村旅游扶贫概况

1. 基本情况

高拱桥村位于恩施市，距恩施市区10千米。有好山好水好粮田，还有底蕴深厚的侗乡民族文化。高拱桥村枫香坡侗族风情寨已建设成为"全国农业旅游示范点"、湖北省首批新农村建设示范村和湖北省民族团结进步示范村。2002年起开始进行茶产业推广，2005年后逐渐形成当前枫香坡组的茶产业规模。

2. 旅游发展概况

高拱桥村枫香坡组共有11户农家乐，5户家庭旅馆，其中五星级农家乐2家、四星级农家乐1家。

2006年，在恩施市"以旅游兴市"的发展主题下，恩施玉露茶、女儿会、大峡谷成为恩施市的3张旅游名片，一定程度上推动了枫香坡组茶产业的发展。2007年为适应新农村建设，该组侗族建筑逐步恢复。2007年，枫香坡侗族风情寨正式建成并对外开放。自2013年起，枫香坡侗族风情寨年接待游客量超过30万人次，2016年到达34.5万人次。

3. 主要扶贫措施

2002年，政府大力发展茶产业，向村民免费提供茶苗，当前茶产业成为枫香坡组村民的主要经济来源。政府在精准扶贫方面，推进每户农家乐对口帮扶10户或5户贫困户的工作，并要求每户贫困户人均年收入增加400元。同时，农家乐每帮扶1家贫困户，可向政府无息借贷5万元。政府还向每户农家乐经营者免费提供1台冰箱和消毒柜，并对星级农家乐进行补助，二星级至五星级对应奖金分别为：1万元、2万元、3万元、4万元。为提高经营者素质，政府针对农家乐开展免费的专业技能培训，如星级厨娘等，还成立了"枫香坡侗寨乡村休闲旅游经济合作社"。

六 建始县

建始县位于鄂西南山区北部，总面积 2666.55 平方千米，平均海拔 1152 米。截至 2016 年，建始县辖 6 个镇，4 个乡，共有 368 个村（社区居民委员会），3614 个村民小组，总人口 49 万人。

建始县花坪镇小西湖村旅游扶贫概况

1. 基本情况

小西湖村常住人口 1500 人，户籍人数为 1290 人，户数 339 户，其中贫困户 50 户。

2. 旅游发展概况

小西湖村从 2008 年开始发展旅游业，近年来成为全村的主导产业，由最初的 3 家农家乐发展到今天的 120 家农家乐，从业人员达到 300 人左右，每户农家乐可实现年收入 8 万元以上。在旅游人数上，每年 8 月，花坪镇可实现旅游接待人数 1 万人次，小西湖村可接待 4000—5000 人次。

为发展旅游，小西湖村做了如下的工作：一是成立农家乐协会，制定相关制度与规定，目前有 103 户农户参与，9 名协会管理人员；二是成立流动法庭，由县人民法院于 2016 年在花坪乡、高坛乡设立了两个流动法庭；三是在基础设施建设上投入超过 1000 万元，用于完善广场、亲水走廊、步游道、垃圾回收等设施；四是制订旅游规划，2007 年，镇政府负责制订了第一部旅游规划，并于 2016 年进行修订，规划费用在 10 万元左右；五是成立村级的党员示范岗，同时于 2016 年成立了 10 人左右的村委应急小分队，在旅游旺季进行义务巡逻，花坪乡派出所设立景区治安所。

3. 主要扶贫措施

小西湖村计划在 2018 年实现整体脱贫的目标，开展了以下旅游扶贫工作：鼓励贫困户参与农家乐，2016 年有 2 户贫困户开办农家乐；同时鼓励农家乐经营者雇用贫困户，为其提供就业岗位；积极组织旅游培训工作，每年由村委组织 2—3 次大型旅游培训，旅游局组织 7—8 次旅游培训，推动管理与服务的规范化。

参考文献

包国宪、杨瑚：《我国返贫问题及其预警机制研究》，《兰州大学学报》（社会科学版）2018年第6期。

包军军、严江平：《基于村民感知的旅游扶贫效应研究——以龙湾村为例》，《中国农学通报》2015年第6期。

曹兴华：《社区居民视角下的民族地区旅游扶贫效应感知——以坎布拉景区为例》，《黔南民族师范学院学报》2018年第3期。

常慧丽：《生态经济脆弱区旅游开发扶贫效应感知分析——以甘肃甘南藏族自治州为例》，《干旱区资源与环境》2007年第10期。

陈超群、罗芬：《乡村旅游地脱贫居民返贫风险综合模糊评判研究——基于可持续生计资本的视角》，《中南林业科技大学学报》（社会科学版）2018年第5期。

陈佳等：《乡村旅游社会—生态系统脆弱性及影响机理——基于秦岭景区农户调查数据的分析》，《旅游学刊》2015年第3期。

党红艳、金媛媛：《旅游精准扶贫效应及其影响因素消解——基于山西省左权县的案例分析》，《经济问题》2017年第6期。

邓小海：《旅游精准扶贫研究》，博士学位论文，云南大学，2015年。

方修琦、殷培红：《弹性、脆弱性和适应——IHDP三个核心概念综述》，《地理科学进展》2007年第5期。

冯伟林：《重庆武陵山片区旅游扶贫中贫困人口受益模式研究》，《改革与开放》2016年第3期。

冯旭芳等：《基于贫困人口发展的旅游扶贫效应分析——以锡崖沟为例》，《生产力研究》2011年第5期。

高舜礼:《对旅游扶贫的初步探讨》,《中国行政管理》1997年第7期。

韩磊等:《恩施州旅游扶贫村居民的旅游影响感知差异》,《资源科学》2019年第2期。

郝冰冰等:《国内外旅游扶贫效应文献量化分析与研究综述(2000—2016年)》,《中国农业资源与区划》2017年第9期。

何光暐:《中国旅游业50年》,中国旅游出版社1999年版。

胡俊波:《农民工返乡创业扶持政策绩效评估体系:构建与应用》,《社会科学研究》2014年第5期。

蒋莉、黄静波:《罗霄山区旅游扶贫效应的居民感知与态度研究——以湖南汝城国家森林公园九龙江地区为例》,《地域研究与开发》2015年第4期。

蒋南平、郑万军:《中国农民工多维返贫测度问题》,《中国农村经济》2017年第6期。

李彩瑛等:《青藏高原"一江两河"地区农牧民家庭生计脆弱性评估》,《山地学报》2018年第6期。

李锋:《旅游经济脆弱性:概念界定、形成机理及框架分析》,《华东经济管理》2013年第3期。

李刚、徐虹:《影响我国可持续旅游扶贫效益的因子分析》,《旅游学刊》2006年第9期。

李鹤等:《脆弱性的概念及其评价方法》,《地理科学进展》2008年第2期。

李会琴等:《国外旅游扶贫研究进展》,《人文地理》2015年第1期。

李佳、田里:《连片特困民族地区旅游扶贫效应差异研究——基于四川藏区调查的实证分析》,《云南民族大学学报》(哲学社会科学版)2016年第6期。

李佳等:《民族贫困地区居民对旅游扶贫效应的感知和参与行为研究——以青海省三江源地区为例》,《旅游学刊》2009年第8期。

李晓园、汤艳:《返贫问题研究40年:脉络、特征与趋势》,《农林经济管理学报》2019年第6期。

李燕琴、刘莉萍:《民族村寨旅游扶贫的冲突演进与应对之策——以中俄边境村落室韦为例》,《西南民族大学学报》(人文社会科学版)2016年第10期。

李永文、陈玉英:《旅游扶贫开发的 RHB 战略初探》,《经济地理》2004年第4期。

李月玲、何增平:《多维视角下深度贫困地区返贫风险——以定西市深度贫困地区为例》,《天水行政学院学报》2018年第3期。

李志飞等:《贫困居民旅游扶贫受益感知、满意度与参与意愿关系研究——以神农架国家公园为例》,《重庆工商大学学报》(社会科学版)2021年第5期。

刘彦随等:《中国农村贫困化地域分异特征及其精准扶贫策略》,《中国科学院院刊》2016年第3期。

龙梅、张扬:《民族村寨社区参与旅游发展的扶贫效应研究》,《农业经济》2014年第5期。

罗盛锋、黄燕玲:《滇桂黔石漠化生态旅游景区扶贫绩效评价》,《社会科学家》2015年第9期。

乔花芳等:《乡村旅游发展的村镇空间结构效应——以武汉市石榴红村为例》,《地域研究与开发》2010年第3期。

秦远好等:《民族贫困地区居民的旅游扶贫影响感知研究——以重庆石柱县黄水镇为例》,《西南大学学报》(自然科学版)2016年第8期。

孙九霞、刘相军:《生计方式变迁对民族旅游村寨自然环境的影响——以雨崩村为例》,《广西民族大学学报》(哲学社会科学版)2015年第3期。

孙鑫等:《国内外旅游扶贫研究主题对比——基于社会网络分析的视角》,《资源开发与市场》2017年第11期。

童磊等:《生计脆弱性概念、分析框架与评价方法》,《地球科学进展》2020年第2期。

汪侠等:《基于贫困居民视角的旅游扶贫满意度评价》,《地理研究》2017年第12期。

王安琦等:《贫困山区不同生命周期旅游扶贫村居民绩效感知的比

较研究——以恩施州旅游扶贫村为例》，《山地学报》2020年第2期。

王诚庆等：《中国旅游业发展中的体制改革与创新》，转引自何德旭《中国服务业发展报告NO.5：中国服务业体制改革与创新》，社会科学文献出版社2007年版。

王维、向德平：《风险社会视域下产业扶贫的风险防控研究》，《陕西师范大学学报》（哲学社会科学版）2019年第5期。

王文略等：《风险与机会对生态脆弱区农户多维贫困的影响——基于形成型指标的结构方程模型》，《中国农村观察》2019年第3期。

王小林：《贫困标准及全球贫困状况》，《经济研究参考》2012年第55期。

王小林：《贫困测量：理论与方法》（第2版），社会科学文献出版社2017年版。

肖泽平、王志章：《脱贫攻坚返贫家户的基本特征及其政策应对研究——基于12省（区）22县的数据分析》，《云南民族大学学报》（哲学社会科学版）2020年第1期。

谢双玉等：《恩施州乡村旅游扶贫模式及其效应差异研究》，《人文地理》2021年第5期。

谢双玉等：《贫困与非贫困户旅游扶贫政策绩效感知差异研究——以恩施为例》，《旅游学刊》2020年第2期。

邢慧斌：《国内旅游扶贫绩效评估理论及方法研究述评》，《经济问题探索》2017年第7期。

徐庆颖等：《中国旅游扶贫研究评述》，《南京师大学报》（自然科学版）2017年第3期。

杨瑚：《返贫预警机制研究》，博士学位论文，兰州大学，2019年。

姚云浩：《旅游扶贫中贫困人口受益问题研究》，《农村经济与科技》2011年第10期。

尹航：《恩施州旅游扶贫绩效评价及其影响因素研究》，硕士学位论文，华中师范大学，2019年。

［印］阿马蒂亚·森：《贫困与饥荒——论权利与剥夺》，商务印书馆2001年版。

袁方、史清华：《创业能减少农村返贫吗？——基于全国农村固定观察点数据的实证》,《农村经济》2019 年第 9 期。

张海燕:《基于贫困人口感知的乡村旅游扶贫绩效评价研究——以湘西自治州为例》,《商学研究》2017 年第 4 期。

张金萍等:《海南省连片贫困地区农户致贫风险分析》,《地理科学》2020 年第 4 期。

张侨:《旅游扶贫模式和扶贫效应研究——基于海南省贫困地区的调查数据分析》,《技术经济与管理研究》2016 年第 11 期。

张伟等:《基于贫困人口发展的旅游扶贫效应评估——以安徽省铜锣寨风景区为例》,《旅游学刊》2005 年第 5 期。

张毓威:《国内旅游扶贫历程与启示研究》,《知识经济》2017 年第 3 期。

赵雪雁:《地理学视角的可持续生计研究:现状、问题与领域》,《地理研究》2017 年第 10 期。

郑瑞强、曹国庆:《脱贫人口返贫:影响因素、作用机制与风险控制》,《农林经济管理学报》2016 年第 6 期。

周迪、王明哲:《返贫现象的内在逻辑:脆弱性脱贫理论及验证》,《财经研究》2019 年第 11 期。

Adam Blake, et al., "Tourism and Poverty Relief", *Annals of Tourism Research*, Vol. 35, No. 1, January 2008.

Andrew Lepp, "Residents' Attitudes towards Tourism in Bigodi Village, Uganda", *Tourism Management*, Vol. 28, No. 3, June 2007.

Caroline Ashley, et al., "Pro‐poor Tourism: Putting Poverty at the Heart of the Tourism Agenda", *Natural Resource Perspectives*, No. 51, March 2000.

Christian M. Rogerson, "Tourism and Local Economic Development: The Case of the Highlands Meander", *Development Southern Africa*, Vol. 19, No. 1, February 2002.

Colin Polsky, et al., "Building Comparable Global Change Vulnerability Assessments: The Vulnerability Scoping Diagram", *Global Environmental Change*, Vol. 17, No. 3 – 4, August – October 2007.

Danie Meyer, "Pro‐poor Tourism: Can Tourism Contribute to Poverty

Reductionin Less Economically Developed Countries", in Cole, S. and N. Morgan (eds.), *Tourism and Inequality: Problems and Prospects*, CABI, 2010, p. 164.

Jerry J. Vaske, et al., "An Extension and Further Validation of the Potential for Conflict Index", *Leisure Sciences*, Vol. 32, No. 3, May 2010.

Martha G. Roberts、杨国安:《可持续发展研究方法国际进展——脆弱性分析方法与可持续生计方法比较》,《地理科学进展》2003年第1期。

Micah B. Hahn, et al., "The Livelihood Vulnerability Index: A Pragmatic Approach to Assessing Risks from Climate Variability and Change: A Case Study in Mozambique", *Global Environmental Change*, Vol. 19, No. 1, February 2009.

Saurabh Sinha, et al., "Damaging Fluctuations, Risk and Poverty: A Review", *Responses & Policies*, 1999.

Teresa C. H. Tao, et al., "Tourism as a Sustainable Livelihood Strategy", *Tourism Management*, Vol. 30, No. 1, February 2009.

Terry Cannon, "Vulnerability Analysis and the Explanation of 'Natural' Disasters", in Ann Varley (ed.), *Disasters, Development and Environment* (1st ed.), John Wiley & Sons Ltd.

World Bank, "From Poor Areas to Poor People: China's Evolving Poverty Reduction Agenda", *International Journal of Accounting Education & Research*, Vol. 27, No. 24, March 2009.